A FUGA DO BREMEN

Peter A. Huchthausen

A FUGA DO
BREMEN

Tradução de
ALICE KLESCK

Revisão técnica de
MÁRCIO SCALERCIO

EDITORA RECORD
RIO DE JANEIRO • SÃO PAULO
2006

CIP-Brasil. Catalogação-na-fonte
Sindicato Nacional dos Editores de Livros, RJ.

H872f   Huchthausen, Peter A., 1939-
        A fuga do Bremen / Peter A. Huchthausen; tradução
        Alice Klesck – Rio de Janeiro: Record, 2006.

Tradução de: Shadow voyage
ISBN 85-01-07386-5

1. Bremen (Navio). 2. Guerra Mundial, 1939-1945
– Operações navais alemães. I. Título.

06-1706
        CDD – 940.545
        CDU – 94(100)"1939/1945"

Título original em inglês:
SHADOW VOYAGE

Copyright © Peter A. Huchthausen, 2005

Todos os direitos reservados. Proibida a reprodução, armazenamento ou transmissão de partes deste livro, através de quaisquer meios, sem prévia autorização por escrito. Proibida a venda desta edição em Portugal e resto da Europa.

Direitos exclusivos de publicação em língua portuguesa para o Brasil adquiridos pela
EDITORA RECORD LTDA.
Rua Argentina 171 – Rio de Janeiro, RJ – 20921-380 – Tel.: 2585-2000
que se reserva a propriedade literária desta tradução

Impresso no Brasil

ISBN 85-01-07386-5

PEDIDOS PELO REEMBOLSO POSTAL
Caixa Postal 23.052
Rio de Janeiro, RJ – 20922-970

EDITORA AFILIADA

Ao meu filho,
Paul Duncan Huchthausen

Voltarão aqueles que habitavam à Sua sombra.

Oséias, 14,8

Sumário

Agradecimentos   9
Prefácio   11
Introdução   15

1   Travessia incerta   35
2   A neutralidade de Roosevelt   57
3   Complicação e demora   83
4   Caindo no esquecimento   93
5   Correndo para o norte   107
6   Conflitos iminentes   123
7   Buscando refúgio   143
8   Apoio soviético   167
9   Planejando a fuga   185
10   O *Salmon* acerta um submarino   203
11   Correndo para casa   233
12   O dilema do *Salmon* — a fuga do *Bremen*   251
13   Aplausos e retribuição   277

Epílogo   287
Notas   293
Bibliografia   299
Índice   309

Agradecimentos

Sou profundamente grato a Irmgard Benco, por me levar ao meu bom amigo dr. Hannes Zimmermann, que me lançou à trilha certa de pesquisa, por encontrar três ex-marinheiros do *Bremen*, e me apresentar à equipe do Bremerhaven Deutsches Schiffahrtsmuseum. Ali eu encontrei o diário de bordo do *Bremen*, e outros dados e manuscritos pertinentes, com o inestimável auxílio de Klaus-Peter Kiedel, diretor do Arquivo, Simon Kursawe, assistente bibliotecário, e Klaus Fuest e Norbert Rebs, responsáveis pelos arquivos fotográficos. Tenho uma grande dívida para com Imke Schwarzrock, estudante de longa data do Norddeutscher Lloyd, além de conhecedora entusiasta e espirituosa da história do navio *Bremen*, principalmente por sua assistência na localização de *Frau* Renate Wilm, filha do almirante Adolf Ahrens, e *Frau* Maris Eberling, filha de Eric Warning, primeiro oficial do *Bremen*.

Eu sou sinceramente grato pela ajuda de Janice Robinson, na localização da lista dos tripulantes e o diário de bordo do submarino HMS *Salmon*, além de me conduzir pelos Arquivos Britânicos, no antigo escritório do Arquivo Público, em Kew. Também expresso minha gratidão pela ajuda concedida pela equipe do Museu Britânico do Submarino, em Gosport, encontrando os relatórios de patrulhamento e apoio, escritos pelo falecido comandante E. O. Bickford, e a Horst Harms, genro de Julius Hundt, engenheiro-chefe do *Bremen*, e a Erwin Drechsel, filho de William Drechsel, ex-superintendente da Marinha de Nova York. Agradeço também a Herr Barth, de Nordsee Zeitung. Meus agradecimentos especiais aos ex-tripulantes Wilhelm Bohling, Ernst Henningsen e Heinz Slominski, por gentilmente me concederem seu tempo e suas lembranças.

Prefácio

No silêncio do calor opressivo da tarde de 30 de agosto de 1939, enquanto a guerra na Europa se tornava cada vez mais iminente, o SS *Bremen*, transatlântico alemão de passageiros e um dia recordista de velocidade, sorrateiramente deixou o lado oeste de Manhattan, navegando rumo à saída do porto de Nova York. Um agrupamento de nuvens escuras se aproximava do estreito de Verazzano, prometendo alívio, após a semana de calor que agravara o longo processo de liberação da partida do navio, dando início à sua viagem rumo ao desconhecido. O transatlântico majestoso apontou a proa na direção sul do estreito, soltando sua fumaça desafiadora ao passar por Ellis Island e a Estátua da Liberdade.

Assim que a balsa de Staten Island passou pelo rastro do *Bremen*, um grupo de alemães se reuniu na popa do navio, sob o calor sufocante do fim de tarde. Após sofrer durante três dias com frustrantes adiamentos da partida, a tripulação do *Bremen*, juntamente com uns poucos negociantes alemães e funcionários consulares, resumidos a um grupo essencial, finalmente seguia rumo ao lar, a Alemanha, enquanto as nuvens da guerra se formavam sobre a Europa. Um conhecido fotógrafo alemão registrou a tripulação do *Bremen* no alto de sua popa, cantando a marcha nazista "Horst Wessel" e o hino nacional, enquanto saudavam com o "*Heil* Hitler", mantendo seus braços direitos esticados, dando o último adeus aos Estados Unidos, antes de iniciar sua jornada extraordinária saindo de Nova York.

    A partida lançou o transatlântico numa corrida de vida ou morte de três meses e meio, disputada com os navios de guerra britânicos. Adolf Ahrens, de 60 anos, capitão do *Bremen*, soube nos dois dias anteriores, por meio de interceptações enviadas de Berlim via rádio, que uma missão de busca composta por dois navios da Marinha Real estaria à espreita, em algum lugar no Atlântico Norte, para interceptar o transatlântico em sua rota habitual de volta à Bremerhaven. Ao capitão e seus tripulantes quase não restava dúvida de que as ações recentes por parte do fiscal do porto de Nova York, do Departamento de Investigação Federal (FBI) e da alfândega norte-americana haviam sido planejadas propositadamente para adiar-lhes a partida. Era óbvio que essas táticas de protelação fizeram parte de um esforço pouco sutil dos Estados Unidos para ganhar tempo e permitir que os navios de guerra britânicos formassem um cordão naval de isolamento, com o intuito de reprimir o intercâmbio nazista alemão e o hemisfério ocidental, colocando a si mesmos na trilha rotineira da embarcação, para interceptá-la, tomando-a como um prêmio, caso a guerra explodisse.

    Depois de deixar Sandy Hook, com a chuva torrencial que começava a cair, o navio simulou rumar ao sul, com sua luz de bordo brilhando normalmente. Então, após soltar seu vapor e gradualmente diminuir a luz, por dez minutos, o majestoso transatlântico de 52 mil toneladas subitamente apagou toda a sua iluminação, engrenou a 29 nós e desviou ao norte, aproveitando o mau tempo como cobertura para se desvencilhar de possíveis perseguidores, dando início a uma fuga épica e evitando sua captura pelos navios de guerra da Marinha Real, que o cobiçavam como transporte veloz de tropas. A viagem de regresso do *Bremen* à Alemanha terminaria três meses e meio mais tarde, após tornar-se uma sensação mundial, com um episódio que desafiou as regras ilimitadas dos combates de guerra ao mar. Tanto os alemães quanto os britânicos assumiram a fuga épica do *Bremen* mediante o bloqueio da Marinha Real, como uma vasta propaganda de vitória. Este símbolo de esperança por uma nova Alemanha, e um poder marítimo ressurgido, conquistou a atenção do mundo durante os últimos dias, repletos de acontecimentos, que previam a imersão da Europa na Segunda Guerra Mundial.

À primeira vista, esse acontecimento pode parecer meramente uma história duvidosa de marinheiros e sua boa sorte. Ao examiná-la cuidadosamente, porém, a vemos evolver numa aventura marítima épica, de um manejo naval ousado de dar dó, e um plano alemão intrigante que levou à arrancada do *Bremen* de Murmansk, passando pelo bloqueio britânico que obstruía seu caminho, rumo ao seu porto de origem, em Bremerhaven, evento que colocou em sério questionamento o controle da Grã-Bretanha quanto à sua supremacia marítima. "Helene", operação elaborada pelo Alto Comando Naval Alemão, recentemente descoberta por pesquisadores nos arquivos navais de Freiburg, revela a importância que os alemães depositaram no regresso seguro do *Bremen*. O plano de segurança tem início a partir do porto de Murmansk, no nordeste russo, ao sul de seu porto natal de Bremerhaven, passando pelo mar da Noruega e adentrando o mar do Norte, penetrando na rede armada pela Marinha Real, revelando a coordenação excepcional elaborada para a diligência do Alto Comando Naval Alemão. As primeiras coordenadas da guerra dos submarinos no Atlântico, quase acuando os britânicos, foram lançadas pelo comando de um único submarino da Marinha Real, quando sua decisão quanto ao *Bremen* tornou-se, sem querer, uma referência para os Aliados, e, durante algum tempo, também para a conduta alemã. Esta é uma história de astúcia e ilusão por parte dos alemães, e de imensa coragem e magnanimidade da Marinha Real.

Introdução

Até os dias de hoje há uma grande mística ao redor dos transatlânticos de luxo do passado, suas rotas atraentes, as superestruturas elevadas, os salões que se assemelhavam aos de castelos, as salas de jantar flutuantes, os apitos ensurdecedores, e o poder em estado bruto, projetado para transportar passageiros na travessia do Atlântico, com rapidez, conforto e tranqüilidade. Apesar dos esforços das empresas marítimas modernas durante as últimas décadas em retomar a aura empolgante dos transatlânticos de antigamente, seus navios não chegam nem perto de reproduzir a vitalidade das embarcações daqueles tempos. Talvez seja o fato de que o navio transatlântico aliava a melhor forma de viajar à mais elegante, e também a mais eficiente, enquanto atualmente todas essas qualidades estão espalhadas dentre as diversas companhias aéreas. Os navios transatlânticos das décadas de 1920 e 1930 eram o meio de transporte dos que buscavam o prazer, de homens de negócio, políticos, artistas e viajantes comuns, que necessitavam fazer travessias de um continente a outro, mas de forma digna e condizente à crença que cada passageiro possuía em sua própria importância. A imagem desses castelos flutuantes, reluzindo na escuridão dos oceanos da época da guerra, soltando fumaça ao adentrar nevoeiros, sumindo com suas luzes mergulhadas ao mar, e levando cargas extraordinárias de homens, ou equipamentos, em meio às ações de combate, é algo que mexe com a imaginação e lembranças aterrorizantes. Imagine um transatlântico luxuoso, sem luz ou radar, desprovido de qualquer auxílio de navegação, desaparecendo da linha habitual dos navios, em direção às águas repletas de geleiras, esquivando-se de navios de guerra e aeronaves no seu encalço. Imagine esta cena nos dias sombrios de 1939, que antecederam à guerra, e você tem esta história.

A Primeira Guerra interrompeu o período emocionante de viagens luxuosas pelo mar, transformando o Atlântico tranqüilo de um dia em um cemitério de navios. Durante aquela guerra, as companhias alemãs de navegação sofreram grandes perdas em suas frotas, incluindo supertransatlânticos como o *Vaterland* e o *Kronprinzessin Cecilie*, navios de grande importância que foram apreendidos em portos aliados. A indústria acabou reagindo, entretanto, na década seguinte à guerra, mas ainda foram anos de escassez para o serviço internacional de transporte marítimo de luxo no Atlântico Norte. Os únicos transatlânticos velozes e importantes a entrar para a frota internacional nos anos que se seguiram à trégua foram os franceses *Ile de France* e *Paris*. Conseqüentemente, em 1926, quando a empresa naval alemã Norddeutscher Lloyd, sediada em Bremen, encomendou dois transatlânticos novos, o *Bremen* e o *Europa*, estes prometiam um novo começo para concorrer com o lucrativo negócio norte-americano de transporte de passageiros. A disputa acirrada pela superioridade durante o período, que viria a ser o último apogeu dos transatlânticos, começou, de fato, em meados da década de 1920, e prosseguiu até 1939, com a explosão da Segunda Guerra Mundial.

O regresso da Alemanha à disputa pelos passageiros dos transatlânticos foi resultante de outra especulação, ao final do século XIX. Em 1889, após testemunhar a revista da frota da rainha Vitória no canal de Solent, e viajar no *Teutonic*, novo transatlântico britânico armado como um navio de corso, o recém-imperador Guilherme II ficou tão intimidado pela bravura marítima daquele país que imediatamente encomendou à Norddeustscher Lloyd a construção e armamento do supertransatlântico *Kaiser Wilhelm der Grosse*, que deveria superar o navio britânico em tamanho, conforto e velocidade. A obra faraônica, de quase 200 metros, foi lançada em Stetin em maio de 1897, e rapidamente ganhou o cobiçado prêmio Blue Riband, já em sua viagem inaugural, por realizar a travessia mais veloz. Esta projeção no comércio de transatlânticos de passageiros, alcançada pela segunda frota mercantil do mundo, também foi elaborada para projetar a esquadra do imperador de um longínquo quinto lugar mundial a uma posição próxima à da Marinha Real, ainda disparada em primeiro. Isso prognosticou a incorporação paralela de combatentes de grande porte à nova frota do imperador, os imensos castelos de ferro que sofreram sua derrota final, e morte por abandono, em 1919. Em 1920, mais uma vez em recuperação, a Alemanha entraria com força total na notoriedade marítima, com o objetivo final de superar os britânicos. E, mais uma vez, seu sucesso seria profundamente dramático, mas teria vida curta.

Durante essa época, a popularidade das viagens de luxo entre as Américas e a Europa estava focada nas travessias rápidas, alcançadas pelos navios britânicos, franceses e alemães, sobretudo entre Nova York e os principais portos europeus, como Southampton, Cherbourg, Bremerhaven e Hamburgo. Em 1929, com a utilização das turbinas a óleo dos navios gêmeos *Bremen* e *Europa*, a Alemanha saltou para uma liderança expressiva nessa corrida, mas ocupou a posição por pouco tempo. O ritmo acelerado das novas máquinas "puro-sangue" demandava um terceiro navio que pudesse manter o dinamismo da rota expressa. Já mais antigo, e com 32.350 toneladas, o *Columbus*, que havia sido encostado durante a Primeira Guerra Mundial e mantido pelos alemães por uma falha do Tratado de Versalhes, foi reformado para se assemelhar aos seus companheiros de rota, aumentando para um trio a frota expressa da Norddeutscher Lloyd na linha de Nova York. Até 1932, os três transatlânticos já haviam conquistado mais de 12% do serviço de passageiros do Atlântico Norte. Durante esse mesmo período, a Norddeutscher Lloyd, com seu pensamento visionário, também se preparou para o advento das travessias aéreas do continente, patrocinando a Deutsche Zepplin-Reederei, primeira companhia aérea a operar com passageiros, com o *Graf Zeppelin* e o desafortunado *Hindenburg*. (Adolf Ahrens, segundo capitão do *Bremen*, estava a postos em Lakehurst, Nova Jersey, com uma tripulação de 12 homens de seu navio para ajudar a receber o *Hindenburg* em terra, quando a aeronave explodiu e pegou fogo, naquele dia fatídico de maio de 1937.)

O *Bremen* foi construído pelo estaleiro A. G. Weser, em Bremen, enquanto o *Europa* foi feito pelo Blohm and Voss, de Hamburgo. O *Europa* tinha a previsão de término mais cedo, mas sofreu um incêndio durante a montagem e, por isso, o *Bremen* ficou pronto antes. Segundo os contratos, a velocidade média dos dois deveria ser de 27 nós, de modo a realizarem a travessia normal em cinco dias. O *Bremen* ganhou facilmente o prêmio Blue Riband de velocidade em sua travessia de estréia, em julho de 1929, zarpando do quebra-mar de Cherbourg e chegando ao farol flutuante do canal Ambrose, em Nova York, no tempo recorde de quatro dias, 17 horas e 42 minutos, numa velocidade de cruzeiro de 27,9 nós, ultrapassando, conseqüentemente, o recorde do britânico *Mauretania*. Esta velha embarcação, que roubara o Blue Riband dos alemães em 1907, possuía quatro hélices e ainda contava com 324 homens para o abastecimento de carvão. Para manter sua reputação, o *Bremen* bateu o recorde na travessia de regresso, realizando o percurso de Nova York até Plymouth (Farol de Eddystone), em quatro dias, 14 horas e 30 minutos, a uma velocidade média de 27,92 nós, completando sua viagem inaugural com duas quebras de recordes em travessias, feito jamais alcançado antes na história do prêmio Blue Riband. No ano seguinte, o *Europa*, navio gêmeo, ganhou facilmente o prêmio de velocidade.

Os dois novos navios alemães foram projetados para incorporar uma beleza simples, dando mais destaque a uma grandeza moderna de forma mais pura, livrando o viajante de décadas do luxo tradicionalmente exagerado de seus antecessores. Segundo John Maxtone-Graham, especialista em transatlânticos de passageiros, "a Norddeustscher Lloyd tinha como premissa a rapidez, em lugar do tamanho; eles buscaram uma decoração interna que deu fim ao estilo teutônico wagneriano, da fase da *belle époque*. O *Bremen* deveria ter formas simples, uma bela linha e material de primeira qualidade". Os novos navios alemães foram desenhados visando à praticidade tanto quanto ao luxo. As linhas do *Mauretania* eram freqüentemente comparadas às de um transatlântico de cruzeiro, ao passo que os novos gêmeos alemães, de estatura mais baixa e aerodinâmica, proa curvada e chaminés curtas e grossas, lembravam destróieres gigantes.

Após a primeira travessia do *Bremen*, os engenheiros alemães descobriram que a velocidade utilizada na quebra do recorde estivera abaixo de sua capacidade total projetada, estimada em 92.500 cavalos de torque. Mais tarde, esta estimativa foi reavaliada por engenheiros norte-americanos e britânicos, que concluíram que sua potência chegaria a 160 mil cavalos. Os engenheiros se vangloriavam pelo fato de que o *Bremen* atingira 32 nós em pequenas arrancadas durante os testes ao mar. O *Europa*, embarcação da mesma família, foi considerada pouco mais poderosa, com 170 mil cavalos de potência, e algumas polegadas a mais de comprimento. (Atualmente, os especialistas alemães alegam que a verdadeira potência do *Bremen* era de 130 mil cavalos, e a do

Europa, de 134.400.) Os dois navios aderiram às novas proas curvas, projetadas pelo comodoro norte-americano David Taylor, o que melhorava o desempenho e acentuava a velocidade. O *Bremen* deslocava 51.656 toneladas, o que permitia a carga extraordinária de 9.500 toneladas de água pura, com um destacamento de 32 pés. A abundância de água limpa é o fator-chave para um transatlântico de luxo, por ser projetado, em todos os aspectos, para proporcionar o máximo de conforto aos passageiros. O *Bremen* tinha água mais que suficiente para as suas mil cabines individuais, distribuídas em quatro classes. A embarcação possuía quatro propulsores com mecanismos para uma cavitação mínima e era conduzida por turbinas a vapor, cuja potência era originada em 20 caldeiras com água encanada, ligadas por um jogo de marchas de redução. Sua nova proa sobreposta, em formato de bulbo, em vez do casco revestido, supostamente aumentava a velocidade em meio nó. A estrutura da superfície de apoio com lemes Oertz, revestidos com material superleve, pesava apenas 62 toneladas. Os engenheiros o fizeram para manter uma estabilidade positiva mesmo com carga máxima, e projetaram-no para suportar uma inundação completa de dois dos compartimentos adjacentes, em caso de colisão. O *Bremen* armazenava 1.600 toneladas de combustível em cascos duplos. Era equipado com os sistemas de seguranças mais modernos, incluindo um sistema contra incêndio projetado segundo padrões exigidos pelas autoridades do porto de Nova York. Ele possuía botes de segurança com capacidade para 200 pessoas a mais que o total de passageiros e tripulantes. O *Bremen* também era equipado com um hidroavião da Heinkel, ejetado por uma amurada móvel localizada entre as chaminés, podendo ser lançado a uma distância de 600 milhas de seu porto de destino, para levar correspondência prioritária. Em 1935, com o avanço da comunicação sem fio, os hidroaviões foram desativados e o ejetor foi substituído por uma grande garagem, utilizada para armazenar automóveis e bagagem extra. Muitos de seus aspectos de *design* eram exclusivos, como, por exemplo, a piscina, que foi construída diretamente acima da quilha, e abaixo do convés G, cercada por duas salas de caldeiras, que a mantinham aquecida o suficiente para que pudesse ser usada durante o inverno. Um restaurante alternativo de primeira classe foi situado entre as chaminés, no convés utilizado para banho de sol, proporcionando uma gloriosa vista panorâmica do mar.

O longo relacionamento do *Bremen* com a cidade de Nova York era um caso complexo de afeição social muito próxima, que crescera desde os primeiros dias de sucesso do navio. Em sua viagem de estréia, em 22 de julho de 1929, quando a chegada do *Bremen* estava sendo aguardada, ao meio-dia, milhares de nova-iorquinos já se aglomeraram nas ruas, nos telhados, e em qualquer lugar onde pudessem conseguir avistar sua aproximação. Era comum ver celebridades como W. Somerset Maugham conduzindo atores de cinema, membros da realeza européia, e donos de indústrias, como Henry Ford, John D. Rockefeller e William Randolph Hearst, escrevendo palavras brilhantes no livro pessoal de convidados do comodoro Leopold Ziegenbein, primeiro capitão master do *Bremen*. Também era comum que os famosos de Nova York recebessem convites sofisticados para jantares esplêndidos a bordo do *Bremen*, levados pelos hidroaviões, um dia antes da chegada do navio. Os tripulantes do *Bremen* competiam com outros transatlânticos famosos pelo troféu de futebol do Atlântico Norte, patrocinado pela YMCA (*Young Men's Christian Association*, ou, ACM, Associação Cristã de Moços), e ganharam inúmeras vezes.

No começo da década de 1920, quando a Norddeutscher Lloyd voltou a arrebanhar os passageiros que vinham e iam para Nova York, seus transatlânticos se mostraram longos demais para o antigo cais de Hoboken, em Nova Jersey, e foram forçados a utilizar os ancoradouros militares do Brooklyn, até que novos e adequados pontos de atracação fossem providenciados. Devido ao sucesso absoluto dos novos transatlânticos, Hoboken também provou estar demasiadamente distante de Manhattan para prover um serviço eficiente de passageiros. Durante essa época, a companhia Hamburg-Amerika foi a grande rival da Norddeutscher Lloyd. Em 1934, após uma longa e complexa batalha com empresas navais e políticos de Tammany Hall, em Nova York, numa breve união entre as duas empresas alemãs, as gigantes germânicas finalmente se mudaram para os cais mais longos, Hapag 84 e 86, situados no lado oeste de Manhattan. Esse sucesso deveu-se a nada menos que o trabalho árduo de seu intrépido superintendente naval, o capitão William Drechsel, também ex-capitão de navios de passageiros, e o homem que teria um papel decisivo na história de amor entre o *Bremen* e Nova York, até a última viagem do navio. Drechsel foi nomeado superintendente da nova Hapag-Lloyd North Atlantic Union, cujos capitães foram notificados de que, quando em águas norte-americanas, estariam sob sua autoridade. Algumas tradições exclusivamente alemãs se espalharam por Nova York durante aqueles dias felizes. Em dezembro de 1930, o *Bremen* chegou à Nova York com árvores de Natal iluminadas, afixadas ao topo de seus dois mastros, iniciando uma tradição seguida até os dias de hoje, por diversos navios e iates. O *Bremen* obteve tamanho sucesso em representar a imagem de um transatlântico de primeira linha que a Norddeutscher Lloyd orgulhosamente proclamou: "Nenhum transatlântico da era moderna conseguiu capturar a imaginação do público da mesma forma. O navio já se tornou uma lenda e um clássico. Seu nome reluz como um novo planeta."[1] O impacto pouco conhecido causado por esses transatlânticos no futuro dos Estados Unidos foi o fato de o projetista do SS *United States*, o navio de passageiros mais veloz já construído, ter utilizado o conceito do *Bremen* e do *Europa*, projetando a embarcação com funções navais, para o caso de uma necessidade militar de um transporte veloz. O capitão William Drechsel forneceu à marinha norte-americana todos os projetos e detalhes das operações do *Bremen* no final dos anos 30, e estas teriam, eventualmente, inspirado o projeto do SS *United States*. Em meados da mesma década, a exploração social do *Bremen* foi interrompida pelo crescente furor antinazista e um grande escândalo de espionagem.

O *Bremen* foi o primeiro transatlântico de uma companhia naval a empregar comissárias em tempo integral para o serviço especial de passageiros. Desde a viagem inaugural do *Bremen*, a dra. Gertude Ferber serviu a bordo, atuando como comissária e secretária particular do primeiro e adorado capitão comodoro Ziegenbein. Mais tarde, Ferber escreveria o livro *Eight Glass*, utilizando o codinome de Tintoretta, descrevendo a vida a bordo do navio de luxo durante o período anterior à Segunda Guerra Mundial. Sua história relata o esforço complexo, ainda que discreto, envidado pelos oficiais e tripulantes a bordo do *Bremen*, para preservar a popularidade do navio junto aos viajantes internacionais, apesar do cenário de adversidade política em embarcações alemãs provocado pelos nazistas. Ferber auxiliava passageiros idosos e doentes e, às vezes, silenciosamente ajudava passageiros judeus rumo à liberdade, sem o conhecimento dos patrulheiros da Nazi SA Bordsturm, infiltrados na tripulação de mil homens e mulheres do *Bremen*.

A reputação que os navios alemães de passageiros detinham, como exemplo de viagem de luxo do Atlântico Norte, começou a se deteriorar logo após a chegada de Adolf Hitler ao poder, e se intensificou quando ele passou a disseminar sua influência política nazista a bordo, com a presença de membros do núcleo do partido nazista Sturm Abteilung (Patrulheiros do SA Storm).

Os "SA Bordsturm", como eram chamados, faziam parte da política de Hitler para "assegurar que o partido chegasse a cada cabana, ou navio alemão, ao redor do mundo". O primeiro núcleo marítimo do SA Bordsturm foi estabelecido em Hamburgo, em 1931, e até 1939 mais de 30 mil agentes das SA já haviam sido designados a atuarem a bordo de navios mercantes alemães. A partir de 1936, todos os navios alemães foram expurgados de tripulantes estrangeiros e os núcleos estavam firmemente enraizados em meio aos tripulantes dos navios de passageiros, em geral no setor de atendimento, atuando como comissários, garçons e na equipe de cozinha, participando da mão-de-obra essencial do navio. Os membros da SA Bordsturm tinham a finalidade de garantir a autoridade dos oficiais do navio, dos quais era exigido, ao menos no papel, que fossem membros do partido.

Quando o anti-semitismo aberto e a limpeza étnica, de fato, começaram a ocorrer na sociedade alemã, as companhias navais daquele país foram ordenadas a dispensar todos os tripulantes judeus. Até 1938, quando as empresas eram obrigadas a ser inteiramente isentas de judeus, a administração da Norddeutscher Lloyd silenciosamente desconsiderou a ordem do Partido Nazista e manteve, com êxito, alguns de seus tripulantes de alto escalão, mais qualificados e experientes que, por acaso, eram judeus. Mais adiante, a Norddeutscher Lloyd incentivou muitos desses tripulantes judeus a modificarem suas identidades nos registros, ignorando solenemente as ordens de expurgo.

O preconceito racial nazista preocupava a maioria dos marinheiros alemães que, assim como seus colegas estrangeiros de profissão, era, antes de tudo, de homens do mar, e, portanto, verdadeiros internacionalistas. No entanto, à medida que o clima nazista na Alemanha crescia freneticamente, ocorriam casos isolados de perseguição. Como ocorreu, por exemplo, com o maquinista Mate Fritz Obermeier, funcionário do navio *Argo*, da

Norddeutscher, dispensado por esconder sua identidade judia. Ele foi demitido como tripulante, depois sua esposa, estarrecida, divorciou-se dele, por tê-la enganado. No ano seguinte, ele foi deportado para um campo de concentração e assassinado por guardas nazistas.[2] Com o crescimento da influência da SA Bordsturm e da Gestapo (polícia secreta), as fichas de avaliação pessoal dos tripulantes foram entregues a esta última, para que tomasse providências. A Gestapo bania revistas norte-americanas da livraria do *Bremen*, como a *Harper's*, a *Current History* e a *Life*, já em 1933, mesmo ano em que confiscaram uma cópia de *Nada de novo no front*, de Erich Remarque, considerado propaganda antialemã.[3]

Quando o comodoro Ziegenbein, comandante do *Bremen*, financiou pessoalmente uma comemoração num parque de Bremerhaven para três mil tripulantes, seus familiares e amigos, seu objetivo era enfatizar o espírito da família e da sociedade, e encorajar os laços de liderança entre as equipes e oficiais mais novos. A princípio relutante em confrontar abertamente o oficial de comando popular e socialmente influente, o Partido Nazista local, numa reação rancorosa, deu início a uma série de concertos anuais de Natal, intitulada "Green is the Meadow", no Columbus Pier, onde uma banda uniformizada da organização Kraft durch Freude, KdF* ("Força pela Alegria") tocava canções nacionalistas e conduzia os marinheiros e seus amigos em canções patrióticas.[4]

A bordo do *Bremen*, o núcleo nazista da SA Bordsturm era composto por 15 células, que mantinham um controle diligente

---

*A organização "Força pela Alegria" (Kraft durch Freude) foi criada pelo partido nazista em 1933. Parte integrante da estratégia de cooptação dos trabalhadores, a Força pela Alegria organizava atividades culturais e esportivas para as famílias de trabalhadores: cruzeiros marítimos, caminhadas, piqueniques, apresentações musicais e espetáculos teatrais, festivais de canto e dança, bem como torneios de variadas modalidades esportivas. (*N. do R.T.*)

de tripulações politicamente mais relutantes. A infestação nazista, às vezes nada sutil, levou a alguns contratempos a bordo de navios da Norddeutscher Lloyd, por vezes dramáticos, ainda que discretos, à medida que o novo regime alemão buscava substituir os capitães e tripulantes de mentes independentes e internacionalmente aceitos por alemães mais obedientes e partidários. Tal esforço se disseminou a bordo do *Bremen*, mas o comodoro Ziegenbein conseguiu resistir aos nazistas até 1936, quando, após recusar-se terminantemente a concluir suas correspondências com a saudação exigida "*Heil* Hitler", o conhecido primeiro comandante do *Bremen* se aposentou precocemente, aos 62 anos, embora já estivesse no mar há 47. Ele alegou que não poderia, em sã consciência, representar "aquele partido" a bordo. Seu substituto, o capitão Adolf Ahrens, era experiente em diversos navios da Norddeutscher Lloyd, mais recentemente no *Columbus*, e, por diversas vezes, substituíra Ziegenbein no comando do *Bremen*. Mais tarde, como comandante permanente, o capitão Ahrens e seu espírito de marujo se provariam essenciais ao futuro do *Bremen*.

Os sentimentos antinazistas também tomaram vulto na administração da Norddeutscher Lloyd. O capitão William Drechsel, inspetor da companhia em Nova York, falou publicamente em apoio a Arnold Bernstein, ganhador da condecoração Cruz de Ferro, durante a Primeira Guerra Mundial, e vítima célebre do nazismo, que em 1935 comprou a antiga linha alemã Red Star. Ele convertera a linha em uma transportadora de baixo custo, apenas para a classe turística e o transporte de cargas, suprido pelo fluxo crescente de refugiados que deixavam a Europa. Em 1937, os nazistas tomaram a linha e jogaram Bernstein num campo de concentração, até que seus defensores norte-americanos acabaram comprando sua liberdade, em 1939. Mais tarde, ele se tornou cidadão norte-americano e formou a American Banner Line, também uma linha de classe única e custo baixo.

Introdução

Em 1934, segundo ano do regime de Hitler, o sistema de propaganda alemão passou a enfocar a grande comunidade germânica nos Estados Unidos. Milhares de imigrantes alemães que haviam se fixado nos EUA e faziam parte da história de sucesso da economia norte-americana. Suas realizações na indústria, principalmente nos campos da engenharia e da ciência, haviam contribuído para o crescimento exponencial da força industrial desse país. O ministro da Propaganda de Hitler fez grande alarde quanto ao papel-chave exercido pelos alemães, como cérebros de liderança nos negócios norte-americanos. Ao mesmo tempo, os serviços embrionários de inteligência humana de Hitler passaram a procurar norte-americanos de origem alemã, sobretudo os que trabalhavam na indústria de defesa, como alvos de exploração. Após a Primeira Guerra Mundial, devido ao Tratado de Versalhes, as restrições à construção militar alemã e ao desenvolvimento industrial fizeram florescer o ímpeto da inteligência do serviço nazista, concentrando suas ações nos núcleos de tecnologia de ponta, principalmente nos setores de defesa e de engenharia aérea e naval, em franco desenvolvimento nos Estados Unidos. Uma grande fatia do mercado de negócios de sucesso da sociedade norte-americana era composta por cidadãos de origem alemã, que ainda participavam de organizações amistosas germano-americanas: a German American Bund, a German American Friendship Guild, a Friends of the New Germany e a Steuben Society.

O veículo ideal para transportar a colheita da inteligência alemã eram os grandes navios expressos, mais precisamente o *Bremen*, o *Europa* e o menos conhecido *Columbus*. Também utilizados para esse fim, havia o *New York*, o *St. Louis* e o *Reliance*, todas embarcações da mesma frota. Estes navios eram freqüentemente ancorados no lado oeste de Manhattan, mergulhados nos negócios preparatórios de suas viagens semanais, para levar passageiros para a Europa. Os navios alemães, com sua grande proporção de tripulantes com relação aos passageiros, proporcionavam um ambiente excelente para absorver os espiões e agentes do serviço de inteligência, cuja presença na segurança dos navios de bandeira alemã parecia impenetrável. Por volta de 1934, cada linha transatlântica teve suas tripulações completadas pelos camisas pardas da SA Bordsturm, que, embora raramente uniformizados a bordo, proviam excelente segurança ao trabalho de inteligência, por intermédio dos agentes que atuavam disfarçados como membros da tripulação. Em 1935, o número de membros das SA que integravam a tripulação do *Bremen* chegava a um total de 150.

O líder do destacamento da SA Bordsturm no *Bremen* era Erwin Schulwitz, um veterano firme da Grande Guerra, cujo nome, para seu constrangimento, não figurou na lista dos principais oficiais e passageiros, impressa no panfleto distribuído a todos os viajantes a cada travessia. Ele participara de combates importantes no *front* oriental, e fora capturado pelos russos durante a Batalha de Tannenberg. Passou três anos como prisioneiro de guerra em Murmansk e orgulhava-se de seu ódio mortal por todos os comunistas, particularmente os russos. Schulwitz comandava seu destacamento de 150 homens como a uma unidade militar, embora fossem proibidos de vestir os uniformes pardos e agissem dispersados por diversas partes do navio. Apesar disso, Schulwitz vestia-se à paisana como se estivesse uniformizado, e tendia a marchar, em vez de caminhar. Ele promovia pequenas reuniões abaixo do convés, na área de lazer da tripulação, onde fazia discursos políticos, exibia filmes de propaganda e finalizava a sessão com o "Horst Wessel", uma canção popular entoada pelo Partido Nazista. O capitão Ahrens pedira ao primeiro oficial Warning para dizer a Schulwitz que mantivesse um tom mais baixo nos encontros, pois a dra. Gertrude Ferber, diretora do serviço especial de passageiros e uma antinazista declarada, reclamara de seu cânticos, que estariam perturbando os passageiros, principalmente os idosos. O capitão também baniu as marchas pomposas pelo navio, o que Schulwitz continuou fazendo, já que para ele era impossível meramente caminhar. Ele aparentemente tinha dificuldades em passar por um espelho, e havia inúmeros no salão principal da primeira classe, e nas elegantes escadarias entre o convés A e o B. Ele parava e fazia pose, como um pavão, e por isso Warning baniu Schulwitz dessas áreas. Sabendo como o capitão Ahrens se sentia sobre as atividades do partido a bordo, Schulwitz passou a evitar o andar superior, e raramente era visto acima do convés F, onde as dependências e refeitórios dos tripulantes estavam localizados. Ahrens considerava a SA Bordsturm mais como uma chateação que uma séria ameaça. Warning também desgostava dos cânticos, porém, como oficial naval da reserva, e também veterano de guerra, ele tratava Schulwitz com o devido respeito de um companheiro veterano, e ex-prisioneiro de guerra.

Em 1937, um mau presságio chocou a comunidade naval do Atlântico Norte, quando teve início o primeiro serviço aéreo a cruzar o continente. A princípio, a nova modalidade de viagem aérea não prejudicou os negócios da linha marítima expressa. Contudo, as reservas em navios alemães caíram. O *Bremen* foi temporariamente retirado da rota transatlântica, anteriormente lucrativa, e colocado na linha de cruzeiro de inverno, ao redor da América do Sul, o que levou a imprensa norte-americana a fazer uma jogada de intensa propaganda nazista, noticiando a passagem do maior navio do mundo pelo canal do Panamá. (O *Bremen* deteve esse recorde até quase 35 anos depois, quando o *Queen Elizabeth II* ganhou as honras, sendo o maior dos dois.) Mas ainda havia passageiros de sobra para transportar pelo Atlântico.

No verão de 1938, a revelação de um grande núcleo espião nazista nos Estados Unidos apimentou a história nova-iorquina do *Bremen* e da embarcação irmã, o *Europa*. Os acontecimentos mais extraordinários revolviam ao redor das aventuras de espionagem do dr. Ignatz Griebl e William Lonkowski, durante suas ações para roubar segredos de defesa dos EUA, dentre os quais os planos valiosos da bomba Norden. A Rede Lonkowski, em operação desde 1934 a partir de Wilhemshaven — posto mais produtivo de Abwehr (inteligência militar) — sob o comando do dr. Erich Pfeiffer, já era responsável pelo envio de grande fluxo de agentes da inteligência dos Estados Unidos. O caso Griebl se tornou uma história de espionagem vastamente publicada e acabou por causar um grande golpe de sorte que resultou na vitória da contra-inteligência norte-americana, mas somente após alguns descuidos evidentes e erros custosos.

Apesar desta aberração na reputação do *Bremen*, tido como um astro da cena social de Nova York, a vida do navio prosseguiu e o escândalo de espionagem foi logo esquecido. Entretanto, conforme os nazistas intensificaram seu comportamento pavoroso na Europa, o *Bremen* voltou a ser foco de confronto. Por diversas vezes, quando a intervenção nazista na Guerra Civil espanhola estava a todo vapor, manifestantes antinazistas, como cidadãos comunistas, católicos romanos e judeus, marcharam no Cais 86 para denunciar o regime. Em julho de 1935, quando 200 policiais nova-iorquinos foram incapazes de conter os manifestantes, um pequeno grupo de ativistas forçou a entrada a bordo do *Bremen*, meia hora antes da partida. Enquanto passageiros e convidados deleitavam-se semi-sóbrios, os manifestantes invadiram a proa e arrancaram a bandeira com a suástica nazista do mastro e lançaram-na ao rio Hudson. No tumulto que se seguiu, um policial nova-iorquino à paisana atirou na virilha de um dos manifestantes, e feriu diversos tripulantes e membros do protesto. Dez dias depois, ao comparecer ao tribunal por conduta anarquista, um grupo de manifestantes foi liberado por meio de um mandato expedido pelo juiz, que, por acaso, era judeu. Em reação ao incidente, Adolf Hitler, enfurecido, decretou que a bandeira com a suástica nazista passaria a ser a nova bandeira nacional alemã, substituindo a preta, vermelha e amarela, da República de Weimar, pouco popular, e que substituíra a antiga preta e vermelha, com faixa branca, da Alemanha do *kaiser* imperial.[5]

Manifestações públicas anti-Alemanha semelhantes irromperam mais uma vez em 1936, durante os Jogos Olímpicos de Berlim, e logo após a intervenção alemã na Guerra Civil da Espanha. Em 22 de agosto de 1936, o *Bremen* estava escalado para zarpar do Cais 36, logo após a meia-noite, quando mais de cem visitantes surgiram a bordo em traje de festa, simulando uma despedida aos passageiros. Uma vez a bordo, eles tiraram os paletós, revelando camisetas brancas com os dizeres "Tirem as mãos da Espanha", e começaram a distribuir panfletos antinazistas. Quando os policiais nova-iorquinos chegaram, uniformizados e à paisana, o tumulto explodiu numa confusão espetacular, com cadeiras e garrafas de champanhe voando pelo convés.

Ações-surpresa dos manifestantes prosseguiram por 1938, durante as quais conseguiram rasgar a bandeira nazista mais duas vezes. Agentes da Gestapo prenderam dois oficiais do *Bremen* após regressarem à Alemanha por negligência em se oporem aos ativistas após um confronto.

Durante esse período, a Norddeutscher Lloyd continuou a operar com regularidade nas rotas, com seus três transatlânticos de luxo, sempre mantendo um navio em Bremerhaven, ou Nova York, e um na rota do Atlântico Norte, façanha que concedera à Alemanha a liderança no número de passageiros transportados, que começou a minguar pela má conduta de Hitler, e decaiu notoriamente após a Noite dos Cristais, em 1938. Os transatlânticos alemães começaram a perder sua popularidade rapidamente, enquanto o êxodo de europeus abastados lotava os navios do Ocidente, e cada vez menos gente escolhia os navios com a suástica nazista.

As embarcações italianas *Rex* e, mais tarde, *Conte di Savoia* ganharam em 1932 o cobiçado Blue Riband pelo recorde da travessia mais veloz, e o transatlântico francês *Normandie* arrebanhou o recorde em 1935. A essa altura, a Norddeutscher Lloyd já estava operando com prejuízo, responsabilizado pela desvalorização do marco e do boicote judeu ao comércio alemão. Então, no ano de 1936, o *Queen Mary*, novo transatlântico britânico, devolveu as honras da travessia mais veloz à Grã-Bretanha, e as manteve ao longo da guerra. Em declínio, a Norddeutscher Lloyd cancelou um cruzeiro de 90 dias programado para o *Bremen*, para a empresa Raymond & Whitcomb, e o colocou de volta em sua rota expressa normal, entre Bremerhaven e Nova York.

No fim dos anos 1930, navios transatlânticos de todas as bandeiras executavam um serviço revigorado, arrastando passageiros ricos e também os mais modestos, freqüentemente de posse de todos os seus bens, rumo ao Ocidente, enquanto a tensão na Europa crescia. Durante os últimos meses que antecederam a invasão alemã à Polônia, o presidente Franklin D. Roosevelt travou uma ativa negociação por baixo dos panos, mantendo os ruidosos defensores da neutralidade fora de seu encalço, e organizando secretamente uma rede de inteligência britânico-americana, com sede em Nova York. William Stephenson, o homem chamado de Intrépido, era o cabeça da organização. Embora esta não tivesse sido oficialmente legalizada até 1940, os primeiros fundadores já estavam a postos em agosto de 1939, compilando informações navais e planejando medidas divergentes, para contrapor aos planos alemães de empregar corsários comerciais, caso a guerra estourasse, algo dado como certo. Como ex-secretário assistente da marinha, Roosevelt ficou profundamente preocupado com a navegação estrangeira, e as lembranças ainda recentes dos renomados piratas alemães da Primeira Guerra Mundial. Ele determinou que fossem tomadas medidas antecipadas para proteger a neutralidade dos navios mercantes armados. Piratas mercantes famosos, em "Hilfskreuzer" alemães (navios de apoio armados), como o *Count von Luckner*, mantinham o armamento do *Seeadler* e do transatlântico *Kaiser Wilhem der Grosse*, que, equipados com quatro canhões de cinco polegadas, tinham poder devastador atuando com navios aliados em diversos oceanos. Nessa época, Roosevelt foi informado pela inteligência de que a Alemanha estava preparando a conversão de grande parte de seus navios mercantes mais capazes em navios de corso. Muitos navios alemães foram projetados para utilização eventual de transporte de tropas, ou como "Hilfskreuzer", navios-hospitais e de lazer (navios "Froça pela Alegria"), projetados como transatlânticos sem classe, para entreter os trabalhadores que fizessem jus. Esses navios KdF aumentaram em número, incluindo embarcações como o *Stuttgart, Sierra Córdoba, Der Deutsche, Berlin, St. Louis, Sierra Morena* e o *Wilhelm Gustloff*.

Roosevelt estava determinado a tomar medidas oportunas para proteger os interesses dos Estados Unidos. Ele estava bastante atento ao caso dos navios de guerra confederados, como o CSS *Alabama*, durante a Guerra Civil, e o prejuízo que tais navios causaram ao comércio da União no Atlântico. O *Alabama*, que havia sido construído em Liverpool e inicialmente fora tripulado por marinheiros britânicos, destruíra 62 navios mercantis norte-americanos, entre 1862 e 1864. Naquela guerra, conforme atacavam nas rotas comerciais do Atlântico, os corsários do comércio confederado destruíram 257 navios, entre os mercantis e os baleeiros. Anos após a guerra, a Grã-Bretanha foi obrigada pela Corte Naval a pagar mais de 15 milhões de dólares em prejuízos aos Estados Unidos, por seu papel na construção do *Alabama*, e pelo apoio aos corsários armados confederados. Roosevelt estava decidido a impedir que a Alemanha forçasse sua entrada na neutralidade dos Estados Unidos, e tampouco queria assistir à Grã-Bretanha perder a chance de arrebanhar navios mercantes alemães de papel-chave, além de transatlânticos de passageiros, que poderiam estar em águas norte-americanas quando a guerra começasse. Deste modo, ele observou silenciosamente a inteligência britânica localizar e caçar navios importantes como o *Bremen*, e fez tudo o que pôde para que os Estados Unidos ajudassem ao máximo, enquanto se mostrava neutro, ajudando a Marinha Real em suas interceptações e capturas.

A famosa "era dourada" das viagens transatlânticas de luxo terminou em 25 de agosto de 1939, quando Berlim subitamente ordenou que todos os seus navios regressassem à Alemanha, ou atracassem em portos neutros. Pouco tempo depois, o Alto Comando da Marinha Alemã assumiu o controle de toda a sua frota. O *Europa* regressou a Bremerhaven, ao passo que o *Columbus* zarpou rumo à costa da Virgínia, como prevenção a cair nas mãos da Grã-Bretanha. O *Bremen* prosseguiu até Nova York para o desembarque de seus 1.770 passageiros, antes de dar a volta e partir sem passageiro algum, rumo ao desconhecido. O que veio a seguir foi a fábula do *Bremen*, com sua escapada de Nova York, em 1939, e sua corrida extraordinária para casa.

1

Travessia incerta

Bem cedo, numa manhã de agosto, de 1939, um jovem marujo observava a proa elegante do *Bremen*, no cais *Columbus*, em Bremerhaven. Ele podia ouvir o ruído poderoso da casa das máquinas vindo do interior do casco negro do gigante, enquanto pensava na jornada por vir. Wilhelm Bohling, 18 anos, aprendiz de garçom do salão de jantar da primeira classe, gostava das horas que antecediam o alvorecer, antes do despertar do cais e do navio, quando começava a atividade efervescente, a lavagem do convés, o polimento dos adornos de bronze, e o preparo do navio para a partida. Em algumas horas, centenas de passageiros estariam chegando de trem, ônibus e carro para o embarque. Bohling havia caminhado do centro da cidade até a área do cais, no começo da madrugada, ansioso pela hora da partida, vestindo seu uniforme azul, com fileiras triplas de botões dourados e reluzentes. Ele entreouvira dois transeuntes dizerem, em resposta a uma pergunta não ouvida: "Ah, sim, ele é um marinheiro do *Bremen*." A frase deixara Bohling feliz e orgulhoso, por ter sido identificado. Ele olhava para o alto do navio, com sua proa deslumbrante, de aço polido. Da cidade ele podia facilmente distinguir o alto da proa do *Bremen*, dando ao navio uma identidade que o distinguia do navio-irmão, o *Europa*, embora parecesse idêntico, com as chaminés amarelas, curtas e troncudas. As amarras, grossas como os bíceps de Bohling, se estendiam como teias de aranha até a lateral do cais. Este não era apenas um navio, pensou ele, o maior e mais veloz da Alemanha. Era seu lar, era aquecido e provia boa alimentação.

SS *Bremen*
Ao mar
Terça-feira, 22 de agosto, até segunda-feira, 28 de agosto, 1939

O *Bremen* zarpou de Bremerhaven na terça-feira, 22 de agosto, às 14 horas, com 1.220 passageiros a bordo, rumo a Nova York, via Southampton e Cherbourg, viagem registrada como a de número 187. No dia seguinte, sob um clima magnífico, ele passou por Dover a todo vapor, e ancorou por duas horas em Southampton, para que mais passageiros embarcassem. Muitos tripulantes a bordo estavam relutantes com dúvidas silenciosas e medo do futuro imprevisível. A maioria tinha um pressentimento desconfortável de que os acontecimentos em casa, na Alemanha, estavam fugindo ao controle, e, acima de tudo, temiam perder seu precioso acesso às viagens internacionais, principalmente suas viagens habituais a Nova York. De fato, nessa época, o *Bremen* era amplamente visto como uma metáfora para a estima dos germano-americanos, que haviam emergido e prosperado após os dias sombrios da Primeira Guerra Mundial. Para aqueles que cultivavam fortes laços de amizade com os norte-americanos, o respeito mútuo e a proximidade tinham uma importância bem maior do que a lealdade dos tripulantes ao novo dogma político alemão. Como marinheiros, em primeiro lugar, eles eram internacionalistas, mas não era prudente admiti-lo abertamente na Alemanha.

O *Bremen* zarpou novamente no mesmo dia, chegando à Cherbourg para receber mais 500 passageiros e desembarcar uns poucos. Parecia que mais gente deixava a Europa que a ela se dirigia. Agora eram 1.770 passageiros embarcados.

Nesse mesmo dia, Adolf Hitler e Joseph Stalin assinaram o pacto de "não-agressão", com sua cláusula secreta pela divisão da Polônia. É claro que a tripulação do navio só soube disso bem mais tarde.

No início da manhã de quinta-feira, evidenciando a preocupação com o futuro, os sentinelas do *Bremen* avistaram o transatlântico francês *Normandie* vindo de Le Havre, também com destino a Nova York, via Southampton. Antes, tais encontros casuais ao mar eram festejados com empolgação, acenos e troca de saudações. Desta vez, no entanto, os tripulantes e passageiros a bordo dos dois navios pareciam abatidos e olhavam quietos para a outra embarcação, demonstrando quase nenhuma emoção, talvez com pensamentos voltados para o fim gradativo da segurança de tempos de paz. Os dois navios corriam em cursos quase paralelos, mas, por alguma razão, o *Bremen* se afastou dando uma guinada ao sul, até sumir de vista, depois voltou ao rumo oeste. Os tripulantes acharam que o capitão estava evitando companhia, principalmente a de um navio francês, ou inglês, devido ao estado de tensão dos acontecimentos na Europa.

Os passageiros do navio eram mantidos muito bem informados sobre a situação atual na Europa, por meio do jornal *Lloyd Post*, transmitido diariamente por telegrafia e copiado em mimeógrafos, para que todos lessem. Os sentimentos a bordo eram tensos, principalmente por parecer que o impasse entre a Alemanha e a Polônia estava chegando ao ápice. A maioria dos tripulantes tinha pouco a dizer sobre os fatos, no entanto, alguns acreditavam nos cochichos do pessoal do Partido Nazista, infiltrado na equipe de bordo, alegando que multidões polonesas estavam batendo nos portões de Berlim. Porém, grande parte dos marinheiros que serviam nas áreas de primeira classe, como Bohling, estava ocupada demais atendendo às exigências dos passageiros, e batalhando por suas gorjetas, que, naquele tempo, eram minas de ouro para os homens e as mulheres que passaram pela devastação da última década, quando a economia alemã se abatera.

Os tripulantes do *Bremen* eram imbuídos pela função principal de agradar os passageiros, e eram bastante espertos para se saírem bem nessa exigência, com muita cortesia, de modo a arrecadar uma bela remuneração, que vinha em forma de dólares norte-americanos ou marcos alemães. Conseqüentemente, a tripulação mergulhava na rotina diária, mas sempre mantinha ouvidos atentos aos boatos que circulavam pelo navio, para algum comentário que pudesse indicar uma mudança no curso da viagem.

Em sua primeira viagem a Nova York, Bohling fizera amizade com a segunda geração de uma família de germano-americanos, de Hoboken, Nova Jersey. A cada viagem seguinte, passava algum tempo com eles, ia a passeios e passou a ser considerado um deles. Ernst Henningsen, também de Bremerhaven, filho de um marinheiro que servira por muitos anos a bordo de navios de passageiros da Norddeutscher Lloyd, também era garçom do salão de jantar da primeira classe. Ele se sentia particularmente feliz por estar nesse navio. Após ter passado dois anos a bordo do *Europa*, da mesma frota, o jovem de 20 anos galgara, com trabalho, seu caminho ao emprego cobiçado de garçom de primeira linha, com todas as suas recompensas. Heinz Slominski, um marinheiro sociável do *Bremen*, da equipe do convés, também se alegrava por estar a bordo, e esta seria sua segunda viagem a Nova York, onde ele já fizera amizade com uma família de origem alemã, a quem visitou. Walter Renneberg, um jovem de 22 anos, de Hamburgo, ingressara no *Bremen* como cozinheiro estagiário, diretamente subordinado a Hans Künlen, o *chef* gorducho e jovial, com 30 anos de experiência a bordo dos transatlânticos de Bremerhaven. Renneberg sentia-se especialmente satisfeito por estar próximo de tudo o que se passava na cozinha do navio, uma posição que o permitia barganhar, com outros membros da tripulação, itens preciosos como cigarros norte-americanos, conhaque francês, balas *toffee* inglesas, em troca de iguarias que ele poderia facilmente surrupiar da cozinha farta. Além de se apoderar de guloseimas para trocar, Renneberg mantinha um diário detalhado sobre sua estadia no *Bremen*.

Desse modo, ao mesmo tempo que trabalhavam arduamente nas travessias constantes, muitos tripulantes do *Bremen* desfrutavam de seus laços com famílias norte-americanas na cidade de Nova York e seus arredores. Os relacionamentos dessas famílias com os tripulantes dos navios possibilitava aos novos norte-americanos um elo de afeição com seu passado e a lembrança de seus costumes alemães, como a comida e, principalmente durante essa época, as novidades e os rumores vindos de sua terra natal. Esses contatos passaram a ter grande importância, já que as notícias impressas começaram, gradativamente, a exibir meias verdades e mentiras absurdas, divulgadas pelo novo Ministério de Comunicações de Berlim. Tornava-se cada vez mais difícil saber com precisão o que estava se passando em casa, em suas cidades ou vilarejos. Com o crescimento do Partido Nazista, os "partidários fiéis" estavam mais espalhados e, enquanto os tripulantes eram restringidos por regulamentos a apenas quatro dólares norte-americanos, havia muitas formas de solicitar a ajuda de seus inúmeros amigos nova-iorquinos, para passar por cima das regras e comprar objetos norte-americanos raros na Europa, e levá-los para casa, como presentes para suas famílias ou namoradas. Os regulamentos eram descritos detalhadamente nos folhetos distribuídos aos passageiros, a cada trecho:

"Conforme o Regulamento Governamental Alemão Fiscalizador do Fluxo de Capital Estrangeiro em vigor, moedas podem ser aceitas dos passageiros, quando em pagamento pelos serviços a bordo, apenas durante a viagem de Bremerhaven até o primeiro porto de escala, Southampton, e, a partir daí, apenas até o limite de dez marcos alemães. Nenhum tipo de moeda alemã, cédulas ou moedas, será aceita no trecho de regresso ao porto de origem, de Nova York à Europa."

Nessa viagem, a maioria dos passageiros do *Bremen* era de norte-americanos voltando para casa, encurtando as férias na Riviera, ou em algum outro lugar na Europa, levados pelos rumores da guerra e abuso de algumas minorias. Também estava presente meia dúzia de diplomatas alemães de alto escalão, entre os quais cinco enviados especiais a países da América do Sul regressando a seus postos, seguindo orientação do Ministério das Relações Exteriores de Berlim. A lista de passageiros da primeira classe ostentava personalidades importantes, como Claudius Dornier Jr., descendente do famoso fabricante de aeronaves; a baronesa Elisabeth von Epenstein-Mauternburg; o príncipe Egon zu Hohenlohe-Langenburg e a princesa Maria Franciscaes e Elisabeth zu Hohenlohe-Langenburg — nomes de peso que podiam significar algo aos oficiais do navio, mas não aos marinheiros comuns. Ainda a bordo para essa travessia, estavam o cônsul de Estado H. E. Pabst, ministro do *Reich*, e Keizo Yamamoto, primo do almirante japonês que em breve se tornaria famoso na Guerra do Pacífico. Também havia um grande número de turistas que pareciam estar levando na bagagem todos os pertences adquiridos ao longo da vida. Até Donna Fox estava presente. Ela foi técnica da equipe olímpica norte-americana de corridas de trenó, em 1936. E havia outra dama, uma escritora judia que estava na classe turística, e jamais deixava sua cabine, temendo as autoridades alemãs.

Os passageiros pareciam mais sérios que normalmente estariam, após embarcarem para uma viagem de luxo de cinco dias. Havia um número bem menor de pessoas dançando no salão, e o bar serviu muito mais bebida alcoólica que o habitual, já considerado um volume bastante significativo. Muitos passageiros permaneciam no bar até altas horas, conversando sobre a situação na Europa, e podiam ser ouvidos discutindo as ofertas mais recentes de compromisso feitas pelo primeiro-ministro Neville Chamberlain.

Na primeira noite após a partida de Bremerhaven, houve uma briga no salão C da classe turística, entre um passageiro britânico e outro alemão, de Berlim. Bohling disse que o inglês estava bêbado, ofendendo o alemão, e, em seu profundo estado de embriaguez, o xingou de judeu bastardo e deu-lhe um soco no nariz. O primeiro oficial Eric Warning foi chamado à cena, depois que dois agentes da SA Bordsturm atacaram o inglês infeliz, e quase o reduziram a pó. Naquela mesma noite, a tripulação tomou conhecimento de que Heinrich Behrens, um comissário da noite, havia desaparecido. Eles o procuraram por todo o navio e jamais o encontraram. Comentava-se que ele se envolvera com uma garota francesa em Cherbourg, e ninguém se lembrava de tê-lo visto desde a partida daquele porto.

O capitão Adolf Ahrens registrou o fato no diário de bordo e transmitiu uma mensagem telegráfica relatando seu desaparecimento ao escritório da Norddeutscher Lloyd, em Bremerhaven. Outro boato dava conta de que Behrens se metera em confusão com os agentes da SA Bordsturm a bordo, que eram conhecidos por suas atitudes bastante hostis. Ele se apresentou para o trabalho no primeiro dia, na saída de Bremerhaven, após ser intimado pelas SA por ação disciplinar, ao deixar de fazer a saudação apropriada, durante a cerimônia de partida. Ele ganhara um olho roxo e parecia ter levado a pior numa briga. Jamais voltou a ser visto.

O capitão Ahrens era um homem afável. A maioria dos tripulantes o via a distância, mas ele parecia bem amistoso, mais como um urso benevolente, sempre sorrindo, como se compartilhasse um segredo agradável, quando olhava para seus tripulantes. Nascido em Bremerhaven em 1879, ele foi ao mar pela primeira vez aos 14 anos, no *Renée Rickmers*, inteiramente armado. Após cinco anos a bordo de navios, ele entrou para a Escola da Marinha, em Elsfurt, e se formou como oficial. Começou a servir na Norddeutscher Lloyd em 1901 e prosseguiu nos navios, chegando ao comando no SS *Columbus*, em 1928. Após substituir esporadicamente o capitão original, o comodoro Leopold Ziegenbein em férias ou por doença, Ahrens tornou-se o capitão permanente do *Bremen* em 1936, em meio ao empenho nazista para assumir controle da espinha dorsal da frota mercante alemã.[1]

Na sexta-feira, 25 de agosto, ainda a três dias de distância de Nova York, um telegrafista do *Bremen* entregou ao radiotelegrafista encarregado, o oficial Kurt Gerstung, uma mensagem que ele acabara de copiar à máquina, enquanto ouvia o noticiário mercantil do Norddeich, de Berlim. Era uma mensagem enviada com o prefixo H, seguida do código QWA, o que significava que o *Bremen* deveria receber uma cópia. Gerstung pegou a mensagem e leu, retesando-se instantaneamente, em reação.

— Horário exato do recebimento? — ele indagou categórico ao operador.

— Exatamente às 20h06, horário Greenwich, senhor — o operador respondeu, surpreso com a reação do oficial.

Gerstung foi como um raio rumo à porta da sala de transmissão. Ele fora instruído duas semanas antes sobre os novos códigos operacionais de emergência, promulgados pelo alto-comando da Marinha, em Berlim, para todos os navios mercantes. Com vistas à situação de deterioração na Polônia, a marinha estava se preparando para assumir o controle de toda a frota, o que ocorreria após uma série de comandos de alerta via rádio, utilizando o código QWA, com o prefixo H, de Handelsmarine (marinha mercante). Gerstung agora tinha nas mãos a primeira mensagem com este código. Ele subiu correndo ao convés superior, chegou à área de banho de sol e seguiu diretamente até a cabine do capitão Ahrens, parando na porta para recuperar o fôlego, antes de bater.

Gerstung era o oficial sênior de radiotransmissão do navio, treinado na renomada DEBEG, em Hamburgo, que, durante anos, afirmara seu valor como uma das líderes em serviços de radiotransmissão.[2] Gerstung havia freqüentado recentemente a Abwehr School, em Wilhelmshaven, sob o comando da inteligência militar, estudando localização direcional de rádio e inteligência em comunicação, com especialização em análise de tráfego. Ele era fluente em inglês e tinha a bordo uma equipe de reforço de talentosos rádio-interceptadores, também treinados em Berlim, com a DEBEG, e depois na Abwehr B Service, em Wilhelmshaven. O assistente de Gerstung era um oficial da Bordsturm, e diversos de seus homens eram subordinados à organização do Partido SA Bordsturm. Apesar da integração desses homens das SA, a sala de rádio de Gerstung operava com eficiência, e seus operadores puseram de lado os sentimentos de animosidade. Ele e seus homens viriam a exercer um papel-chave ao longo dos meses seguintes, durante a incursão do *Bremen* na História.

Gerstung abriu a porta e adentrou a cabine, assim que ouviu o tom suave do capitão Ahrens, ao dizer:

— Entre.

Gerstung o saudou, depois entregou-lhe a mensagem.

— Sinal de alerta importante — disse ele.

Ahrens analisou a mensagem:

QWA 7 — Todos os navios: desviar de trilhas programadas em 30-100 milhas náuticas, como precaução de segurança.

Ahrens olhou acima, para o comunicador.

— Muito bem — disse ele. — Por favor, chame o oficial Warning e peça-lhe que venha a minha cabine. Avise-me assim que souber de qualquer novidade. — Ele se virou e caminhou de volta a sua mesa, olhando atentamente para o mapa aberto, sob a luz de leitura. — E Gerstung — ele acrescentou, calmamente —, fique bem alerta quanto a interceptações de quaisquer outros navios, principalmente britânicos. Eu quero saber imediatamente, caso você ouça qualquer conversa de navios de guerra britânicos ou norte-americanos. Entendido? — Ele fez uma pausa, depois acrescentou: — Ah, sim, e de agora em diante, não haverá mais telegramas enviados para os passageiros; nós devemos transmitir apenas aquilo que eu lhe entregar. Diga aos passageiros que as condições atmosféricas tornaram este serviço indisponível.

— Talvez devamos informar aos passageiros oficialmente que este serviço está cancelado — sugeriu Gerstung.

— Sim — respondeu Ahrens. — Boa idéia. Eu vou pedir ao oficial Warning que coloque uma nota sobre isso no quadro de avisos dos passageiros.

Gerstung bateu os calcanhares, dizendo:

— Entendido, capitão! — Ele partiu rapidamente e desceu pelas escadas pulando de três em três degraus, pensando: "Essa ação é exatamente o que eu adoro!" Além disso, que bom não ter de passar telegramas, aquilo era sempre uma chateação para seus homens.

Alguns instantes depois o primeiro oficial Warning estava na cabine do capitão. Após ler o alerta QWA, Ahrens apontou para o mapa em sua mesa.

— Número um, vamos ajustar nossa rota cem milhas ao sul; ganhamos tempo adicionando mais meio nó. Eu não tenho certeza de que tipo de ameaça se trata, mas alertei Gerstung para que nos mantenha prontamente avisados.

— Eu concordo, capitão — disse o oficial, acenando a cabeça. — As notícias que temos copiado do *Lloyd Post* não são animadoras. Parece que os britânicos estão se manifestando quanto à questão da Polônia. — O primeiro oficial saiu da cabine e seguiu rumo à ponte, para ajustar a rota de navegação.

Warning andou a passos largos ao longo do convés, passou pelas dependências dos oficiais, subiu as escadas acarpetadas, abriu mais duas portas e adentrou a suntuosidade da casa do leme. Deu uma olhada na direção das janelas de vidro espesso. Olhando à frente, pôde observar o mar verdejante abaixo, sentindo a proa bruta do navio até seus dez andares de profundidade, através de suas janelas cintilantes.

As janelas que davam para a coberta eram ligeiramente abauladas para fora, e o primeiro oficial podia ver o leme reluzindo e as quatro máquinas poderosas de telégrafo de bronze, orgulhosamente simbolizando a conexão que mantinham com a força dos quatro motores principais, localizados nove andares abaixo. Elas serviam de ligação entre o cérebro do navio, na sala de comando, e seu coração, na sala de máquinas. À direita do leme estava o "Iron Mike", sistema de engrenagem projetado para manter o navio em curso automático, caso a facilidade de seu manuseio e precisão pudessem ser usados como substitutos para vigilância visual, sendo utilizado apenas durante o dia claro, e jamais à noite, ou com pouca visibilidade. À esquerda do leme ficavam duas bússolas revestidas de bronze; uma magnética, e outra, giratória, de retransmissão, pela qual o curso do navio era pautado e conduzido; a magnética era meramente de reserva, em caso de falha na giratória. A própria bússola giratória era localizada a meia-nau, nove andares abaixo, numa saleta solitária da qual controlava as diversas outras giratórias posicionadas em locais estratégicos espalhados pelo navio, em plano único de rotação, e transmitindo eletricamente sua resistência ao movimento mais sutil que fugisse ao plano, portanto, gravando a cada minuto, as alterações bidimensionais do navio. Montado sobre a antepara, à frente da sala de controle, estava o mais novo recurso para a navegação segura, o "Svenska Log", que atuava como o velocímetro do navio. Ele transmitia a velocidade com que o casco do navio cortava a água, e o fazia com tanta precisão que, mesmo com o navio ancorado, indicava a velocidade das correntes que batiam contra o casco. Outros quatro marcadores grandes, colocados sobre um painel reluzente de mogno, acima do leme, mostravam o número exato de rotações por minuto, de cada uma das hélices de bronze do navio. O restante da coberta era do tamanho de uma quadra de tênis e ostentava uma limpeza impecável, vista no bronze, no mogno e na tinta branca lustrosa, cercada por alavancas reluzentes, maçanetas de formatos incomuns, e uma bateria de telefones para a comunicação, da proa à popa.

Quando o navio estava em curso, seis homens permaneciam na casa do leme, ou na coberta aberta do comandante, sendo que a autoridade suprema, obviamente, era o capitão, e, abaixo dele, o chamado oficial-chefe. Esses dois homens sempre eram encontrados na coberta durante manobras, pouca visibilidade ou nevoeiro, constantemente durante a entrada ou a partida de um porto, e em caso de tomada de decisão importante. Havia três primeiros oficiais adicionais, todos vestindo os quatro galões dourados de capitão, que tinham o papel de chefes supervisores de cada seção, reportando-se diretamente ao capitão, ou ao primeiro oficial. Um desses três primeiro oficiais estava sempre na casa do leme, na sala de mapas, logo atrás da coberta, verificando o plano de navegação, ou numa das pontas do sobrado, fazendo uma varredura no horizonte à procura de possíveis perigos. Mais três oficiais, os segundo oficiais, serviam na seção de observação, circulando pelo navio, checando os indicadores remotos de rota e profundidade, o ajuste do calado, barógrafos e velocidade cruzeiro, para a segurança da navegação. Em cada seção, um oficial veterano, com experiência de muitos anos no ofício, conduzia o navio durante a vigília de quatro horas e era auxiliado por meia dúzia de marujos que atendiam aos telefones, atuavam como vigias e executavam quaisquer ordens que porventura recebessem de oficiais seniores.

Outros instrumentos-chave eram encontrados na sala de mapas, que ficava junto à coberta, tinha uma cortina verde e uma porta de mogno polida. Um destes era a sonda de eco, cuja função era transmitir as vibrações sonoras através da água, cujos ecos eram cronometrados para alertar o navegador sobre águas rasas e perigosas e assisti-lo no ajuste da posição do navio, alinhando seu fundo aos sons exibidos no gráfico hídrico. Na sala de mapas havia dois: um para pouca profundidade, sem freqüência, e outro para águas mais profundas, transmitindo uma freqüência maior. Juntos, eles marcavam todas as mudanças de profundidade abaixo da quilha, de dois a 15 mil pés. Os mais novos aparelhos de auxílio náutico na sala de mapas eram os localizadores direcionais de rádio, afixados a uma antena de circuito elétrico fechado, que podia ser sintonizada a sinais de rádios codificados, provenientes de transmissores que pontilhavam a costa da maioria dos países. Estes mediam sua exata posição, permitindo ao navegador a triangulação e o ajuste de sua própria localização à milha mais próxima, em boas condições. Embora não pudessem fornecer um campo preciso, podiam indicar a distância com base na intensidade do sinal. Um hidrofone receptor localizado no casco igualmente detectava a posição e intensidade do som dos sinais embaixo d'água, transmitidos por inúmeros aparelhos de auxílio de navegação, como faróis flutuantes, bóias ou estações costeiras; o navegador utilizava esses sinais para ajustar a posição do navio com maior exatidão. Em agosto de 1939, estes somavam a totalidade de aparelhos de auxílio náutico, acrescentados ao sextante, ao cronômetro e à bússola, ferramentas básicas do navegador, usadas por marinheiros há séculos para traçar seus cursos através dos oceanos.

Após corrigir a rota do navio, o primeiro oficial Warning deixou a sala de mapas e ficou no sobrado algum tempo, observando. Warning era um oficial da reserva naval que já estivera em ação na Primeira Guerra Mundial. Ahrens gostava da eficiência de seu número um, que também detinha o posto de *kapitänleutnant* (tenente sênior) da reserva naval alemã. Warning nasceu em Gross-Mölln, próximo a Stolp, em 1901, e era filho de um oficial alfandegário. Ele atuou na Norddeustscher Lloyd a bordo do *Kronprinzessin Cecile* e do *Hannover*, antes da Primeira Guerra Mundial e, após o serviço no *Bremen*, em breve se tornaria famoso como comandante na captura do navio-tanque *Storstad*, embarcação de sete mil toneladas rebatizada de *Passat* e transformada em navio combatente e lança-minas.[3]

Warning achava a disciplina a bordo de todos os navios, de passageiros e de carga, um tanto frouxa e freqüentemente sentia que era necessário impulsionar a vigilância e o senso de responsabilidade de alguns membros mais indiferentes da tripulação. Mas ele havia sido alertado pelo capitão Ahrens quanto ao fato de que, se a tripulação se mostrasse excessivamente repreensiva, poderia afugentar os passageiros, muitos dos quais já estavam relutantes em viajar nos navios alemães, por conta da fama hostil da disciplina nazista, que tomava vulto. Warning observou o relógio, suspirou em silêncio e se retirou até sua cabine, para uma xícara de chá.

Naquele mesmo dia, uma cadeia curiosa de acontecimentos começou a se desenrolar.

Casa Branca
Washington, D.C.
25 de agosto de 1939

Preocupado com a situação marítima, o presidente Franklin D. Roosevelt enviou um memorando da Casa Branca ao secretário do Tesouro em exercício, John W. Hanes (o secretário Henry Morgenthau Jr. estava fora, na Europa):

Prezado senhor secretário,

Eu tenho razões para acreditar que há possibilidade de que os navios mercantes pertencentes aos governos europeus, que podem vir a se envolver na guerra, ou pertencentes a seus cidadãos, estejam transportando armamento capaz de equipá-los em alto-mar, conseqüentemente os transformando em navios armados. Isto levanta a questão imediata quanto à responsabilidade norte-americana em conceder papéis de desembaraço a tais navios, a menos que este governo esteja inteiramente certo de que tais armamentos não estão sendo transportados.
    Desta forma, o senhor deverá reter a documentação de despacho de todos os navios suspeitos de levar armamentos, até que uma busca completa seja feita e se obtenha uma posição satisfatória quanto à inexistência de armamentos a bordo.

Atenciosamente,
FDR[4]

Naquele mesmo dia, a embaixada norte-americana em Berlim transmitiu notícias ainda mais sinistras. Dois relatórios da inteligência chegaram em Washington, provenientes do adido naval norte-americano em Berlim, causando uma apreensão maior na Casa Branca. O primeiro afirmava que o alto-comando naval alemão assumira controle de todos os navios mercantes. O segundo era um relatório contendo parte de uma carta de um ano antes, roubada do alto-comando naval alemão:

De: Comando do departamento naval
Berlim, 16 de setembro de 1938.
Assunto: Operação de transatlânticos auxiliares de cruzeiro em alto-mar

Considerando que, em caso de mobilização contra a Grã-Bretanha como um inimigo, a pronta transferência de transatlânticos de cruzeiro posicionados em águas domiciliares para o Atlântico não será assegurada dentro do tempo permitido, o chefe do alto-comando da Marinha deu ordem para que uma rápida verificação seja feita a fim de se determinar com que rapidez, durante condições pacíficas, a marinha pode converter e equipar o maior número possível de navios mercantes adequados para este fim, sem essencialmente restringir seu uso em época de paz. O relatório deverá descrever o que poderá ser feito mediante uma ordem de mobilização, para prover-lhes, a partir de qualquer base, apoio, conversão e preparo para sua utilização como transatlânticos auxiliares em alto-mar. O comandante geral exigiu que, após a verificação, em caso de resultado positivo, o maior número possível de transatlânticos auxiliares deverá estar disponível até 1941/1942.

Assinado por
Nordron
Inspetor governamental sênior[5]

SS *Bremen*
Ao mar
26 a 28 de agosto de 1939

Naquele sábado, 26 de agosto, o oficial radiotelegrafista Gerstung trouxe ao capitão o segundo alerta:

> QWA 8 — Todos os navios — colocar tinta camuflada e regressar aos portos alemães imediatamente, evitando estreito de Dover.

— Isso não faz sentido — Ahrens murmurou para Warning, enquanto os dois oficiais permaneciam na sala de mapas, com o oficial radiotelegrafista Gerstung novamente ali por perto.
— Como é que vamos camuflar o navio com tinta, enquanto avançamos a 27 nós? — Warning perguntou, asperamente.
— Eu tenho certeza de que pode ser feito — respondeu Ahrens. — Mas estou pensando que esta ordem não poderia se aplicar a nós. — De fato, a ordem parecia vaga, com palavras vãs. Ahrens voltou-se na direção de seu primeiro oficial. — Não, claro que não temos certeza do que irá acontecer. Este alerta poderia se estender indefinidamente; ainda não estamos em guerra.
Ahrens acendeu seu cachimbo, pensativo, e começou a andar por sua cabine. Ele ficou calado por alguns instantes, tragando profundamente, depois soltando a fumaça em direção ao imenso espelho, acima da vitrine decorativa, onde ficavam fotografias de algumas de suas viagens anteriores. Em cima do armário também havia uma miniatura do *Columbus*, seu último comando antes de assumir o *Bremen*, atualmente o navio líder da Norddeutscher Lloyd, e o melhor transatlântico da Alemanha.
Ahrens pensou que em breve suas decisões poderiam ser de importância nacional. Ele gostou dessa idéia.

— Eu creio, sr. Warning, que nós devemos convocar uma reunião com os seis enviados e principais passageiros da primeira classe no salão Hunting. São pouco mais de 17 horas. Por favor, chame-os separadamente e os convide para tomar um conhaque conosco, após o jantar, e conversar sobre uma questão importante. Eu quero responder a Berlim com total respaldo desses indivíduos. Comece pelo barão von Schön, que será nosso embaixador no Chile. Ele é bem sênior.

— Sim, capitão — respondeu Warning. O primeiro oficial era mais apto que seu capitão a seguir ordens cegamente. Como oficial naval da reserva, ele não tinha interesse na opinião dos diplomatas alemães e, principalmente, de norte-americanos abastados. Para Warning, era preto no branco, sem perguntas. Mas ele era leal e executava as ordens de seu capitão sem questionamento.

Warning deixou a cabine e subiu na ponte, pegou o interfone e, lendo uma lista pendurada ao lado do telefone, começou a discar para os diversos passageiros da primeira classe. Ele parou subitamente e ligou para a dra. Gertrude Ferber, diretora de serviços especiais de passageiros. Deixe-a fazer sua média, pensou ele. Ferber tinha um ótimo relacionamento com os passageiros especiais, levava jeito para adulá-los, conseguindo que fizessem qualquer coisa que o capitão ou o primeiro oficial quisessem, sem muito esforço. Ela era gentil e os passageiros gostavam de ser paparicados. Warning detestava lidar com diplomatas arrogantes e tinha aversão aos industriais norte-americanos pançudos e suas damas perfumadas. Ele preferia ficar com os maquinistas fedorentos de Frederich (Fritz) Müller, com os comunicadores espertos de Gerstung ou até os assassinos da SA Bordsturm, de Schulwitz. Ao menos, eles tinham predicados.

Às 21 horas, um grupo de passageiros encontrou o capitão e o primeiro oficial no salão Hunting, como Ahrens pedira. Houve uma discussão longa e inflamada, que durou duas horas e meia.

Às 23h30, Ahrens e Warning voltaram à ponte, permanecendo na ala aberta a bombordo. Ahrens inclinou-se à frente, abriu o tubo de voz e anunciou dentro da casa do leme:

— Peça ao senhor Gerstung que venha até aqui, reportar-se a mim. — Enquanto os dois oficiais olhavam a noite de calor sufocante, o capitão virou-se para o primeiro oficial, que se mantinha corretamente à sua esquerda, e ligeiramente atrás. Ahrens pensou quão previsivelmente correto era esse oficial. Ele deveria ser um oficial naval regular, em vez de estar na frota mercante. Ele é rijo demais para os passageiros. — Sr. Warning — ele disse, subitamente —, coloque um aviso no convés de lazer esta noite, anunciando que vamos prosseguir para Nova York e chegaremos na noite de segunda-feira, ao invés da manhã. Depois acerte a rota com o navegador para chegarmos a Sandy Hook às 16 horas de segunda. Pedirei para que Gerstung avise pelo rádio antecipadamente ao capitão Drechsel para que ele possa providenciar a liberação, um timoneiro e rebocadores. Depois, é claro, enviarei a resposta à Berlim. — Ele fez uma pausa. — e, sr. Warning — Ahrens olhou diretamente ao seu segundo homem de comando —, depois e somente depois — disse ele, indo em direção à lateral descoberta da ponte —, passarei a mensagem a Berlim, avisando o que iremos fazer. Desta forma vamos poupá-los da necessidade de nos direcionar. Estou certo de que esta é a coisa certa a ser feita.

O primeiro oficial respondeu apropriadamente:

— Sim, senhor capitão — enquanto pensava, "assim espero, para seu próprio bem".

Quando o radiotelegrafista Gerstung chegou à ponte, o capitão estava na sala de mapas, terminando o rascunho da resposta à mensagem de alerta QWA. Ele o entregou a Gerstung, que leu rapidamente:

Considerando seis enviados alemães e 1.770 passageiros a bordo, pretendo prosseguir para Nova York.

Ahrens

Apesar da ordem para manter o rádio em silêncio, no dia seguinte Ahrens mandou que Gerstung transmitisse uma segunda mensagem a Berlim:

Distância de Nova York 700 milhas náuticas. Combustível a bordo para três dias. Para o alto-comando naval: Espanha impossível, Havana possível. Pretendo desembarcar os passageiros em Nova York e seguir para Havana.

Ahrens

Quando o primeiro oficial Warning leu o rascunho do capitão, ele sorriu. O capitão certamente sabia o que estava fazendo. Gerstung transmitiu a mensagem com clareza, sabendo que todas as estações norte-americanas que estivessem na escuta iriam interceptar e retransmitir aquela porção de inteligência aos britânicos. Quando o *Bremen* deixasse Nova York, todos os olhos o seguiriam ao sul, e ele iria simplesmente desaparecer. Warning estava satisfeito. Ahrens era mais esperto que ele jamais imaginara. Isto seria divertido, pensou ele. Mas antes eles teriam de entrar e sair de Nova York. Naquele mesmo dia, a Grã-Bretanha havia assinado um tratado de assistência mútua com a Polônia.

Na manhã seguinte, os passageiros se aglomeravam ao redor do quadro de avisos no convés de lazer, lendo o anúncio de que, apesar de boatos contrários, o navio iria prosseguir até Nova York para desembarcar os passageiros, chegando na segunda-feira à noite, dia 28, data programada, só que com dez horas de atraso. Um passageiro norte-americano irado, o dr. George Priest, professor de alemão da Universidade de Princeton, reclamou ao primeiro oficial Warning que a temperatura extremamente alta e a umidade dos dois últimos dias o convenceram de que o navio estaria rumando ao sul, em direção à América do Sul, em vez de para o porto de Nova York, e exigiu ver o plano de rota. Warning acalmou o passageiro zangado, com garantias de que não havia desvio na rota, e este em seguida saiu pisando duro rumo ao bar, para um drinque matinal. Sentado no bar, ele reclamou a outro passageiro sobre o encerramento do serviço telegráfico para passageiros.

— Eles não nos deixam avisar sobre nosso atraso, e eu acho que é porque não querem revelar a posição do navio.

E a resposta à mensagem de Ahrens chegou de Berlim:

Proceda a Nova York, depois cumpra as medidas em QWA9.

Ahrens ficou feliz. Ele havia *dito* a Berlim o que iria fazer, em vez de perguntar. Para ele, esta era uma questão importante. Ele sempre buscou a independência nas operações.

Naquela noite de domingo, o jantar de despedida foi como de costume, seguido por um jantar breve e cedo, no dia seguinte, antes da chegada em Nova York, às 18 horas. O navio entrou a todo vapor na maré alta, tão forte que foram necessários dez rebocadores para ladear o ancoradouro habitual que utilizavam, no Cais 86.

Casa Branca
Washington, D.C.
28 de agosto de 1939

O presidente Roosevelt emitiu a seguinte ordem:

> De FDR para o secretário de Tesouro em exercício:
> O secretário de Tesouro sob sua direção pode dar instruções a todos os fiscais alfandegários essencialmente como segue:
> Para contento imediato do presidente, já que a Alemanha está em conflito armado com outra nação, com ou sem declaração formal de guerra, confiscar todos os navios alemães e italianos em espaço marítimo norte-americano, remover os oficiais e tripulantes dos mesmos e tomar todas as precauções contra sabotagem nas casas de máquinas, ou de outras formas.[6]

A causa da ação súbita pode ter sido um relatório nunca antes visto por quaisquer olhos alemães. Uma mensagem de rádio enviada do quartel general da guarda costeira americana, em São Francisco, na segunda-feira, 28 de agosto de 1939, para o quartel-general da guarda costeira de Washington, D.C., contendo a seguinte informação: "Uma fonte não oficial afirmou que o transatlântico SS *Bremen* tem um fundo falso em sua piscina e que o mesmo deverá ser encontrado no mar por nave submarina que irá instalar equipamento especial no navio." O relatório ainda recomendava que o controle alfandegário nova-iorquino fosse informado o mais rápido possível, para que revistasse a piscina do *Bremen*.[7]

Pouco antes da chegada do *Bremen* a Nova York, o presidente Roosevelt fez a seguinte exigência ao secretário em exercício Hanes: "Eu quero saber se o *Bremen* está ou não transportando armas."

2
A neutralidade de Roosevelt

SS *Bremen*
Porto de Nova York
Segunda-feira, 28 de agosto de 1939

O navio entrou em Nova York às 18 horas de segunda-feira, 28 de agosto, e atracou no Cais 86, como de costume. Fazia calor e o ar estava parado, fétido. A tripulação percebeu que havia um número bem maior de pessoas do que o habitual, esperando pela chegada no navio. Elas pareciam nervosas e aliviadas ao ver amigos, ou familiares, à medida que os passageiros desembarcavam. A princípio, a empresa marítima havia sido avisada de que nenhum dos tripulantes deixaria o navio, já que esperavam dar a volta imediatamente após o abastecimento de combustível, zarpando novamente, sem passageiros.

O transatlântico francês *Normandie* já estava ancorado em frente, no Cais 88. A tripulação do *Bremen* tinha boa amizade com vários tripulantes franceses. Eles o haviam vencido numa partida de futebol, em sua última visita, e deveriam receber o troféu Caroline de Lancey Cowl New York, de 2.500 dólares, para colocá-lo na vitrine do corredor no convés A, durante a visita. Mas os oficiais da ACM de Nova York avisaram que, em substituição, o navio receberia um troféu menor e medalhas de ouro individuais para cada membro do time, já que seu futuro regresso a Nova York era incerto. O troféu grande permaneceria em Nova York até que a situação na Europa melhorasse.

Após a chegada em Manhattan, a tripulação ouviu que o *Europa*, navio-irmão, dera meia-volta um dia após a saída do porto de origem. Em vez de parar em Southampton para desembarcar passageiros e pegar cidadãos alemães que deixavam a Grã-Bretanha, ele passou a todo vapor pela ilha de Wight rumo a Bremerhaven, com suas luzes apagadas e conveses às escuras, recusando-se a atender chamadas pelo rádio. Em dois dias, o *Columbus*, terceiro navio da frota, deveria sair de Curaçao, no Caribe, com destino a Nova York. A tripulação do *Bremen* não tinha certeza se o veria, já que deveriam zarpar imediatamente. A maioria imaginava que ele também se apressaria em voltar para a Alemanha, como tantos outros navios alemães estariam fazendo, segundo boatos.

Havia um número notável de policiais de uniforme azul no cais, mais que o normal. Assim que a escada do costado estava no lugar, o capitão William Drechsel, agente marítimo da Norddeutscher Lloyd, agora intitulado superintendente encarregado em Nova York, foi o primeiro a subir a bordo, junto com John Schroeder, gerente de passageiros. Drechsel não exibia sua aparência jovial de sempre.

Nascido em 1879, em Koetzschenbroda, próximo à fronteira polonesa, Drechsel foi para o mar pela primeira vez em 1896. Em 1901, ele já estava na Norddeutscher Lloyd como quarto oficial, e em 1906 se tornou um primeiro oficial de liderança. Durante a Primeira Guerra Mundial, serviu como primeiro oficial na Deutsche Ozean-Reederei, famosa companhia de navios a vapor, que operou os primeiros submarinos mercantes do mundo, o *Bremen* e o *Deutschland*. Em 1919, Drechsel trabalhou no departamento técnico da Norddeutscher Lloyd e, em 1920, assumiu o comando de diversos navios da empresa, entre os quais o *Bremen III*, antecessor do *Bremen*. Em 1924, ele se tornou superintendente encarregado em Nova York, onde permaneceu durante a guerra. Após a guerra ele pediu demissão da Norddeutscher Lloyd, tornou-se cidadão norte-americano e faleceu em 1963, na Califórnia.

Ele havia sido um grande apoiador da empresa naval, mas logo se desencantou, quando os nazistas estragaram o relacionamento maravilhoso que houvera com os nova-iorquinos. Drechsel servira como um pilar para o sólido relacionamento que as empresas navais alemãs desfrutavam em Nova York. Em seguida à Primeira Guerra Mundial, o relacionamento era, a princípio, contido. Porém, conforme os anos se somaram à relação profissional estreita daqueles que representavam a Norddeutscher Lloyd e Nova York, esse relacionamento melhorou tanto que já não havia sentimentos hostis.

Quando a sociedade entre Hamburgo e os Estados Unidos e as linhas da Norddeutscher Lloyd se tornaram uma cooperativa comum, nomeada Hapag-Lloyd, em 1933, os bons relacionamentos prosseguiram. Boates e restaurantes alemães em Yorkville, no Upper East Side de Manhattan, próximo à Terceira Avenida, onde tantos pequenos negociantes estavam, já haviam se recuperado inteiramente daqueles anos de guerra, e os relacionamentos rivais entre os negociantes de origem alemã, e seus concorrentes irlandeses, italianos e "chicanos" eram saudáveis e animados.

No entanto, nos últimos anos, desde a intervenção alemã na Guerra Civil espanhola, ocorreram problemas de desenvolvimento em Nova York. Começaram a ocorrer manifestações com freqüência, quando os navios alemães chegavam, próximo aos cais do West Side. Estas passaram a ser cada vez mais horrendas, e acreditava-se que eram organizadas por células pequenas e ativas de grupos comunistas populares. O departamento de polícia de Nova York estivera atento, reunindo seus membros uniformizados, ou à paisana, a tempo de evitar confusão. Ainda assim, aconteceram cenas mais tempestuosas, principalmente desde o surgimento da questão sobre a bandeira, anos antes. Os ataques aos marinheiros alemães, em terra firme, aumentaram nos anos recentes, conforme o sentimento popular contra o novo chanceler Adolf Hitler crescia na comunidade judaica, sobretudo após a reação ofensiva ao transatlântico alemão *St. Louis*, durante o incidente no verão de 1939, quando os governos cubano e norte-americano proibiram o desembarque de passageiros daquele navio, compostos por judeus europeus e outros refugiados, buscando asilo no oeste.

Parecia haver um número excessivo de oficiais norte-americanos falando com o capitão Adolf Ahrens e o primeiro oficial Eric Warning. O grupo que subiu a bordo apressadamente, vindo do escritório de embarque, encontrou o capitão Ahrens na ponte, antes que ele tivesse tempo de se preparar para recebê-los em sua sala em terra. Em seguida aos cumprimentos e apertos de mão, Drechsel começou, carrancudo:

— O melhor horário para zarpar é às 7 horas, amanhã. Nós teremos somente 12 horas para desembarcar os passageiros, a bagagem e a carga, e completar o abastecimento de combustível. É pouco tempo, mas nossa equipe consegue. — Enquanto ele falava, Ahrens rapidamente acompanhou os dois visitantes até a sala de mapas e fechou a porta.

A ponte ainda estava fervilhando com o movimento. O vigilante estava guardando os interfones e lavando o convés, e o vigia oficial havia passado ao convés principal, junto ao corredor dianteiro, onde os contramestres e eletricistas do navio andavam de um lado para o outro, com as tarefas matinais.

No silêncio da sala de mapas, John Schroeder, gerente de passageiros, informou Ahrens que o presidente Roosevelt acabara de assinar uma ordem de neutralidade executiva colocando em vigor novos regulamentos que governavam todos os navios estrangeiros. A essência da ordem constava do memorando de 28 de agosto, expedido pela Casa Branca (citado anteriormente). Schroeder deu uma cópia ao capitão, que a leu sem dizer nada.

Mais tarde, naquela noite, um bando ruidoso de oficiais norte-americanos subiu marchando a bordo, pelo corredor dianteiro, seguindo Harry Durning, agente alfandegário de Nova York. O primeiro oficial Warning os acompanhou até o salão portuário do capitão, onde Ahrens aguardava com Drechsel e Schroeder. As coisas não pareciam bem. Estava terrivelmente quente e úmido, e o navio deveria ser abastecido imediatamente; no entanto, nenhuma barcaça de combustível aparecera. Eles estavam programados para receber suprimentos, mas nenhum caminhão aguardava no cais, como de costume. Os maquinistas estavam irritados. Frederich Müller, chefe dos maquinistas, andava de um lado para o outro, no convés da popa, vestido com seu macacão manchado, xingando mais que o normal. Dentro da cabine do capitão a conversa era exaltada. Durning, o oficial alfandegário sênior de Nova York, representava o departamento de Tesouro, e era responsável pela concessão dos papéis de liberação de todos os navios que partiam. Ele acabara de avisar Ahrens que seus inspetores estariam a bordo na manhã seguinte, para dar início a uma busca completa no navio, conforme as novas instruções impostas pelo governo dos EUA. Ele explicou que todos os navios estrangeiros, independentemente de sua bandeira, seriam obrigados a mostrar que não estavam armados e, em caso de países potencialmente propensos à guerra, ainda deveriam mostrar que não estavam transportando armamentos, ou contrabando. Durning garantira a todos os presentes que as medidas seriam aplicadas a todos os navios estrangeiros presentes, incluindo o *Normandie*, transatlântico francês que estava ancorado ao lado, no cais oposto.

— Nós estamos sendo retidos sem que haja um bom motivo. Eu creio que realmente sejamos o único navio que está sendo retido — disse Ahrens, num tom insatisfeito. O capitão Drechsel estava em pé, ao lado de Durning, e outro oficial do departamento de serviço de imigração e naturalização (*Department of Immigration and Naturalization Service* — INS), com ar intrometido, estava ao lado dele.

A questão então se voltou ao destino de 30 homens que aguardavam no cais quando o *Bremen* chegara, tentando voltar para casa, na Alemanha. Soube-se que 17 eram marinheiros de outros navios da Hapag-Lloyd, que haviam partido de Nova York antes do programado, deixando-os em situação indefinida. Vários deles estariam de folga, com as namoradas, ou não haviam sido chamados de volta a tempo. Outros eram técnicos, ou negociantes alemães, que estariam em visita, ou de férias, e ainda havia outros alemães que trabalhavam para empresas norte-americanas. Um era estudante de medicina da Universidade Fordham.

— Por favor, senhor — disse Ahrens a Durning, em tom respeitoso —, nós precisamos dizer algo àqueles 30 compatriotas. Se não podem embarcar como passageiros, nós gostaríamos de incluí-los como tripulantes. — O primeiro oficial Warning pareceu satisfeito que o capitão tivesse rapidamente aceitado sua sugestão para incluí-los como tripulantes extras, já que aceitar passageiros agora estava fora de questão.

O agente alfandegário Durning respondeu:

— Antes de mais nada, você não tem permissão para embarcar passageiros. Além disso, incluí-los como tripulantes adicionais não é legal. Nós teremos de mantê-los no porto até que seu escritório de origem esclareça a necessidade de tripulantes extras, e que estes sejam liberados por nosso pessoal de imigração. Alguns destes parecem ser cidadãos norte-americanos, contudo sei que alguns são oficiais de reserva do exército alemão. Isto levará mais alguns dias para ser liberado.

O capitão Drechsel começou a explicar a questão, que passou a ser cada vez mais confusa. Durning, então, deu de ombros e passou a questão ao oficial do INS, deferindo-a até que pudesse verificar a respeito, com seus superiores. Nesse meio-tempo, o capitão Ahrens, novamente forçando o pedido de seu oficial, permitiu que o grupo de 30 passasse a noite a bordo do navio, já que eles certamente não iriam zarpar até as inspeções do dia seguinte, supondo que Durning fosse lhes conceder a liberação. O fervor das discussões prosseguiu na cabine de Ahrens. Em seguida, os oficiais norte-americanos saíram, um a um.

Logo que todos haviam partido, o radiotelegrafista Kurt Gerstung voltou novamente ao salão portuário de Ahrens, com uma nova mensagem urgente, vinda de Berlim. Ahrens leu, sorriu e devolveu a mensagem a Gerstung.

— Isto é precisamente o que iremos fazer. A questão é: Quando poderemos sair daqui? — A mensagem dizia: "Quando abastecido de combustível, regressar ao porto de origem."

Quando Gerstung estava regressando a sua sala de rádio, passou pelo capitão Drechsel, que parecia descontente, com um grupo de oficiais norte-americanos, seguidos pelo primeiro oficial Warning, que ignorou Gerstung, conforme passaram. Warning e os norte-americanos estavam claramente aflitos.

HMS *Berwick*
Porto Bar, Maine
28 de agosto de 1939

O comandante Raymond Portal estava sentando em sua cabine portuária, observando seu comissário preparar seu uniforme branco de gala. Ele e todos os oficiais de folga planejavam ir a uma festa no iate clube Frenchman's Cove, às 18 horas. Um sinaleiro bateu à porta da cabine.

— Entre — disse o oficial em comando, enquanto ajustava a faixa dourada na cintura.

— Senhor, um sinal urgente de nossa frota de origem. — O sinaleiro de postura ereta deu três passos firmes e saudou. Ele usava um cinto de serviço e seu quepe branco. Portal pegou o sinal e leu, em silêncio:

De: Comando da frota de origem
Para: Oficial em comando HMS *York*
      Oficial em comando JMS *Berwick*

Secreto: A ser lido apenas pelos oficiais em comando
Assunto: Alto interesse de navios alemães

1. Berlim ordenou que todos os navios mercantes alemães regressem à origem ou busquem segurança em portos não propensos à guerra. Os navios de passageiros de alta velocidade SS *Bremen* e SS *Europa*, de alto interesse nesta contidos, são possíveis candidatos para conversão em corsários comerciais. *Bremen* chegando a Nova York em 28 de agosto, *Europa* rumando oeste, ao norte do Atlântico, intenções adicionais desconhecidas.
2. Providenciar todos os preparativos para alocar e encobrir ambos os navios. Situação atual indica hostilidades iminentes.
3. Prontidão da "condição dois", zarpar abastecido de combustível o mais rápido possível e permanecer próximo às áreas operacionais de Halifax até instruções adicionais.

Forbes

Portal resmungou e continuou ajustando sua faixa.

— Certo, Flags, peça ao comandante Robinson que venha até minha cabine imediatamente. Diga ao oficial do convés que me ligue pelo interfone.

O sinaleiro deu um passo atrás, bateu o calcanhar da bota, deu a volta e sumiu pela porta.

— Mas que inferno — murmurou Portal. — Sempre acontece antes de algo agradável. — Ele afrouxou a faixa da cintura, sentou atrás da mesa e começou a estudar o mapa.

O HMS *Berwick*, um transatlântico pesado, havia adentrado o porto Bar na quarta-feira, 23 de agosto, para uma visita de seis dias. A embarcação, juntamente com o *York*, estava programada para funções de patrulhamento, protegendo o refúgio nordeste das linhas de grande movimento, entre os principais portos norte-americanos e europeus. O *York* estava em Halifax para o fim de semana, antes que os dois se reunissem para exercícios de artilharia, partindo de Halifax na semana seguinte. Os dois navios estavam mantendo vigílias em "condição três", ou seja, até que o sinal chegou. Portal estudava o mapa, na hora em que o oficial executivo, tenente comandante Desmond Robinson bateu e entrou.

— Senhor — ele adentrou a cabine e ficou diante da mesa do capitão.

Portal levantou os olhos.

— Desmond, nós recebemos novas ordens. Por favor, reúna todos os oficiais na sala de reunião. Os próximos dias deverão ser bem interessantes.

Escritório do fiscal alfandegário de Nova York
Duane Street, Manhattan
29 de agosto de 1939

A ordem a Harry Durning, fiscal alfandegário sênior de Nova York, que veio pessoalmente do escritório do secretário de Tesouro em exercício, era um pouco difícil de acreditar. No domingo à noite, Durning havia sido chamado em casa, e lhe foi dito para atrasar o *Bremen* o máximo possível, usando quaisquer medidas para mantê-lo em Nova York, e que a ordem viera diretamente do presidente Roosevelt. Essa era de primeira. Do presidente, nada menos! Durning desconfiava de que deveria haver uma manobra pesada do serviço de inteligência, que tivesse originado essa ação. A situação política na Europa deixara todos tensos e, desde sexta-feira, os jornais de Nova York andavam cheios de atividades estranhas, envolvendo navios mercantes alemães e italianos. Muitos haviam solicitado liberação antecipada para partir, ou não apareceram, seguindo as chegadas programadas. Isto estava sendo noticiado no mundo inteiro, não apenas em Nova York.

Na semana anterior, outros acontecimentos misteriosos ocorreram no cenário marítimo mundial de passageiros. O alto-comando naval alemão assumira o controle de todos os navios alemães na sexta-feira, e a marinha britânica fizera o mesmo com toda a frota de seu país, dois dias depois. No mesmo dia, em Lisboa, Portugal, dois navios a vapor alemães com destino a Hamburgo, o *Erna Olldendorff* e o *Rio de Janeiro*, haviam adentrado o porto para abastecimento de carvão, apesar do forte nevoeiro. Seus nomes e portos de registro estavam pintados de preto e eles não ostentavam bandeira nacional alguma. Seus oficiais afirmaram às autoridades locais que os navios haviam sido disfarçados, em caso de guerra, para evitar que fossem retidos ou presos. O porto de Pernambuco, no Brasil, foi reportado como congestionado de navios, incluindo três cargueiros alemães disfarçados, e o transatlântico *Cap Nord*, que tiveram seus nomes e portos de registro também pintados por cima. De Melbourne veio um relatório afirmando que os transatlânticos alemães *Lahn* e *Strassfurt* e o italiano *Romolo*, haviam desaparecido da costa leste australiana sem que surgissem em seus destinos seguintes. No mesmo dia, em Manila, o transatlântico alemão *Scharnhorst* zarpou rumo a um destino não divulgado, após deixar sua carga e seus passageiros não alemães.

Em 28 de agosto, o *New York Times* publicou que o transatlântico *St. Louis*, da Harmburg American, deixara seu porto no rio Hudson, Manhattan, naquele dia, pouco antes das 20 horas, declarando que seguiria para Hamburgo, sem passageiros. Este foi o mesmo navio cuja viagem infame, no verão anterior, causara um escândalo e tanto. Ele fora proibido de desembarcar seus passageiros, 915 refugiados judeus da Alemanha, renegados primeiro em Havana, depois em Miami. O cancelamento de último minuto de sua programação normal, em agosto, indicava que o navio teria sido chamado subitamente a regressar à Alemanha. Alguns de seus tripulantes teriam sido deixados em Nova York e estavam ao redor do escritório da Norddeutscher Lloyd, na Canal Street, aguardando instruções. Enquanto isso, cidadãos norte-americanos zarpavam para casa, vindos da Europa, a bordo de todos os transatlânticos de passageiros disponíveis. No sábado, o *New York Times* relatou que Joseph P. Kennedy, embaixador norte-americano em Londres, afirmara que "todos os norte-americanos que estejam interessados em acomodações marítimas seguras são solicitados a entrar em contato com a embaixada na terça-feira, 29 de agosto".

"Portanto, agora", pensou Durning, "eu preciso segurar o *Bremen* pelo maior tempo possível." Ele estava inteiramente ciente dos rumores e relatos de que os Estados Unidos estavam tomando medidas rígidas para assegurar que navios estrangeiros não fossem configurados como possíveis navios corsários, mas nunca imaginara que chegaria a isso. Ele temia pelos próximos dias, quando o escritório da Norddeutscher Lloyd certamente estaria ligando sem parar para seu telefone, como provavelmente faria até mesmo o consulado alemão. Mas Durning sabia quais eram suas ordens e as conduziu de maneira eficiente e criativa.

Enquanto o *Bremen* ainda estava desembarcando os passageiros, seu primeiro oficial telefonara para o oficial portuário, pedindo novamente a liberação para zarpar, assim que estivesse abastecido com novos suprimentos, como se testasse a determinação norte-americana em segurar o navio. É claro, o oficial em serviço negara o pedido, afirmando que uma equipe estaria a bordo do *Bremen* no dia seguinte, para supervisionar a busca, e que a nova política instituída pelo governo norte-americano seria reforçada: inspecionar todos os navios estrangeiros, independentemente de sua bandeira, para assegurar a conformidade, ou seja, que estes não portavam nenhum armamento ou contrabando a bordo. Essa ordem originara outra ligação elegante por parte do primeiro oficial do *Bremen*, que testou a ameaça de que o capitão Ahrens pretendia zarpar com ou sem liberação. O oficial em serviço disse, casualmente, ao primeiro oficial, que não seriam concedidos rebocadores, ou um timoneiro, e que iria informar ao quartel-general da guarda costeira norte-americana sobre a ameaça de partir sem liberação, e fim de papo.

A julgar pela ação de seu oficial em serviço, o agente alfandegário Durning esperava receber uma ligação de Hans Borchers, cônsul geral da Alemanha, a quem ele conhecia bem, e considerava um nazista educado, porém arrogante. Os próximos dias não seriam divertidos para Durning e sua equipe.

Às 10h45 da manhã seguinte, logo após ver sua equipe subir a bordo do *Bremen*, Durning recebeu uma ligação de Herbert Feis, consultor sênior para assuntos econômicos internacionais do departamento de Estado, em Washington, relatando o teor de sua conversa com o secretário de Tesouro em exercício, John W. Hanes, que telefonara em pânico, naquela manhã. Ambos estavam cientes de que o *Bremen* pedira novamente a liberação para partir, desta vez às 8 horas, de quarta-feira, 30 de agosto. Durning avisou Feis que dissera ao primeiro oficial do *Bremen* que finalizariam a inspeção o mais breve possível, mas que só dispunha de um número limitado de inspetores.

SS *Bremen*
Cais 86, cidade de Nova York
29 de agosto de 1939

O capitão Ahrens e o primeiro oficial Warning estavam em pé na coberta da ponte, assistindo ao desfile de inspetores alfandegários norte-americanos que cruzavam o corredor, de um lado ao outro.

— Sr. Warning, diga ao chefe de equipe Rohde para enviar uma solicitação extra de óleo de bronzear, trajes tropicais para os tripulantes e mapas adicionais do Caribe, Bahamas e costas da América do Sul e oeste da África. — O primeiro oficial, olhando para Ahrens, pensou consigo mesmo: "Isso teria a ver com planos reais para o futuro, ou seria para encobrir a nossa rota?"

Ahrens continuou olhando o movimento do cais, abaixo, e pensou que por mais esforço que fizesse, jamais conseguiria se manter à frente de seu primeiro oficial. A idéia de dar passos óbvios para indicar uma rota futura ocorrera ao capitão tarde da noite anterior, quando ele tentava dormir, em sua cabine portuária, sem poder evitar que os pensamentos sobre suas próximas ações povoassem sua mente. Sim, Warning, seu brilhante número um, já percebera que ele estava tomando medidas para enganar os norte-americanos, de quem suspeitava estarem se aproximando dos britânicos, a ponto de relatar-lhes cada um dos passos tomados pelo *Bremen* durante essa época de tensão. Ele lera a mensagem telegráfica enviada de Berlim, no dia anterior, ordenando que todos os navios mercantes tomassem medidas para estarem preparados para afundar seus navios, em vez de deixá-los cair nas mãos dos britânicos. Apesar de sua neutralidade proclamada, os norte-americanos não hesitariam em enviar à Marinha Real cada pequena informação que conseguissem descobrir quanto às intenções do *Bremen*. Ele ainda não ordenara a seu primeiro oficial encarregado para prosseguir com os preparativos, trazendo colchões e material inflamável ao convés de lazer, e colocar líquido inflamável em recipientes prontos para ignição. Eles fariam isso após deixarem a enseada de Nova York. Ele não queria instigar seus oficiais eficientes a fazer as coisas antes da hora, pois isso iria transparecer sua intenção aos norte-americanos.

— Pode-se dizer, sr. Warning, que eu gostaria que eles pensassem que nós estamos rumando sul, após deixarmos as águas territoriais. É somente uma precaução. — Ahrens olhou diretamente para Warning. — Conduza essas ordens de forma bastante natural e aberta. — Depois ele sorriu. — Nós teremos uma conversa com todos os oficiais, quando esses inspetores farsantes tiverem terminado, e todos os olhos extras estiverem em terra firme.

— Sim, capitão — Warning replicou, com um olhar de entendimento, deixando a ponte em silêncio.

Ahrens sentiu a pressão, não necessariamente por causa da inspeção dos norte-americanos, mas por conta do desconhecido. Quais seriam suas ordens? Estariam esperando que ele as tomasse no ímpeto? O que estariam fazendo os navios britânicos saindo da Nova Escócia? E quanto ao evidente bloqueio britânico? Ahrens deu a volta e se apressou ao interfone da ponte, girou o disco ligando para a sala de rádio e acionou a campainha com a manivela.

— Gerstung — soou a voz do outro lado.

— Aqui é o capitão — respondeu Ahrens. — Venha até a ponte, por favor, sr. Gerstung, eu gostaria de lhe falar em particular. — Ahrens recolocou a peça pesada no lugar com facilidade. Ele voltou até a ala da ponte, a estibordo, e percebeu o cheiro de lingüiça e chucrute exalando do exaustor que zunia barulhento, próximo à popa. Sem os ventos comuns de sua velocidade de 27 nós, os odores da cozinha envolviam e impregnavam a ponte. Apesar de fazer-lhe o estômago roncar, ele não estava com fome. Seu estômago estava enjoado, depois de meia dúzia de xícaras de café desde o nascer do sol, às 5 horas. Ele lutava contra a azia e a indigestão, acentuadas pela tensão do desconhecido. Ansiava pelo mar aberto, o vento e o ar puro do oceano. Estava quente em Nova York e o ar era pesado e nebuloso. Ele queria desesperadamente estar a caminho da saída desse estado de incerteza. Nenhum comandante de navio gosta de ver sua embarcação sendo controlada por gente de fora.

Ahrens voltou ao interfone da ponte, discou para seu comissário e pediu que um lanche leve fosse trazido a sua cabine, atrás da ponte. Ele queria comer sossegado, longe do tumulto dos inspetores, dos passos barulhentos dos maquinistas e do mau cheiro do óleo combustível. Eles finalmente começavam a receber o combustível, depois de uma espera de mais de 12 horas pela barcaça de abastecimento. Os norte-americanos, geralmente eficientes, pareciam ter subitamente assumido uma atitude de câmera lenta, obstruindo todas as operações habitualmente eficientes. Ahrens detestava ineficiência.

Gerstung surgiu na ponte com a respiração acelerada, após subir um andar, vindo da sala de transmissão.

— Sim, capitão — ele disse, ofegante. O capitão continuou olhando abaixo, o cais, observando o movimento, e pareceu não perceber a presença do jovem oficial telegrafista. Ele continuou parado, dando a Gerstung a impressão de que não o ouvira chegar. Gerstung limpou a garganta. — É Gerstung, senhor — repetiu ele, suavemente.

— Eu sei — respondeu Ahrens, calmamente. — Você já viu todo aquele movimento e o número de policiais perambulando no cais? Faz com que você pense que há algo grande se passando. — Ahrens parecia preocupado e sem pressa para falar, ou admitir a presença do oficial júnior, que permanecia imóvel, aguardando ser reconhecido.

O capitão Ahrens já estava no mar desde novembro de 1936, quando substituíra o primeiro capitão do *Bremen*, o comodoro Leopold Ziegenbein, bem mais sênior, que havia tirado o navio do hangar de construção e o conduzira em testes, e durante uma década de navegação gloriosa. Gerstung também estivera a bordo desde a época de testes e, com exceção de seu período de treinamento em comunicações, ele fizera a maioria das viagens. Apesar da tensão crescente e aumento das mudanças na rotina do serviço de passageiros, Gerstung prosperava com a escalada do tráfego operacional secreto, boa parte já originada pelo alto-comando naval, em Berlim, conforme os comunicadores da frota enviavam grande fluxo de referências à frota mercante. Havia um contingente volumoso de ordens operacionais, procedimentos confidenciais anti-submarinos, medidas defensivas eletrônicas detalhadas e métodos de localização direcional a serem decodificados, assimilados, arquivados e protegidos pelo radiotelegrafista e sua equipe. A idéia do aumento do tráfego secreto e os preparativos para a guerra empolgavam o jovem oficial que vislumbrava futuras aventuras e a possibilidade de ação em alto-mar. Gerstung era produto da nova Alemanha e achava divertido seu treinamento e acesso às forças armadas alemãs recém-reconstituídas.

Gerstung estivera no tribunal com o capitão Ahrens e o primeiro oficial Warning, quando quatro tripulantes do *Bremen* foram intimados pela corte federal de Nova York, em maio do ano anterior, em seguida à fuga do espião alemão, dr. Ignatz Griebl. Um dos intimados foi o segundo oficial radiotelegrafista

Wilhelm Boehnke, outros dois eram comissários e o quarto, um confeiteiro.

Originalmente da cidade bávara de Würtzburg, Griebl serviu no exército alemão na Primeira Guerra Mundial, como oficial da artilharia, no *front* italiano. Ele foi ferido e, após iniciar estudos médicos em Munique, veio aos Estados Unidos com a ajuda de sua noiva, Maria Ganz, uma enfermeira austríaca que cuidou de seus ferimentos na Itália. Primeiro, estudou na Escola de Medicina de Long Island, em seguida, na Universidade Fordham. Depois iniciou uma carreira médica de sucesso em Bangor, Maine, mas acabou se mudando para Yorkville, comunidade alemã em Manhattan, no Upper East Side, próximo à Terceira Avenida e à rua 86, lar da salsicha *wurst* e da cerveja com chucrute. Em 1928, Griebl já era um médico nova-iorquino bem conhecido, e se tornou médico oficial reservista do exército norte-americano. Embora ele e a esposa tivessem se tornado cidadãos norte-americanos, eles se afeiçoaram aos ideais nazistas e logo passaram a ser ativistas na sociedade germano-americana como divulgadores nazistas e ávidos fãs de Adolf Hitler. Griebl começou, por vontade própria, a cultivar a influência de simpatizantes alemães em importantes fábricas bélico-militares norte-americanas, e elaborou, cuidadosamente, um plano para subverter estas fontes, transformando-as num círculo alemão de espionagem bem engrenado. Então, ele se ofereceu para se tornar o coordenador de informações norte-americanas relevantes para Joseph Goebbels, ministro da Propaganda da Alemanha, a quem havia sido apresentado por um amigo do irmão de Goebbels. Goebbels encaminhou a oferta de Griebl a Abwehr e a Gestapo, e estes dois já estavam operando redes de inteligência dentro dos Estados Unidos. Mais tarde, Griebl foi apresentado ao departamento marítimo da Gestapo, em Hamburgo, que foi a primeira instituição a organizar células da inteligência nazista nos navios transatlânticos alemães, altamente populares. Os líderes organizaram uma rede eficiente que, quando reforçada, colocaria em ação um grande número de agentes infiltrados nos maiores e mais famosos navios alemães de passageiros, como o *Bremen*, o *Europa* e o *Columbus*, e ainda nos transatlânticos menos conhecidos, como o *New York*, o *St. Louis* e o *Reliance*.

O primeiro êxito de Griebl foi com um empregado de etnia alemã, chamado Danielson, na Bath Iron Works, situada no Maine, que construía destróieres navais de primeira linha. Danielson furtou cópias dos planos do mais novo destróier e as enviou para a Alemanha a bordo do *Bremen*, usando como portador Karl Eitel, comissário da primeira classe. Outro agente de Griebl era Herman Lang, que trabalhava como inspetor na fábrica de Manhattan, onde foi produzido o visor de bombardeio Norden, considerado o mais preciso do mundo. Em diversos estágios, Lang enviava cópias dos planos do visor a extasiados oficiais alemães da Luftwaffe.[1] Primeiro, por meio do *Reliance*, depois, do *Bremen*. Num tropeço espetacular, um inspetor alfandegário de Nova York deteve William Lonkowski próximo ao Cais 86. Lonkowski seguia rumo a um navio de passageiros portando um estojo de violino contendo planos de uma base aeronáutica. O conteúdo secreto incluía fotografias do novo avião de buscas Curtis, o bombardeiro Vought, de uso naval, além de informações sobre três bombardeiros da Boeing, inclusive o Flying Fortress, novo B-17 de quatro motores do exército. O inspetor liberou Lonkowski, dando-lhe uma advertência para que regressasse ao escritório alfandegário no dia seguinte, quando o pessoal de contra-espionagem voltaria de férias. Com a ajuda de Griebl, Lonkowski escapou para o Canadá, depois voltou para casa em um cargueiro alemão.[2]

Griebl conseqüentemente expandiu sua rede e se viu sob a vigilância cerrada do FBI. Sentindo a pressão, na noite de 12 de maio de 1938, ele foi de carro até o Cais 86, da Hapag-Lloyd, enquanto o *Bremen* estava nos preparativos finais para zarpar, e subiu a bordo, sem passaporte ou passagem. Foi dado como desaparecido pela esposa aflita, que suspeitava que ele tivesse ido a algum encontro amoroso secreto. Depois que o *Bremen* já navegava distante, a 200 milhas do estreito de Verazzano, o inspetor-chefe portuário da Norddeustscher Lloyd, capitão William Dreschsel, atendendo aos apelos do FBI, passou um rádio e exigiu que o capitão Ahrens arribasse o navio e aguardasse os agentes, que voariam até a localização do *Bremen* para prender Griebl. Após um atraso, durante o qual Ahrens solicitou ordens a Berlim, ele respondeu que as condições desfavoráveis do mar eliminavam a possibilidade de um resgate de hidroavião e prometeu entregar o passageiro clandestino em Cherbourg, na França, próximo porto de escala. Quatro dias depois, quando o FBI e os agentes franceses chegaram ao *Bremen*, o capitão Ahrens se recusou a entregar o espião, alegando que os documentos oficiais estavam inadequados, e regressou diretamente à Alemanha com Griebl. Tudo isso foi estampado nas manchetes de *The New York Times*, quando, na visita seguinte à Nova York, um advogado norte-americano intimou Ahrens, um oficial radiotelegrafista da Bordsturm, um segundo oficial radiotelegrafista, um confeiteiro e um comissário do *Bremen*, como testemunhas para a audiência sobre a fuga de Griebl. Eric Warning, primeiro oficial encarregado de Ahrens, também compareceu. O capitão Drechsel, agora superintendente marítimo de Nova York para os transatlânticos alemães, foi seriamente envolvido nessas deliberações e, mais tarde, atestou, após entreouvir que Griebl poderia tentar escapar clandestinamente no *Bremen*, que "se eu soubesse que Griebl estava a bordo teria segurado o navio e chamado o FBI."[3]

Gerstung sorriu ao lembrar de sua empolgação ao receber, via rádio, uma mensagem telegráfica de alta prioridade para o capitão, vinda do operador marítimo de Nova York, e de como ele penetrou na ligação, escutando secretamente, enquanto o capitão Ahrens e Drechsel discutiam a exigência do FBI para parar o navio e aguardar o vôo do hidroavião que prenderia o agente.[4] Ahrens instruíra Gerstung a transmitir uma mensagem prioritária ao escritório da Norddeutscher Lloyd, em Bremen, e depois ao ministério dos Transportes, em Berlim, informando sobre a situação e solicitando instruções. Ahrens autorizara Gerstung a enviar as mensagens sozinho e lhe confiara a transmissão dos detalhes. Ele ficara entusiasmadíssimo por estar sob os holofotes, ao receber as instruções de Abwehr de como dar um "chega pra lá" no pessoal da inteligência norte-americana. Gerstung não poderia ter sentido mais satisfação, pois exercia uma independência verdadeira, graças a Ahrens, que demonstrara total confiança nele. O comparecimento deles na corte norte-americana foi particularmente divertido, com os norte-americanos ingênuos parecendo aturdidos, quando o segundo oficial radiotelegrafista de Gerstung admitiu fazer parte da organização nazista SA Bordsturm. O capitão Ahrens teve de explicar ao juiz por que tal organização existia, e o motivo da presença dos oficiais do partido nazista a bordo. Os norte-americanos pareceram horrorizados com o fato de que a influência do partido, algo que todos os alemães agora aceitavam como parte da vida, podia ser tão ramificada na sociedade. Gerstung chegou a sentir pena do juiz norte-americano e dos oficiais do FBI, que pareciam completamente perdidos, sem saber o que fazer a partir daquele momento. O episódio terminara como um relâmpago, e os quatro tripulantes do *Bremen*, incluindo o confeiteiro, foram liberados sob a fiança de 15 mil dólares. O FBI se enganara na identificação do confeiteiro, julgando que fosse Karl Eitel, a quem eles estiveram caçando anteriormente. Eitel, um agente da Abwehr a bordo do *Bremen*, fora substituído após se envolver com Lonkowski. A audiência na corte federal terminara de forma um tanto inconcludente, sem que nenhum dos tripulantes fosse acusado de qualquer delito. Num gesto inesperado, o capitão Ahrens convidara todos os envolvidos a sua cabine para um drinque e aperitivos, incluindo o confeiteiro, algo bem distante do protocolo habitual. Oficiais, muito menos o capitão, jamais bebiam com membros da tripulação. Mas os tempos eram incomuns, e tudo aquilo fora muito empolgante para Gerstung.

— Sim, Gerstung — Arhrens voltou-se para o jovem oficial e retribuiu sua saudação. — Venha comigo até a sala de mapas. — O capitão seguiu na frente, pela vasta ponte vazia, com exceção de um intendente mantendo vigilância próximo à bússola principal, que saudou na passagem do capitão. Os dois seguiram, passando pela porta e adentrando a sala de mapas, logo depois da ponte comprida. No meio havia uma mesa para leitura de mapas, com tampo inclinado. Logo depois de entrarem e fecharem a porta houve uma batida seca. A porta reabriu, o primeiro oficial Warning entrou e fechou-a silenciosamente. O capitão gesticulou aos dois homens na direção do mapa e começou a falar calmamente, como se antes tivesse ensaiado as palavras.

— Senhores, nós estamos numa posição particularmente delicada. Como sabem, estamos sendo mantidos pelos norte-americanos, pretensamente devido a sua nova política preventiva de revistar todos os navios estrangeiros, por contrabando de armas. Nós sabemos que isso é apenas uma desculpa para nos segurar pelo maior tempo possível, até que os navios britânicos possam se posicionar ao longo de nossa rota habitual. — Ele olhou primeiro para Warning, depois para Gerstung. Ambos pareciam muito concentrados. Ahrens particularmente gostava e confiava nesses dois oficiais-chave. Ele prosseguiu. — Todos os navios de bandeira alemã receberam ordem de voltar para casa. Os que estiverem a mais de cinco dias de navegação do território alemão devem buscar portos neutros. Nos foi dito que nos empenhássemos ao máximo para regressar à Alemanha. Com exceção dessa estadia em Nova York, todos os navios alemães devem evitar portos norte-americanos, por razões óbvias.

Warning concordou com a cabeça, depois disse:

— Senhor, o agente alfandegário Durning acabou de me ligar novamente, antes de eu subir até aqui. Agora que estamos reabastecendo de combustível, ele está exigindo inspecionar nossos procedimentos de segurança. Querem que mostremos todos os nossos botes salva-vidas, que os baixemos, para demonstrarmos nossos procedimentos de segurança para passageiros.

Ahrens ouviu atentamente, conforme Warning prosseguiu.

— Os tolos bastardos querem inspecionar o fundo de nossa piscina, é uma tolice...

Ahrens interrompeu:

— Deixe que façam o que quiserem, sr. Warning, nós não temos nada a esconder. Quanto mais cedo eles esgotarem as desculpas para nos segurar, mais cedo nos deixarão ir. Eu sei que é tudo uma farsa. E também coloque os 30 germano-americanos "caroneiros" em terra firme, com suas bagagens. Eu sinto muito, mas a presença deles só vai dar aos norte-americanos mais motivos para nos manter aqui por mais tempo, já que não conseguem decidir se podemos ou não levá-los como tripulantes. Não podemos nos arriscar a mais nenhum instante de atraso. Eu acabei de falar com nosso cônsul-geral esta manhã, e Berlim já foi notificada. Nossa embaixada em Washington está enviando um protesto diplomático.

— Senhor — disse o primeiro oficial Warning —, conversando com eles, hoje eu descobri que alguns daqueles 30 homens são tripulantes alemães, de navios sem bandeira alemã, que foram ordenados, silenciosamente, a deixar seus navios e virem até nós para regressar para casa. — Ele fez uma pausa, olhando diretamente para Ahrens. — Foi dito a eles que nós os levaríamos para casa.

— Pode ser que sim — respondeu Ahrens, — mesmo assim, insistir em mantê-los a bordo, apesar das formalidades norte-americanas, só vai nos atrasar mais. — Ahrens olhou na direção da porta. — Eu sinto que é uma decisão desconfortável, mas tem de ser assim, se quisermos sair daqui quanto antes.

O capitão foi interrompido por outra batida rápida na porta da sala de mapas. O primeiro oficial abriu-a bruscamente.

— Sim? Estamos em reunião, o que há?

Um jovem oficial de plantão estava ali, respirando com dificuldade, pois obviamente subira os sete lances de escada correndo.

— Senhor, um de nossos marinheiros, o marujo Slominski, foi preso no cais. Ele estava com o grupo do chefe de equipe, voltando dos mercadores, e se envolveu numa briga com um policial norte-americano. Eles o trouxeram a bordo com a cabeça sangrando, talvez um traumatismo.

Ahrens ouviu, depois ergueu a mão.

— Warning, cuide disso. Eu o verei depois, em minha cabine portuária. Quero repassar os pontos de comunicação com Gerstung, depois lhe falo. — Ahrens voltou à mesa de mapas, enquanto Warning e o jovem mensageiro sumiram rapidamente pela ponte vazia.

Ahrens continuou:

— Você viu a mensagem de alerta do alto-comando naval, sobre os transatlânticos britânicos?

— Sim, senhor.

— Bem, nosso cônsul-geral acaba de me enviar uma nota dizendo que há dois deles ao redor de Halifax: um é o *Berwick*, com armas de oito polegadas. Não sei o nome do outro. Suas posições e intenções são de suma importância para nós. A localização deles é exatamente onde começam as rotas comuns do grande círculo, para as travessias rumo ao leste, e eles sabem que nós devemos passar próximo àquela área. Ainda estou avaliando em minha mente qual a rota que seguiremos quando finalmente deixarmos esta cidade superaquecida. Mas você precisa sintonizar seu pessoal quanto às capacidades, freqüências e hábitos de comunicação dos navios da Marinha Real, já que agora sabemos estarem ao redor da Nova Escócia. Além disso — ele acrescentou, após uma reflexão tardia —, esteja pronto para monitorar as freqüências telegráficas da guarda costeira norte-americana. Coloque seus melhores fones de ouvido para vigiar suas conversas, já que podemos presumir que qualquer coisa que os norte-americanos saibam quanto à nossa intenção de rota será transmitida aos britânicos.

Gerstung acenou a cabeça rapidamente, adorando cada minuto do suspense e da emoção crescente. O capitão prosseguiu:

— Você tem de me informar sobre cada intenção dos movimentos dos navios britânicos e norte-americanos, com a maior antecedência possível, para que possamos tomar medidas de fuga. Você também deve monitorar a comunicação de todos os outros navios mercantes conhecidos, para saber, com antecedência, quais deles podem estar nos arredores, para que possamos escapar a todos os campos visuais. E Gerstung! — o capitão assumiu uma entonação mais dramática, erguendo-se de sua posição antes inclinada sobre a mesa. — Eu pretendo fazer com que esse navio desapareça assim que estejamos fora de alcance visual deste litoral. — Ele sorriu, depois disse — Entendeu?

O coração de Gerstung batia acelerado; ele estava tomado pela expectativa dos dias que viriam pela frente. Ahrens continuou:

— Você e seus homens serão nossos ouvidos. Eu proverei os olhos, mas nossa segurança depende de sua habilidade para investigar as intenções do inimigo, de modo que possamos navegar como um navio fantasma. — Eu — o capitão se estufou de orgulho — pretendo conduzir esse navio para casa, na Alemanha, sem ser visto. Entendeu?

Gerstung prestava atenção absoluta, as mãos trêmulas de tanta vibração.

— Sim, senhor, capitão. Agora mesmo.

— Pode ir — disse Ahrens, baixinho. — Faça com que dê certo, sr. Gerstung.

Gerstung saudou e desapareceu pela porta. Ahrens permaneceu na sala de mapas, pegou um compasso e réguas e começou a traçar diversas rotas, todas ao norte e nordeste de Nova York, nenhuma ao sul. Ele sorriu, afastou seu quepe e continuou o planejamento. Quanto terminou, arrumou o quepe e olhou para o cronômetro do navio, as peças em bronze reluzente brilhando nos estojos de vidro. O capitão deixou a sala de mapas silenciosamente e andou em direção à cabine, subitamente lembrando que havia pedido um lanche ao comissário. Ele não estava com fome, seu estômago nervoso havia melhorado bastante após dar as ordens. Agora ele também estava empolgado, e mais certo quanto ao futuro.

3
Complicação e demora

Washington, D.C., e Nova York
Terça-feira, 29 de agosto de 1939

Às 16h50, o secretário de Tesouro em exercício, John W. Hanes, falou por telefone com o agente alfandegário de Nova York, Harry Durning:[1]

> HANES: Eu acabo de falar com... você sabe quem, e ele disse "Harry, diga que eu falei que queria o barco retido por 48 horas, e ontem à noite, às 18 horas, foi quando ele chegou aqui. Então, seria amanhã à noite, às 18 horas". Eu estou apenas repetindo o que ele disse.
> DURNING: Está bem. Estas são as ordens. Nós temos de considerar as dificuldades.
> HANES: Você vai ter algum problema?
> DURNING: Acho que sim. Eles estão esperando que aconteça. Nós só vamos dizer que não há liberação. Não sei que diabos podemos fazer.
> HANES: Talvez fosse bom que o FBI fizesse uma visita a alguns daqueles médicos e técnicos. Ele conseguiu a liberação dos passageiros? Não há passageiros. Aqui está o Huntington Cairns. [Cairns era do departamento de Imigração e Naturalização.]

CAIRNS: Entregaram os certificados dos passageiros?
DURNING: Não. Nós temos os papéis oficiais. Estes nós liberamos ontem à noite. A questão é que eles provavelmente colaboraram ao longo do dia, enquanto nós prosseguimos com a busca. Nós pegamos uma câmera Zeiss.
CAIRNS: Agora suponhamos que você admitisse que esses 30 técnicos fossem passageiros, e não membros da tripulação.
DURNING: Eles os tiraram de lá. Toda aquela bagagem desceu. Quanto a isso, eles estão à nossa frente.
HANES: Eles tiraram os 30 homens? Você já vasculhou? Bem, ouça. A idéia é achar algo, de alguma forma, para obedecer à ordem e não nos metermos em confusão.
DURNING: Nós podemos simplesmente dizer que nos recusamos a liberar. Agora veja: nós temos o *Normandie* aqui dentro. Nós nos demos bem. O mesmo que foi ali, será com o *Bremen*. É claro que os jornais não engoliram nem um pouco. Então, seguimos por aí. Nós temos fotos aqui, na capa do *New York Sun*, dos botes salva-vidas sendo abaixados. Agora, a única coisa que posso ver é apenas — nós soubemos de todas essas coisas ontem à noite. Mas, sabe como é — os alemães têm sido muito meticulosos, e nós, entrando e saindo do porto. Eu pensei que teríamos — nós estamos bem na mira com isso. Eu vou ter de ficar na mira, só isso. Depois da resposta de Hitler a Londres, eles [a imprensa] acham que é o máximo, o que temos aqui [o *Bremen* sendo retido]. Eu vou ver o que nós podemos tentar fazer para livrar a nossa cara. Mas que raio de motivo eu posso arranjar. Eu posso colocá-los [os agentes alfandegários] lá de novo, amanhã.
HANES: Harry, fique de prontidão e nós vamos nos concentrar aqui e ver o que podemos arranjar.
DURNING: A única coisa que podemos fazer é dizer que não está completo. Nesse meio-tempo precisamos liberar o *Normandie*.
HANES: Se você puder segurá-lo simultaneamente, bem melhor.

Durning: Bem, nós podemos segurar os dois e mostrar a eles. Essa seria a coisa mais fácil a fazer.
Hanes: Vamos pensar nessa possibilidade e ligamos de volta para você.
Durning: Vou ficar aqui.

**Washington, D.C.
29 de agosto, de 1939**

Às 17h15, a seguinte conversa ocorreu entre Hanes, no Departamento de Tesouro, e Herbet Feis, no Departamento de Estado:

Hanes: Eu relatei a questão do outro lado da rua [na Casa Branca], assim como fiz com você, e agora temos instruções diferentes. Eles não vão deixá-lo ir. Então tenho de mudar a história que disse a você.
Feis: Aquelas eram suas ordens. Como lhe foi dito que as explicasse?
Hanes: Não foi.
Feis: Vai ser uma lambança, não é?
Hanes: Eu entendo que o presidente discursou sobre o assunto por um bom tempo.
Feis: Você viu a mensagem telegráfica?
Hanes: Não, mas me falaram a respeito. Ele contou uma longa história sobre isso.
Feis: Onde ele arranjou o negócio?
Hanes: Comigo.
Feis: Há algum fundamento nisso que explique o fato de ele não poder ir?
Hanes: A única coisa que podemos dizer é: "Harry Durning, apenas diga que a sua inspeção não está completa."
Feis: Há algo na coletiva de imprensa do presidente que pudesse explicar isso?

HANES: Ele estava explicando por que o governo norte-americano precisa se proteger. Hoje ele disse que os Estados Unidos adotaram uma política de busca aos navios mercantes de grandes nações (quaisquer) propensas à guerra, de modo a evitar a possibilidade de que este país também se torne propenso.
FEIS: O que eu temo é que, ao fazer isso, ele prejudique algo em relação ao Ato de Neutralidade.
HANES: Entendo o que você quer dizer. Receio que ele seja insensato, mas que se dane.
FEIS: Eu não sei. Você quer sentar e conversar conosco?
HANES: Creio que não. Acho que isso é mais sério porque eles estão ficando impacientes. A única notícia hoje em Nova York é o *Bremen* e a nota inglesa [provavelmente se referindo à nota enviada pelo primeiro-ministro Neville Chamberlain a Adolf Hitler, resposta britânica à ameaça das ações alemãs em represália contra a Polônia].
FEIS: Bem, talvez haja mais novidade amanhã de manhã. Eu vou relatar isso lá embaixo [no escritório do secretário de Estado].
HANES: Herbert, se me quiserem, ligue-me imediatamente.
FEIS: Eu vou reportar de uma vez, John, e o aviso.

Às 17h56, Hanes ligou para Durning:

HANES: Nós não temos mais nada a oferecer.
DURNING: Não achei que teriam, pois já havíamos nos esgotado sobre isso. Nós entramos em contato com o pessoal dos rebocadores; não vão fornecer um barco timoneiro esta noite. Eles não vão obter um timoneiro da associação. Estamos bem para amanhã de manhã. Mas para segurarmos até amanhã de manhã, acho que precisamos segurar o *Normandie* por oito horas, e o *Aquitania* [britânico] por seis horas. Estamos numa posição ridícula. Há barcos saindo com passageiros e carga, e aqui estamos nós, prendendo um barco que tem apenas tripulantes. Nós nos metemos numa posição ridícula. Não terminamos a nossa inspeção e vamos inspecionar os três barcos amanhã de manhã. Acho que o pessoal francês vai ver o que se passa.

HANES: Acho que é muito importante que você diga algo a eles. Eu iria em frente e faria isso nessas bases. Parece-me razoável, e eu acho que evitaria muito constrangimento.
DURNING: Ficamos numa posição razoavelmente confortável, se tivermos um barco francês, um inglês e um alemão, todos retidos juntos. Então, eu continuaria a inspeção em todos três amanhã, e liberaria os três no cais, ao mesmo tempo.
HANES: Isso parece fazer todo o sentido para mim, Harry.
DURNING: Temos uma folga do clima esta noite. Há uma tempestade se aproximando do rio e, de qualquer forma, eu acho que nenhum barco conseguiria sair. Eles iam se descabelar. Mas podemos deixar os rebocadores e tudo mais guardado, então teriam de sair por conta própria. Talvez possamos segurar as pontas aqui. Agora você tem aquilo, é claro, sobre o qual falamos para a guarda costeira, ontem à noite, no caso de iniciarem a retirada. Eu tenho um barco de guarda no alto do rio [Hudson] preparado para interceptá-los. Esta é uma questão e tanto. Isso não veio à tona hoje, e acho que não virá à noite, mas amanhã, talvez.

SS *Bremen*
Cais 86, cidade de Nova York
30 de agosto de 1939

O capitão Ahrens estava sentado em sua sala portuária, aguardando a chegada do fiscal alfandegário Durning. Estava insuportavelmente quente, apesar do empenho do imenso ventilador de teto, que girava silenciosamente, sobre sua cabeça. Ele lia nos jornais de Nova York sobre a resposta do chanceler Hitler à mais recente exigência da Grã-Bretanha. Já chegara a Londres, mas estava sendo mantida em grande sigilo, assim como todas as relações diplomáticas entre a Alemanha e a Grã-Bretanha, nos últimos dias. Havia uma grande tensão se formando e Ahrens podia senti-la até mesmo em Nova York.

Já era o começo da tarde e até agora o dia havia sido para baixar e testar os botes do navio, e contar os coletes salva-vidas. Ahrens e seus oficiais estavam ficando cada vez mais impacientes com a protelação, enquanto os inspetores norte-americanos calmamente observavam e acenavam com a cabeça, já que todos os sistemas pareciam funcionar. A frustração com a contagem dos coletes finalmente terminara, após diversos inícios falsos, com os inspetores perdendo a conta propositadamente e procrastinando. Era tudo que Ahrens podia fazer para evitar que o primeiro oficial Warning jogasse um dos inspetores chefes no rio.

— Para mim, chega desses idiotas — Warning reclamava a Ahrens, enquanto esperavam a chegada de Durning.

Enquanto conversavam, Ernst Henningsen, comissário da primeira classe, entrou no salão carregando uma bandeja de xícaras, com um bule de café quente, e um prato empilhado de *strudel* de maçã morno, feito pelo chef Hans Künlen. Ele se aproximou silenciosamente da mesa e prontamente serviu os petiscos. Ao caminhar para a porta, deu uma olhadela no mapa sobre a mesa do capitão e viu as duas rotas assinaladas, uma ao sul, outra ao norte. Intrigado, ele deixou a sala e voltou à cozinha do navio, relatando ao *chef* as discussões graves que se passavam, e que o *Bremen* talvez fosse seguir para Cuba, ou talvez para a Groenlândia. Os boatos logo começaram a se espalhar pelo navio.

— Eu tenho a impressão de que vamos ser liberados logo — disse o capitão, enquanto Warning andava de um lado ao outro, próximo à porta. — Não há muito mais que eles possam olhar. O que fizeram nossos 30 convidados quando desembarcaram? Ouvi dizer que a polícia os levou para Ellis Island.

— Sim, senhor. Colocaram-nos em furgões e os levaram com a bagagem. Detestei ver aquilo, mas o senhor estava certo, insistir em registrá-los a bordo como tripulantes teria dado aos norte-americanos mais motivos para nos segurar aqui. Mesmo assim, sinto pena deles.

— Todos os homens da equipe do intendente já regressaram da visita aos fornecedores?

— Sim, senhor, estamos todos prontos para começar os preparativos do afundamento, tão logo estejamos no mar.

Houve um ruído de bastante gente se aproximando do corredor. Warning abriu a porta na hora em que um grupo de dez homens emergiu no topo da escada e veio em direção ao salão. Warning deu um passo ao lado, conforme Harry Durning e o capitão Drechsel adentraram a sala, com vários outros membros do escritório alfandegário. Eram 16h30.

— Bem, capitão Ahrens — Durning deu um passo à frente e estendeu a mão, segurando um envelope. — Nossa inspeção está concluída; não há nenhuma violação, sua liberação para partir está aqui — ele entregou o envelope a Ahrens. — Nós desejamos uma boa viagem e, bem, eu sinto muito que tenha chegado a isso, mas, você sabe, estamos apenas cumprindo ordens.

Ahrens pegou o envelope e, de forma casual, o entregou ao primeiro oficial Warning.

— Sim, obrigado, creio que tudo esteja em ordem para que possamos partir imediatamente, rebocadores e timoneiro...

O capitão Drechsel interrompeu:

— O timoneiro Miller já está na ponte e os rebocadores estão a caminho. Vocês estão liberados para partir assim que os visitantes estejam em terra.

Durning sorriu:

— Nós não vamos mais atrasá-los. Ah, sim, há só mais uma coisa. — ele deu uma olhada para os outros que estavam na sala. — Como sabe, os novos procedimentos de neutralidade acabam de pôr em vigor a obrigatoriedade de todos os navios estrangeiros indicarem sua rota pretendida, após deixarem as águas territoriais norte-americanas. Nós imaginamos que estejam regressando diretamente a Bremerhaven, seguindo o curso normal do grande círculo, como declararam.

Ahrens não pestanejou.

— Nosso curso será ao longo das linhas habituais dos navios. Estamos planejando retornar à Alemanha, porém, tenho certeza de que concorda, posso ajustar a rota conforme eu e nossa companhia julgarmos necessário. Eu me reservo o direito de todos os comandantes, ou seja, colocar a segurança do meu navio e meus homens em primeiro lugar. Nós vamos proceder de acordo com a nossa maior segurança de rota e velocidade. Obrigado, senhores.

O primeiro oficial Warning sorriu, orgulhoso por seu capitão não lhes ter dito nada, no entanto, mantendo-se correto ao pé da letra.

Durning sorriu, deu um passo à frente e apertou afavelmente a mão do capitão Ahrens.

— De qualquer forma, capitão, boa viagem e boa sorte. — Ele se virou abruptamente e deixou a sala, com seus assistentes atrás, em silêncio.

O capitão Drechsel se virou e olhou para Ahrens.

— Bem, essa foi fácil. Com o novo regulamento, eu achei que eles iam fazer mais espalhafato para obter uma cópia de sua rota.

— Tolice, nós podemos afirmar o que quisermos e depois mudar os planos por conta do clima, ou questões de segurança. Eles não estão em posição de impor nada dessa porcaria. Sr. Warning, eu estarei lá em cima, na ponte, em cinco minutos. Deixe todos os preparativos encaminhados. Eu vou acompanhar o capitão Drechsel até a escada do costado. — Ahrens pegou seu quepe pendurado no gancho, junto à porta. — Depois de você, Willy — ele disse a Drechsel, e os dois saíram em direção à escada.

Complicação e demora

O relacionamento deles era cordial e afetuoso. Drechsel sempre fora eficiente e prestativo, mas havia certo constrangimento entre eles, principalmente porque Ahrens sabia sobre a profunda e antiga amizade que havia entre seu antecessor, o comodoro Leopold Ziegenbein, e Drechsel. Ahrens eliminara qualquer idéia de criar laços mais próximos, já que considerava Drechsel mais norte-americano que alemão, sobretudo desde o episódio do espião Griebl, quando Drechsel pareceu estar o tempo todo do lado do FBI, contra os alemães. De qualquer forma, agora havia coisas mais importantes com as quais se preocupar, como, por exemplo, como ele levaria o luxuoso transatlântico alemão e sua equipe de 950 tripulantes, de volta para casa, abastecido de combustível e sem passageiros, com navios de guerra britânicos à espreita, só Deus sabe onde, e a guerra ali na esquina.

— Até logo, Willy — Ahrens permaneceu ereto, na beirada da escada, estendendo as duas mãos a Drechsel, que partia.

O superintendente de longa data da Norddeutscher Lloyd, em Nova York, parou, depois respondeu:

— Adeus, Adolf, eu sei que você irá conduzi-lo em segurança. — Ele sorriu, apertou a mão de Ahrens calorosamente, saudou-o e desceu do navio, passando pela escada do costado e adentrando o corredor dos passageiros. Ahrens observou o colega desaparecer no prédio imenso, imaginando se um dia voltaria a vê-lo.

4

Caindo no esquecimento

SS *Bremen*
Cais 86, cidade de Nova York
Quarta-feira, 30 de agosto de 1939

O capitão Adolf Ahrens permaneceu na ala coberta da ponte, olhando para baixo, para o cais da Hapag-Lloyd, na rua 86. Estava estranhamente deserto. Desde que assumira o comando, num mês de novembro, três anos antes, cada vez que ele navegara até ali, o cais e o prédio de dois andares do terminal de passageiros estiveram lotados de pessoas desejando boa viagem aos que partiam, com fitas, fogos, champanhe, confete e flores. Para Ahrens, este era um dia agridoce. Vazio, de certa forma, apesar da incerteza impregnada nos dias por vir. Um cordão de policiais nova-iorquinos de uniformes azuis estava na beirada do cais, onde normalmente as pessoas se aglomeravam para dar boas-vindas. O ar tinha o cheiro do rio Hudson, peixe e óleo. Ainda estava extremamente quente e úmido, mas uma leve brisa nordeste começava a soprar, trazendo uma camada de nuvens negras que prometiam.

Ah, Nova York! Ahrens amara seu caso com a cidade, seu barulho, os odores, a música e as luzes. As vielas escuras onde os marujos beberam e farrearam por tantos anos, e, mais recentemente, foram atacados por manifestantes. Uma massa efervescente de humanidade, uma cidade que ele aprendera a amar. Sua relação com a cidade havia começado anos antes, quando ele era um jovem oficial. Depois, a bordo do *Columbus*, como capitão, ele usufruíra uma vida social espetacular, tornando-se familiarizado com celebridades de Nova York, incluindo várias no governo, como o prefeito. Ahrens pensava em quando retornaria. Ele não tinha idéia de que em seis anos, a partir desse dia, a Alemanha estaria em ruínas, ao passo que Nova York continuaria se esbaldando em festas, visivelmente alheia ao distúrbio das disputas catastróficas, a cidade que nunca chora.

— Juntar todas as linhas — ordenou o capitão Ahrens, ao terceiro imediato em pé próximo a ele, para que repassasse os comandos ao timoneiro. — Sr. Warning, reúna todos os que não estiverem de vigília no convés traseiro. Este é um momento de orgulho, não devemos parecer cachorros fugindo para casa!

— Sim, senhor capitão. — O primeiro oficial estava supervisionando ativamente os manobristas e direcionando os rebocadores, utilizando um marujo sinaleiro com bandeiras, que estava posicionado ao alto, sobre a coberta da ponte.

Seis rebocadores estavam de prontidão, enquanto o capitão observava os manobristas equilibrados pelos postes de amarração. Era visível que ele sempre gostava desse momento. Ele ansiava desesperadamente por seu cachimbo, mas jamais fumava na ponte. E não permitia isso aos outros, é claro. Ele inspirou, depois começou.

— Recolher o número um, dois, quatro e seis. Leme à esquerda, cinco graus, iniciar motores de popa, devagar. Soar a corneta a todo vapor, depois três vezes curtas. — Eram exatamente 18 horas, do dia 30 de agosto de 1939.

— Sim, capitão. — O contramestre puxou a alavanca de bronze polido, abrindo a válvula sobre a tubulação que levava ao apito, posicionado no alto da beirada do bordo de fuga, à frente da chaminé amarela reluzente. Após alguns segundos de assovio, conforme a água escapava da chaminé a vapor, o ar foi subitamente abalado pelo uivo profundo e ressonante, a voz do apito do *Bremen*, anunciando uma mudança de *status*, seguido do ruído que afirmava que "seus motores estão respaldando". Os rostos e calcanhares dos marujos sobre a ponte vibravam ao som do zunido profundo. O ar sufocante do fim do verão nova-iorquino se rendeu ao apito, enquanto este explodia em sua canção de despedida, sem dúvida, ouvida até o East Side, no fundo do peito e nos becos escuros, nos restaurantes ao longo do West Side, nos bares, cafés e lanchonetes, nos recantos confortáveis de Nova York, mecas da glutonaria, fontes para os marujos e elegantes passageiros da primeira classe, acenando com vinho e mulheres à vontade. Essas tocas, brotando no auge das viagens marítimas, tanto quanto o West Side de Manhattan, jamais seriam as mesmas. A partir desse dia, conforme o mundo desabava no abismo sombrio da guerra, as canções, as lágrimas e alegrias dos cais de passageiros nunca mais ecoariam com o mesmo encanto e sabor pela vida.

O navio se afastou lentamente pelo rio Hudson. Conforme Ahrens moveu a proa altíssima rumo ao sul, ele subitamente percebeu a popa do *Normandie*, o elegante transatlântico francês, passando altaneiro do outro lado do cais. Para seu assombro, ele viu que a popa estava repleta de tripulantes franceses, vestidos de formas distintas: aventais brancos, calças xadrez, garçons e comissários de preto-e-branco, e maquinistas de uniformes azuis. Estes eram os colegas dos homens do *Bremen*, seus camaradas, rivais esportivos, entre os quais talvez alguns amantes. Ahrens observava, hipnotizado pela cena. Embora tivesse ficado brevemente atordoado, conforme via o desenrolar das coisas, ele se deu conta de que não estava surpreso com a demonstração de camaradagem das duas tripulações. Estes eram os mesmos homens que seus tripulantes haviam conhecido em Nova York, e outros portos, há anos, e, embora vindos de terras diferentes, com costumes distintos e agora com convicções políticas divergentes, eles ainda agiam como colegas de colégio.

A tripulação vibrou quando o tricolor francês mergulhou a proa lentamente, por três vezes seguidas, enquanto o *Bremen* deslizou para trás, virou e seguiu à frente, rugindo com seus motores de 130 mil cavalos de força, empurrando quatro hélices e revirando o barro do fundo do rio. Wilhelm Bohling, aprendiz de garçom da primeira classe, relembrou aquele momento:

— Nossos contramestres fizeram o mesmo, em retribuição. Foi uma visão que eu hei de lembrar para sempre. Aqueles camaradas a bordo do *Normandie* eram nossos amigos. Nós havíamos jogado futebol com eles, íamos farrear em Manhattan juntos, e agora, de repente, ao partirmos, olhávamos para eles como amigos que desapareciam. Em breve estaríamos em uniformes diferentes, lutando uns contra os outros, mas naquele instante realmente não sabíamos disso. Foi uma cena que ficará eternamente em minha memória, principalmente depois que parei de lutar no *front*, ao oeste da França. Ah, aquele instante mora em nossos corações.

A nova bandeira, constrangedora para muitos, agora trazia a suástica nazista, com fundo vermelho e branco, e sua própria existência era creditada à resposta furiosa de Adolf Hitler ao incidente a bordo do *Bremen*, neste exato porto, quatro anos antes — a anarquia escandalosa que se deu a bordo do navio, meia hora antes da partida, num dia de maio de 1935. O marujo Heinz Slominski relembrou o tempo em que a luta se tornou história:

— Meu colega de navio, o marinheiro de convés Rehling, perdeu os dentes da frente na briga com os manifestantes. Dois meses depois, quando houve a cerimônia pela nova bandeira, Rehling tinha uma nova dentadura, toda em ouro. A piada, entre nós marinheiros, era que os dentes novos de Rehling haviam sido dados por um grato Adolf Hitler, como recompensa de seus serviços de pugilista na festa.

A cerimônia para hastear a nova bandeira fora realizada pelos três transatlânticos alemães, o *Stuttgart*, o *Albert Ballin* e o *Bremen*, no porto de Nova York, em 17 de setembro de 1935. O capitão Ahrens, que substituíra temporariamente Leopold Ziegenbein durante suas férias, discursou para 900 tripulantes, homens e mulheres, de todos os navios alemães, que estavam reunidos no convés dianteiro do *Bremen*:

> Companheiros a bordo, o Partido Reichstag, partido da liberdade, depositou uma tarefa difícil sobre nossos ombros de marinheiros. Através do novo regulamento da bandeira, elaborado pelo Reichstag no domingo, a bandeira de batalha do Führer passou a ser nossa bandeira comercial. Enfrentemos orgulhosamente as atribuições que esta bandeira coloca sobre nós. Ela não "era" apenas uma bandeira de luta, ela "é" uma bandeira de luta, tanto quanto diz respeito ao mundo de oposição. Eu lhes encorajo a esquecerem todas as controvérsias e unirem mãos num esforço conjunto, e que a bandeira seja honrada e respeitada, mesmo por aqueles que hoje negam respeito por ela.

Ahrens fez uma pausa, clamou por uma saudação de vitória, depois prosseguiu:

> Com orgulho sem precedentes, nós vemos esta bandeira como representante de um povo que voltou a se encontrar, e alcançou

a honra e a força. Que passemos o amor que mantínhamos pela bandeira antiga para este novo estandarte de nosso líder. Salve Hitler, o reconstrutor da honra, união e liberdade alemãs.[1]

Nos três navios, as cerimônias haviam sido concluídas com canto de "Deutschland Über Alles" e a música nazista "Horst Wessel". Ahrens se perguntava como teria se saído. Ele não tinha convicção quanto às palavras naquela cerimônia, que, na verdade, haviam sido enviadas numa mensagem do Ministério da Propaganda, escritas pessoalmente por Joseph Goebbels, para todos os navios no exterior. A maioria achou que fossem do próprio capitão Ahrens, ou melhor, todos menos o oficial radiotelegrafista Kurt Gerstung, que copiara o discurso vindo de Berlim, e, é claro, o primeiro oficial Eric Warning, que estava tão encantado durante o hino nacional que lágrimas puderam ser vistas em seu rosto, enquanto cantavam. Mais tarde, Ahrens pensara que deveria ter deixado Warning ler aquelas palavras; ao menos ele acreditava em toda aquela embromação. De certa forma, a cerimônia havia deixado Ahrens um pouco triste. Ele se lembrava muito bem de seu amigo, quando regressara das trincheiras de Verdun, 23 anos antes, e como se tornara esquelético e ausente, aos poucos perdendo a consciência para o álcool. Adolf Ahrens não era um homem de partido, e nunca seria. Apesar de sua posição de liderança, ele era, em primeiro lugar, um marinheiro, depois um alemão. Ele comemorou seu aniversário de 56 anos quatro dias depois.

Mais adiante, naquele mesmo ano, as coisas não andaram muito bem para os marinheiros em Nova York. Em dezembro, uma ameaça fora recebida no escritório da Norddeutscher Lloyd, dizendo que o *Bremen* seria atacado. Um navio da guarda costeira os encontrou no Farol de Ambrose, e os escoltou em isolamento, onde permaneceram por toda a noite, enquanto os barcos de patrulha *Icarus* e *Calumet*, além de diversos barcos da polícia, patrulhavam o navio na parte mais baixa da baía. Um esquadrão antibombas da polícia nova-iorquina vasculhou o navio e nada encontrou. O capitão William Drechsel, superintendente marítimo, alegava que tudo era parte de uma trama dos comunistas norte-americanos para danificar o navio. Assim, a tripulação do *Bremen* foi se acostumando a perder sua popularidade em Nova York, ainda que alguns guardassem no coração uma ponta de carinho pela cidade; eles tinham amigos demais ali para deixarem essas coisas incomodá-los.

Após deixar o cais naquele dia, Ahrens observava atento enquanto o navio lentamente seguia pela enseada, rumo ao sul. Ele nunca deixava o timoneiro manobrar o navio, tê-lo a bordo era um mero protocolo, e era ainda mais minucioso com os comandos, tendo o timoneiro norte-americano, capitão Herbert Miller, em pé ao seu lado. Miller, membro da Associação de Timoneiros de Sandy Hook, se tornara timoneiro da empresa alguns anos antes. Ahrens o conhecia bem.

Naquele momento, Hanns Tschira, fotógrafo do navio, surgiu na ala coberta da ponte com sua câmera e o colete cheio de filmes, dentre outros acessórios fotográficos. Tschira era reconhecido a bordo dos navios da Norddeutscher pela excelência de sua fotografia. Ele ia de navio em navio, e já publicara diversos artigos em jornais alemães de fotografia e viagem. Seu rosto redondo e corpo rechonchudo eram muito conhecidos dos marinheiros a bordo do *Bremen*, e ele parecia especialmente ocupado durante essa viagem.

Segundo os boatos, quando os navios mercantis haviam passado o controle ao alto-comando naval alemão, no começo do mês, Tschira e seu assistente passaram imediatamente a estar diretamente sob controle do diretório de acervo da Abwehr. Com conflitos esperados a qualquer hora, era uma exigência natural que a Abwehr exigisse a cobertura fotográfica de locais na Grã-Bretanha, na França e até nos Estados Unidos, para seu banco de dados da inteligência naval. Como resultado, a tripulação percebeu que Tschira estivera muito ocupado na ponte de comando, fotografando com suas câmeras enormes, quando o navio estivera em Southampton. Os oficiais imaginavam que estaria cobrindo as posições mais recentes das redes anti-submarinos dali. Enquanto ficaram ancorados por duas horas desembarcando passageiros, Tschira fizera uma cobertura panorâmica completa da enseada e, diversas vezes, comentou com os tripulantes que observavam sobre o fato inesperado de não haver nenhum navio francês no porto, que provavelmente estariam reunidos no Mediterrâneo.

O valor da fotografia de inteligência de Nova York era mais vaga, mas Tschira fora visto novamente tirando fotos panorâmicas de toda a enseada, incluindo as instalações militares em Governor's Island, Fort Hamilton e os antigos equipamentos de artilharia em Fort Wadsworth, no estreito, conforme passaram por ali. Agora ele estava de novo na ala coberta da ponte, pronto para ação e, ao ver o timoneiro Miller, posicionou-se sorrateiramente atrás de um pilar, com suas lentes de 200 milímetros afixadas em sua câmera.

A balsa de Staten Island seguia à frente, deslizando velozmente, adentrando a área de defesa na enseada; outra acabara de passar, sorrateira, rumo a Saint George, Staten Island. O tempo estava encoberto e escurecia rapidamente. Já se viam nuvens carregadas pelos estreitos. Uma pequena lancha de casco negro, pertencente à polícia nova-iorquina, seguia a popa de perto, dando a impressão de que o *Bremen* estaria sendo escoltado em retirada, por algum delito. E, ainda pior, a uns três quartos de milha atrás, vinha também um navio da guarda costeira norte-americana, reforçando a sensação de que o navio alemão não era nem um pouco bem-vindo. Ahrens se perguntava o que teria havido com os dias em que o *Bremen* representara a metáfora para a amizade germano-americana e suas relações próximas. O ar fúnebre da situação atual parecia pairar sobre toda a tripulação, apesar do fato de ansiarem por sair dali e seguir para casa.

Ahrens interrompeu seus pensamentos.

— Sr. Warning — disse ele, voltando-se na direção do primeiro oficial, no canto da coberta da ponte, fora do alcance auditivo do timoneiro Miller. — Eu quero todas as luzes de passageiros acesas no topo. Nós iremos apagá-las quando eu der o comando, após deixarmos Sandy Hook. Depois quero o navio inteiramente escuro, entende?

— Sim, capitão.

Bohling relembrou de quando assistiu os acontecimentos, no fundo do convés:

— Nós estávamos passando pela Estátua da Liberdade quando alguém da tripulação, que estava reunida no convés posterior, começou a cantar o hino nacional, aquela bela melodia composta por Joseph Haydn cuja letra, porém, fora sutilmente modificada pelos nazistas. O som das vozes se fortaleceu conforme passamos pela estátua, e depois explodiu com a música-tema do partido, "Horst Wessel". Foi um momento emocionante e, ainda hoje, eu posso ouvir a música e ver a silhueta de Nova York, e da Estátua da Liberdade.

Tschira registrou a partida em filme, do qual muitas cenas se tornaram famosas.

Ahrens não estava tão profundamente emocionado pela cantoria. Ele meditava tristemente, enquanto passavam pelos pontos de Nova York, já que ele jamais voltaria. Não estava otimista.

Aviões da imprensa sobrevoaram o navio, à medida que este abria caminho pelo calor escaldante, saindo de Fort Wadsworth, adentrando a névoa da noite tardia de verão. Na claridade minguante, os tripulantes no convés podiam ver as luzes piscando no alto de um carro, na Leif Erickson drive, próximo ao Fort Hamilton, na margem do estreito, do lado do Brooklyn.

Era o capitão Drechsel, o superintendente naval da Norddeutscher Lloyd, que sempre prestava um último gesto de homenagem ao *Bremen*, ali daquele local, piscando as luzes. Nenhum dos tripulantes sabia que aquela seria sua última despedida.

Eram pouco mais de 20 horas quando o *Bremen* desacelerou para o desembarque do timoneiro. Feito isso, eles prosseguiram a todo vapor, saindo do limite de três milhas das águas territoriais norte-americanas. Então, quando os últimos raios de luz sumiram no nevoeiro, o capitão Ahrens ordenou:

— Força total à frente, leme todo à direita, curva de 27 nós, manter rota estável em um meia zero — uma rota que confirmaria a todos os bisbilhoteiros que o *Bremen* estava, de fato, rumando ao Caribe e Havana.

Conforme o navio seguia a sudeste de Nova York, o vento nordeste aumentou e a chuva começou a cair do céu encoberto. Ahrens esperou mais dez minutos para assegurar que quaisquer observadores pudessem ver claramente que eles estavam rumando sudeste. E então, com a voz repleta de avidez, ele rugiu:

— Agora, apagar toda a iluminação do topo, incluindo as luzes de navegação. Manter escuridão total no navio. Sr. Warning, aumente a vigilância, de acordo com o plano. — Esse plano incluía um total de 26 observadores.

O primeiro oficial Warning saíra da coberta da ponte apenas alguns instantes antes, com a capa e o quepe pingando da chuva.

— Sr. Warning, por favor, reforce meticulosamente a ordem para o escurecimento do navio. Eu quero que qualquer transgressão me seja comunicada. Qualquer tripulante que acender uma luz deverá ser posto em restrição. — Muito sério, ele falou.

— Sim, capitão — Warning respondeu, dando um passo atrás, sob a proteção da casa do leme.

Ahrens estava perplexo com a absoluta escuridão em que o navio mergulhara. Após alguns instantes, ele se inclinou na direção do tubo de voz:

— Leme todo à esquerda, ingressar em nova rota, a zero quatro zero graus.

HMS *York* e HMS *Berwick*
Halifax, Nova Escócia
30 de agosto de 1939

À medida que o *Bremen* rumava nordeste, a 27 nós, na noite de 30 de agosto, a empresa do navio não sabia que os transatlânticos britânicos *Berwick* e *York* seguiam para Halifax, após realizarem exercícios de artilharia com armamento de oito polegadas, na área operacional de Halifax, com os rebocadores canadenses HMCS *Fundy* prestando serviços de alvo móvel. Aquela locação estava bem distante da rota do *Bremen*, quaisquer fossem as rotas que optassem para regressar à Alemanha. Os britânicos haviam escolhido bem o lugar onde posicionariam suas forças interceptadoras.

Os dois transatlânticos ancoraram em Halifax naquela noite, ao lado do *Fundy*, o anfitrião. Ambos os navios britânicos agora estavam revezando vigilância, no porto e a bordo, de seis em seis horas. Eles pretendiam passar a noite no porto, com o *Berwick* regressando ao mar pela manhã, e o *York* ficaria para trás, para o abastecimento de combustível e suprimentos. O foco da imprensa mundial permanecia na situação de piora na Europa, e no mistério ao redor do local de destino do *Bremen*.

O lar do subsecretário de Estado Adolf A. Berle
Washington, D.C.
30 de agosto de 1939

Às 19 horas, o adido alemão para assuntos internacionais, dr. Han Thomsen, ligou para o Departamento de Estado solicitando um horário para discutir a retenção do *Bremen*. Ele foi convidado a ligar da residência do subsecretário de Estado Adolf A. Berle. Thomsen chegou à residência de Berle às 20h45, trazendo consigo uma cópia telegrafada da entrevista coletiva concedida pelo presidente Roosevelt, sobre a retenção e inspeção dos navios potencialmente propensos à guerra, e a busca por armamento nos mesmos. À hora da reunião, nem o adido nem o subsecretário tinham conhecimento de que o *Bremen* recebera liberação para zarpar e, de fato, deixara o porto de Nova York.

Thomsen pediu esclarecimentos a Berle, pois não conseguira encontrar referências a tais ações no Ato norte-americano de Neutralidade de 1937. Berle cuidadosamente explicou que o presidente estava se referindo aos atos de neutralidade ao longo da história norte-americana. A questão da conversão de navios mercantes em corsários fizera parte da história daquele país desde a fundação da nação. A preocupação quanto aos navios comerciais havia surgido durante a Revolução Francesa, as guerras napoleônicas, e a Guerra Civil norte-americana, quando os Estados Unidos foram fortemente atacados por corsários equipados por forças estrangeiras. O governo dos EUA estava se referindo aos diversos regulamentos nos livros, relativos a estas questões. Thomsen afirmou que o presidente concluiu que o *Bremen* poderia não ter armamento a bordo, mas poderia ser equipado com armas ao mar, após deixar o porto. Ele perguntou se o presidente possuía algum dado da inteligência que indicasse que o *Bremen* estivesse assim configurado, e se os norte-americanos sabiam que tal ato poderia, na verdade, levar muito tempo a ser executado. Berle respondeu que a liberação para zarpar seria impedida somente se houvesse motivo para crer na existência de tal ameaça. A reunião terminou em tom cordial.

No dia seguinte, Thomsen ligou para o Departamento de Estado e, num ato de aparente conciliação, anunciou que o transatlântico alemão *Columbus* partira de Curaçao, declarando que seguiria rumo à Nova York, como programado. Seria aquilo um subterfúgio? Não saberia ele que todos os navios alemães haviam recebido ordens para regressar à origem?

SS *Bremen*
Deixando a costa de Long Island
30 de agosto de 1939

Enquanto o *Bremen* seguia para nordeste na direção de Nantucket, sob forte chuva e neblina, a tripulação soube, por intermédio das notícias interceptadas por Gerstung, que o *George W. Campbell*, embarcação da guarda costeira norte-americana, acabara de partir do porto norueguês de Bergen, após o embarque do secretário de Estado Henry Morgenthau Jr. e o especialista financeiro professor James Viner, além de uma pequena equipe. O barco seguia a oeste, com destino a Botwood, próximo à Terra Nova, em Saint John, onde uma aeronave da guarda costeira estava programada para recolher o secretário e sua equipe, e levá-los num vôo de volta a Washington. A essência da notícia era um mau presságio. Embora o chanceler Adolf Hitler tivesse enviado uma nota encorajadora ao primeiro-ministro Neville Chamberlain, no dia anterior à partida do *Bremen* de Nova York, a guerra de nervos gerada pela contínua mobilização alemã começava a transparecer em toda a tripulação. Assim que deixaram Nova York, eles perceberam que os homens da SA Bordsturm passaram a assumir novas funções, e mais evidentes, em cada seção, incluindo a vigilância na casa do leme, e até como olheiros dos maquinistas. O SS *Sturmbahnnführer* Ernst Sauer, assistente do *Bordsturmleiter* sênior (líder Bordstorm) Erwin Schulwitz, foi visto constantemente consultando o primeiro oficial Warning, para um profundo e óbvio desagrado deste último. Estava claro que eles haviam assumido uma nova importância hierárquica na administração do navio, e isso deixou a maior parte dos tripulantes inquietos.

5

Correndo para o norte

SS *Bremen*
Alto-mar, ao sul de Nantucket
Quarta-feira, 30 de agosto de 1939

— Sr. Warning, reúna todos os vigias no salão de festas. Eu quero descrever quais serão nossos planos e intenções, caso surja o vulto de algum navio de guerra — disse o capitão Ahrens, olhando a noite escura lá fora. Ele esperava encontrar o navio do farol de Nantucket em algumas horas. Pressentia o perigo, por estar a todo vapor, a 27 nós, com uma visibilidade ruim, sem luzes de cruzeiro. Não era exatamente a coisa mais segura a ser feita nessas águas, que já haviam servido como cemitério para notáveis navios de passageiros.

O garçom Ernst Henningsen relembrou:

— Nós, da tripulação, sentíamos a tensão ao nosso redor, e tínhamos consciência da importância de manter o navio em absoluta escuridão. Mas quando nos disseram que deveríamos levar colchões da classe turista até o convés superior, e vimos os contramestres colocando latas de combustível a cada 20 metros ao longo daquele mesmo convés, junto aos colchões e outros materiais inflamáveis, tivemos a noção exata da seriedade do capitão. Fomos tomados pelo medo do inesperado; nenhum de nós jamais fizera uma travessia sem passageiros. Era sinistro.

O oficial radiotelegrafista Kurt Gerstung havia designado monitores de rádio sobressalentes para vigilância extra, cobrindo as freqüências e procurando por navios de guerra britânicos e norte-americanos, além de patrulheiros da guarda costeira, assim como os circuitos habituais de coordenação marítima. Ainda assim, ele ainda não tinha certeza se tudo estava coberto. Ele andava de um lado para o outro atrás de seus homens, que estavam sentados, curvados, com fones de ouvidos, diante dos receptores Telefunken E-381-H, os mais novos do setor, que haviam sido lançados em meados da década de 1930, substituindo os antigos modelos E-362-S. O *Bremen* fora o primeiro na lista de navios de passageiros a receber esse novo equipamento, também em uso a bordo dos navios de guerra alemães de primeiro escalão.

Gerstung havia banido o fumo durante a vigilância, pois julgava o hábito dispersivo. Ele permitia um revezamento a cada duas horas, para que os homens permanecessem bem-dispostos e esticassem as pernas, quando andavam até a cabine ao lado, para tomar um café e fumar um cigarro. Agora, com o recente acréscimo para essa viagem, tinha homens disponíveis em número suficiente. Ele tinha orgulho de seus homens e sentia possuir uma das melhores e mais eficientes equipes a bordo. Todos haviam passado pelo treinamento no DEBEG e desfrutaram de seu tempo na escola da Abwehr, em Wilhelmshaven, para aprendizado na SA Bordsturm. Gerstung não era particularmente fã dos discursos bombásticos de lá, mas o fato de ele e seus homens terem sido treinados utilizando manuais da Kriegsmarine havia intensificado o interesse de todos, além de aprimorar a habilidade. Gerstung exigia silêncio absoluto na sala de rádio, como prevenção de que seus monitores se desconcentrassem do trabalho.

— Senhor, estamos captando uma conversa fiada na rede canadense de alta freqüência. Eu creio que seja Halifax. — Wilhelm Bauer voltou-se de sua estação e rapidamente procurou por seu supervisor. Gerstung foi imediatamente até o seu lado.

— Que idioma?

— Inglês, senhor, mas com sotaque britânico. Aí está, novamente. — O jovem inclinou-se à frente, concentrando-se. Gerstung aumentou o volume do fone e ficou mais próximo. Ele podia ouvir o som intermitente das vozes, em meio à estática. O radiotelegrafista Bauer era de Hamburgo, e chegara à divisão de Gerstung vindo de um navio da Hapag Hamburg, já com uma viagem de ida e volta a bordo do transatlântico *St. Louis* na bagagem. Ele era um dos que melhor falavam inglês na divisão.

— Aí está, senhor, bem mais claro. — O som repicado de um sotaque britânico saiu do alto-falante. — Senhor, eu não consigo identificar bem o nome que ele está chamando; parece algo como Urrick.

— Rápido, pegue a posição — Gerstung estava agitado.

— Por alto, zero cinco cinco, senhor. Bauer girou o botão de seu aparelho.

— Parece algo em torno de zero cinco zero e zero cinco sete. Aqui está, novamente, mais nítido.

Gerstung foi rapidamente até um mapa, preso ao quadro de plano. A rota do *Bremen* estava delineada com direção nordeste. Ele deu uma olhada no relógio, marcou a posição atual com um par de divisores, depois procurou as réguas paralelas e traçou uma linha com a posição de 055. O traçado saiu bem à sudeste de Halifax, Nova Escócia. Gerstung estava vibrando. Depois ele fez uma pausa:

— O que disse que a voz usava como chamado?

O radiotelegrafista Bauer girou e levantou um de seus fones de ouvido:

— Desculpe, senhor, o que disse?

— Qual era o chamado que a voz estava usando? — Gerstung tinha a sensação de estar achando a sorte grande.

Bauer olhou suas anotações:

— Algo parecido com Urrick, ou talvez Burrick, senhor.

Gerstung pensou por um momento. Ele aprendera seu inglês quase que inteiramente nos Estados Unidos, mas visitara Southampton com freqüência, e tinha andado pelos bares de Nova York e Bremerhaven com marujos britânicos. Ele se esforçou pensando, e então subitamente se lembrou: Urrick, Burrick, essa é a pronúncia escocesa para Berwick, o porto da cidade da Escócia — Berrick-upon-Tweed. Gerstung saltou em direção à porta, depois voltou rapidamente à sua mesa e pegou seu quepe, com o escudo da DEBEG, concedido aos oficiais radiotelegrafistas após a conclusão do curso, em Hamburgo. Ele tinha orgulho daquele emblema; era o único, dentre os outros quepes de oficiais mercantes a bordo do navio; tinha um T bordado em dourado, com raios, o símbolo dos oficiais radiotelegrafistas qualificados pela DEBEG. Ele trabalhara arduamente para conquistá-lo; três anos de trabalho prático a bordo de navios, seguidos pelo exame final. Ele correu até a escada, subiu quatro degraus de cada vez, e disparou rumo à ponte. Foi pego desprevenido pela súbita escuridão e colidiu com um vulto, que estava logo após a porta que dava na ponte.

— Merda. Acostume-se à luz noturna antes de vir para a ponte — uma voz zangada xingou.

— Silêncio — outra voz irritada. — Silêncio na ponte.

Gerstung parou, esperando até que seus olhos se acostumassem ao breu absoluto. A única coisa que ele podia identificar era o brilho vindo do binóculo, onde o contramestre permanecia silenciosamente, olhando a bússola. O único som era da chuva que batia contra as janelas da ponte, e do zumbido das ventoinhas, sugando o ar quente da casa das caldeiras e saindo pela chaminé dianteira, logo após a ponte.

— Onde está o capitão? — Gerstung sussurrou para a figura desconhecida com quem acabara de colidir.

— Onde acha que ele está, imbecil? — A voz furiosa fedia a tabaco. — Na ala estibordo da ponte, estúpido. Nunca mais volte aqui em cima até que possa ver...

Gerstung o cortou.

— Escute aqui, você! Eu sou o oficial radiotelegrafista Gerstung e é bom você prestar atenção na sua língua. Preciso falar com o capitão Ahrens; leve-me até ele agora mesmo, ou eu ponho seu rabo em detenção. — Gerstung estava explodindo para contar a Ahrens as novidades.

— O que foi, Gerstung? — o capitão perguntou contra o vento, quando o oficial o encontrou, com a ajuda da voz desconhecida, cheirando a cigarro.

— Senhor, nós captamos o cruzador *Berwick* — ele soltou, em meio a golfadas de ar. Ele ainda estava sem fôlego de subir a escada correndo.

— Onde? — o capitão perguntou imediatamente, todo ouvidos.

— Senhor, saindo de Halifax. — Gerstung gradativamente controlou sua voz. — Nós o pegamos batendo papo com um navio canadense chamado *Fundy*.

— Você tem certeza de que ele está no mar, próximo a Halifax? — perguntou Ahrens, calmamente.

— Nossa rota atual nos conduz a Halifax amanhã, com o ponto de maior aproximação em torno de 50 milhas. Se ele está no mar, talvez tenhamos de modificar nosso curso.

— Nosso primeiro traçado o deixa fora, senhor, mas eu vou observar atentamente e lhe digo, caso haja qualquer mudança de posicionamento.

— Muito bom, Sr. Gerstung, bom trabalho. — Ahrens permaneceu parado, observando as grandes ondulações, que cresciam sem parar. O vento nordeste ainda estava moderado, mas o barômetro estava em declínio. Ele sabia que o clima carregado iria se intensificar, e sentia-se aliviado. A chuva ainda caía e a visibilidade era de aproximadamente duas milhas. Era imperativo que o clima continuasse pesado. Apesar disso, ele esperava começar a pintar o navio com cores de camuflagem pela manhã. Gerstung apressou-se de volta à sala de rádio.

Ahrens pegou o interfone e discou para o primeiro oficial.

— Sr. Warning — ele disse, sobrepondo a voz ao vento —, por favor, venha até aqui em cima, na ponte, para que eu possa sair. Vou até lá embaixo, no salão de festas, para falar com os oficiais. Gerstung conseguiu uma posição do cruzador *Berwick*. Ele deixou Halifax. Nós precisamos passar por ele sem sermos notados.

Ahrens colocou o fone de volta no lugar, num gesto hábil.

As próximas 48 horas seriam críticas. Ele sabia que havia dois navios de guerra britânicos na área da Nova Escócia; tinha o *Berwick*, mas onde estaria o outro, e quem era? Ele também sabia que precisava tomar todas as medidas para permanecer oculto a qualquer navio, o que seria difícil, à luz do dia. No breu total era fácil, mas amanhã isso seria crucial. Ele pretendia camuflar o navio com a tinta cinza exigida, que possuíam a bordo somente por esse motivo e segundo os alertas QWA, mas teria de fazer isso sem desacelerar. Ele sorriu ao se lembrar de Warning perguntando, antes de entrarem em Nova York, como eles poderiam pintar o navio andando a 25 nós. Bem, agora teriam de fazê-lo a 27,5 nós, e nesse mar. Não vamos ganhar nenhum concurso de pintura pela estética, pensou ele, mas ao modificarmos as chaminés amarelas para cinza, e o preto marcante do casco para um cinza indefinido, podemos mudar expressivamente a nossa aparência.

A pintura desafiaria o espírito de marujo de seu primeiro oficial, mas ele sabia que poderia fazê-lo. Afinal, ele era um oficial naval da reserva.

Ahrens passou a guarda a Warning, que acabara de pisar na ala da ponte. Após uma breve troca de informações, Ahrens retribuiu a saudação de Warning e passou pela porta da ponte, fechando-a com um tinido.

O primeiro oficial Warning endireitou o colarinho, olhou a bússola abaixo, e notou que o rumo permanecia em 047 graus, remexendo a água a 27,5 nós rumo ao nordeste, adentrando a escuridão.

Ele sentiu um calafrio descendo pela espinha. Warning preferia a organização e o planejamento exato, e desprezava incerteza e dúvida. Não gostava da idéia de haver dois, talvez mais, navios de guerra britânicos adiante, à espreita, e um estado de guerra esperando para irromper a qualquer momento.

Warning já vira a guerra no mar como um jovem oficial, 23 anos antes. Era empolgante, se você não fosse um dos que estivessem perto demais. Ele vira a batalha somente a distância. Lembrou-se de seu colega de turma, que estivera a bordo do cruzador de batalha *Lützow*, e sobrevivera ao seu afundamento, na Batalha da Jutlândia, em 1916. Seu amigo descrevera o massacre e contara como seus companheiros de navio haviam explodido em pedaços, quando foram atingidos pela primeira vez, na torre dianteira. Ele falara sobre o fedor insuportável de carne humana queimada, dos corpos sem cabeça sobre os quais tinha de passar, e a visão de pedaços de metal espetados em corpos irreconhecíveis de seus colegas. Embora a perda de seu braço direito não tivesse sido uma deficiência tão séria mais adiante, em sua vida, o colega de turma de Warning jamais conseguira se recuperar das feridas psicológicas. Qualquer navio afundando na escuridão era um pensamento medonho e Warning preferiu não insistir na idéia naquela noite, com tanta incerteza pela frente, para o *Bremen* e sua tripulação.

No caminho de descida até o salão de baile, o capitão parou na sala de rádio, abriu a porta devagar e entrou. Ele imediatamente percebeu que o local estava repleto de observadores em pé, ainda que surpreendentemente silencioso. O ar estava abafado e cheirava a tabaco e transpiração. Gerstung conduzia a situação com uma organização impecável e Ahrens gostava daquilo. Ele viu o oficial telegrafista em pé, atrás dos operadores, olhando para seus botões de sintonia, e ouvindo os circuitos com seu próprio fone de ouvido, plugado nas entradas sobressalentes de cada aparelho. O capitão Ahrens observava, conforme um dos vigias datilografou um texto de uma transmissão de notícias. Ele se aproximou e começou a ler por cima do ombro do marinheiro. Ele estava copiando a transmissão diária do noticiário de Berlim para todos os navios da Norddeutscher Lloyd e Hapag.

Ahrens pegou a primeira folha que estava pousada em cima da máquina de escrever. Leu devagar: a Alemanha e a União Soviética haviam assinado um pacto de não-agressão, uma semana antes, em 23 de agosto. Era a primeira vez que isso surgia na folha de notícias. Isso era estranho, pensou Ahrens. Ele se perguntou o porquê. Os dois líderes, Adolf Hitler e Joseph Stalin, sempre pareceram estar em lados ideológicos opostos, principalmente pela aparência da luta na Espanha. Os alemães julgando serem os comunistas os verdadeiros culpados. Parecia que a ameaça vermelha sempre fora o calcanhar-de-aquiles dos nazistas. Intrigado, ele largou a folha de notícias e caminhou até o lugar onde Gerstung monitorava seus vigias do rádio.

Gerstung se surpreendeu com o aparecimento súbito do capitão na sala de rádio. É incomum que Ahrens venha aqui dentro, pensou Gerstung. Isso deve significar que ele está mais atento à outra interceptação relevante. Antes que Gerstung pudesse reconhecer a presença do capitão, Ahrens pôs a mão sobre o ombro do jovem:

— Deixe-os trabalhar em silêncio, eu estava apenas verificando se há algo mais que pudéssemos fazer para reforçar seus homens. É vital que eles captem cada pedacinho de estratégia.

— Sim, senhor, eu sei. Eles estão indo bem, senhor. Se houver algo lá fora, nós ouviremos.

— Senhor — um dos monitores ergueu a mão — aqui há uma mensagem vindo de Berlim, outra mensagem de alerta QWA e um texto longo de transmissão codificada. Vai levar algum tempo para decodificar isso à mão.

A QWA veio clara. Ahrens e Gerstung a leram nos rabiscos do telegrafista:

QWA 10 — Proceder na melhor velocidade a Murmansk.
Evitar estreito de Dover.

Ahrens lembrou do noticiário que acabara de ler sobre o pacto alemão e soviético de não-agressão. Então, isso é um resultado direto daquilo, pensou ele. Faz bastante sentido, mesmo que pareça uma aliança improvável.

A mensagem codificada mais extensa era a parte mais importante de uma ordem operacional do alto-comando naval alemão, com codinome "Base Norte". Avisava para que todos os navios mercantes de bandeira alemã que estivessem no Atlântico Norte, impossibilitados de adentrar águas alemãs sem transitar por águas de controle britânico, se dirigissem diretamente a Murmansk.

Gerstung trouxera a ordem operacional decodificada para Ahrens, em sua cabine, logo depois que este falara com os oficiais do navio no salão de festas. Lá, ele havia descrito o plano para pintar o navio em 12 horas, para reforçar-lhes a invisibilidade, e como teriam de fazê-lo numa velocidade pouco acima de 27 nós.

Os tripulantes usariam botes salva-vidas para pintar o casco em vários níveis, sem desacelerar. Os homens que fossem pintar o alto das chaminés, o fariam amarrados à cadeira do contramestre. Eles começariam assim que clareasse, que seria às 06h00. A maré ainda subia, formando ondulações de bom tamanho, mas não tão grandes a ponto de impedir essa pintura emergencial. Ahrens havia implorado aos oficiais que reforçassem as regras para manter o navio escurecido, e dissera que os transgressores seriam tratados severamente.

Agora que Ahrens segurava nas mãos a ordem "Base Norte", ele podia estabelecer a rota completa. Ele chamou até a sala de mapas, atrás da ponte, o primeiro oficial Warning, o maquinista-chefe Frederich Müller, o oficial radiotelegrafista Gerstung, o chefe de equipe Julius Rohde e o comissário encarregado Hans Junghans. Ali, ele explicou a esses oficiais-chave sobre a rota revisada que levaria o *Bremen* pelo estreito da Dinamarca, entre a Islândia e a Groenlândia, passando pela ilha Jan Mayen, diretamente acima do cabo Norte, o mar de Barents e depois adentrando o fiorde Kola, alcançando a segurança das águas soviéticas, agora de Aliados. A essa altura, as condições do gelo eram ignoradas, mas a presença habitual dos *icebergs* de verão era um perigo real. Durante a primavera de 1939, os patrulheiros internacionais das geleiras relataram a visão de mais de 95 *icebergs*, um número bem maior do que o normal. Mesmo no fim de agosto, havia uma grande chance de se encontrar um bloco de gelo persistente, que representava uma idéia assustadora. Para evitar colisão com os *icebergs* e localizar qualquer outro navio com antecedência, evitando serem vistos, as vigílias do topo deveriam ser redobradas, e, como se tivesse lido a mente do primeiro oficial, Ahrens acrescentou que os SA Bordsturm do navio também disporiam de homens para aumentar a vigilância do topo. Warning recomendara isso antes, já que viria aumentar o espírito militar do navio, na atual situação.

Ahrens então explicou aos oficiais que, após avistarem um navio de guerra, todos os preparativos deveriam estar prontos para que o navio fosse afundado. Ele delineou os procedimentos. Toda a tripulação, exceto os membros da brigada de incêndio, abandonariam o navio rapidamente, de forma ordenada, utilizando os botes salva-vidas designados à tripulação. Então, os bombeiros acenderiam o fogo no convés e procederiam aos seus botes. Depois, aqueles designados à engenharia abririam as escotilhas marítimas nas quatro casas de máquinas, dirigindo-se habilmente ao convés dos botes, para se juntarem ao capitão, o maquinista-chefe e o primeiro oficial, no último bote. Isso, obviamente, seria praticado apenas se um estado de guerra fosse declarado. Se os navios de guerra fossem avistados, toda a tripulação deveria estar pronta para executar a destruição do navio, somente ao comando do capitão Ahrens.

As palavras que descreveram as ações para destruir o lindo e amado navio soaram ásperas aos ouvidos dos tripulantes. No fundo de cada um havia o temor do que poderiam encontrar virando a esquina.

Ahrens também ordenou que todos os tripulantes que estivessem nos beliches dos compartimentos dianteiros da proa fossem retirados e removidos para a parte de trás. Geralmente não se ouve falar em navegação em alta velocidade com pouca visibilidade. Algo considerado altamente perigoso e improvável, mas todos eles entenderam que, neste caso, para escapar de uma possível captura e servir como um troféu, a alta velocidade contínua era necessária. O capitão estava preocupado com o fato de que, caso colidissem, ao menos poderiam diminuir as baixas por estarem com os compartimentos dianteiros vazios. Esta ordem indicava como Ahrens pensava constantemente no bem-estar e segurança de seus homens.

Não foram muitos os tripulantes que dormiram bem naquela noite. O dia seguinte era o último de agosto e, para eles, à época, a bordo do *Bremen*, era desconhecido o fato de ser o último dia de paz.

A maior preocupação do capitão Ahrens era que passassem por Halifax sorrateiramente, sem que fossem vistos.

Ele estava seduzido a aumentar a velocidade para 29 nós, mas a idéia do chefe Müller de economizarem combustível caso precisassem de um arranque veloz, para se distanciarem de um navio de guerra, caso avistado, convenceu o capitão de que os 27,5 nós teriam de dar conta, para o caso de um aperto. Toda a questão dependia da habilidade dos homens de Gerstung em detectar os navios britânicos, antes que eles pudessem ser vistos. Ahrens retornou à sua cabine e tentou relaxar lendo seu livro preferido de Hermann Hesse.

Naquela noite, foram três as entradas na cabine do convés do *Bremen*: o eletricista Wilhelm Krause foi posto em detenção por ser relapso durante o serviço e acender uma lanterna, de forma irresponsável, no corredor entre o salão de festas e a sala de escrita da terceira classe. O lavador de pratos Wolfram Büttner foi detido por fumar no convés apagado do navio, sem permissão. E a florista Anna Eckert foi posta em restrição por acender uma luz sem autorização, no convés principal.

Na manhã seguinte, às 4h42, eles avistaram o farol de Nantucket, a 355 graus, e passaram a uma distância de sete milhas. O clima chuvoso persistente fez com que o capitão adiasse a pintura do navio.

Então, pouco depois do meio-dia, eles levaram um susto, conforme descrito por Walter Renneberg:

A maioria dos tripulantes estava jantando no restaurante da tripulação, quando nós sentimos um aumento repentino na velocidade. Pudemos sentir um gemido inconfundível da aceleração das turbinas e a trepidação dos cabos dos quatro propulsores. Sentimos o navio virar abruptamente, numa guinada. Era raro sentir manobras tão radicais com passageiros a bordo. A política da Norddeutscher Lloyd era que o conforto e a segurança dos passageiros estivessem acima de tudo, e manobras violentas como essa nós raramente sentimos. Algo estava acontecendo! Tudo o que podíamos fazer era continuar comendo, como se nada estivesse acontecendo, e nós tentamos demonstrar nossa indiferença. Então, um dos contramestres finalmente se levantou e foi até a janela, e olhou lá fora. A distância, no horizonte, havia um pequeno navio. Em alguns segundos a pequena sombra desapareceu e, após alguns instantes de tensão, nessa rota mais ao norte, o navio virou lentamente, retornando à rota nordeste anterior, diminuindo a velocidade para 27 nós outra vez. Felizmente, os vigias posicionados no topo do mastro dispunham de altura suficiente para avistar o outro navio, que os vigias da ponte julgaram ser um cargueiro, antes que pudessem nos ver, evitando, portanto, uma transmissão via rádio sobre a nossa presença.

**Cidade de Nova York
31 de agosto de 1939**

No dia seguinte à partida do *Bremen*, a imprensa de Nova York já estava imprimindo histórias que especulavam o seu destino, rota e futuro. Os relatórios chegavam de todas as partes do mundo: O BREMEN *DEIXA NOVA YORK COM DESTINO À HAVANA;* O BREMEN *PARTE DE NOVA YORK RUMO A BREMERHAVEN PARA FUGIR DA GUERRA;* E O BREMEN *DESAPARECE, EVADINDO OS NAVIOS DE BATALHA BRITÂNICOS.*

O mundo inteiro se perguntava para onde o *Bremen* teria ido, e a imprensa já estava relatando que ele teria sido avistado no

Caribe, saindo da costa sudeste dos Estados Unidos. Outro relatório dava conta de que ele estaria retido em um porto francês. O *Bremen* simplesmente desaparecera no ar. Os tripulantes se divertiam lendo as manchetes que o oficial radiotelegrafista Gerstung fixava ao quadro de bordo, conforme iam sendo recebidas. O mundo inteiro estava à procura deles, e era confortável a sensação de estar totalmente escondido na chuva e no mau tempo.

Casa Branca
Washington, D.C.
1º de setembro de 1939

O memorando a seguir, do secretário de Tesouro em exercício, foi recebido pelo presidente Roosevelt. O relatório havia chegado vagarosamente, e viera de um oficial da inteligência britânica que estivera monitorando a situação do *Bremen*:

> 30 de agosto de 1939
>   O *Bremen* recebeu, em Nova York, 5.531 toneladas, ou 35.953 barris de óleo combustível. Uma solicitação para 50 mil barris havia sido feita e concedida. Fui informado de que esse volume é suprimento à vontade para uma viagem em alta velocidade até Bremerhaven. Em sua viagem anterior a Hamburgo, o navio utilizou 880 toneladas por dia, andando a 28,5 nós. Um abastecimento de combustível ideal para uma travessia na direção leste é 4.700 a 4.900 toneladas. Sua capacidade de armazenamento era de 6.616 toneladas, ou, algo entre 42 mil e 43 mil barris. Até onde podemos analisar, a partir dos dados de armazenagem, o capitão do *Bremen* planejou uma viagem de alta velocidade até o porto de origem.[1]
>
>   Assinado
>   John W. Hanes

Porto de Nova York
sexta-feira, 1º de setembro de 1939

Alguns dias depois que o *Bremen* deixara o Cais da rua 86, o *Panamanian*, navio-tanque da Esso, zarpou de Nova York com o mesmo timoneiro Herbert Miller a bordo. Ele descreveu a partida do *Bremen* ao colega do navio-tanque, dizendo que o capitão Ahrens lhe cumprimentara segurando com suas duas mãos, virando-se em seguida. Miller disse ainda que os oficiais juniores alemães o escoltaram até a escada de desembarque que dava no barco de acompanhamento. Quando adentrou a cabine do barco, ele se virou para olhar para o *Bremen*, mas ele já não podia mais ser visto. Havia desaparecido completamente, com rota e velocidade ignoradas.[2]

6

Conflitos iminentes

SS *Bremen*
Ao mar, 180 milhas náuticas a sudeste de Halifax
4 horas
Sexta-feira, 1º de setembro de 1939

As notícias da Alemanha davam conta de que a mobilização de todos os recursos do país era destinada a preparar a população para um eventual bloqueio por parte da Grã-Bretanha. O relatório telegráfico diário continha informação fragmentada sobre a imposição de um sistema de racionamento para toda a Alemanha. Essa notícia era especialmente desanimadora para os tripulantes, já que estavam acostumados a viver com um conforto razoável durante as viagens internacionais com passageiros. Eles tinham acesso diário a mercadorias requintadas, e geralmente conseguiam surrupiar alguns itens escassos e levar para casa. A idéia de perder esses privilégios era um sério golpe no moral.

O oficial radiotelegrafista Kurt Gerstung se retirou para seu pequeno quarto, ao lado da sala de transmissão, para descansar por alguns minutos. Ele estivera naquele espaço apertado supervisionando seus monitores durante as três últimas vigílias, e sentia seus olhos implorando para fechar. Sentia-se um pouco zonzo, depois de beber tanto chá. Ele se deitou pensando no que estaria por vir, nas imagens de navios britânicos de guerra, nas cartas de chamado pelo rádio, na batida repetida do telégrafo. Conforme permaneceu deitado, quieto, aos poucos foi pegando no sono, e a campainha ao lado de seu beliche soou de repente, despertando-lhe num solavanco. Gerstung ficou em pé num pulo, abriu as cortinas e apressou-se até a sala de rádio, que cintilava com luzes azuis opacas. Wilhelm Bauer, seu operador, estava olhando para a cortina em frente a sua cama, e logo gesticulou para que Gerstung se aproximasse.

— Senhor, eu captei o *Berwick* novamente. — Bauer estava empolgado e ergueu um lado do fone de ouvido para que Gerstung ouvisse. — Eles ainda estão saindo de Halifax, chamando o rebocador canadense *Fundy*. É sobre um reboque para algo que vai ocorrer hoje, mais tarde.

— Busque a localização. — Agora Gerstung estava totalmente acordado.

— Eu fiz isso, senhor, é sudeste, aproximadamente um dois zero graus.

— Meu Deus! — exclamou Gerstung. — Estão bem a leste de nossa rota.

— Senhor — Bauer estava de olho na situação —, os dois navios britânicos estão mantendo uma disciplina melhor no rádio, ao contrário de alguns dias atrás. Quase não há papo. Somente o chamado estranho, e o pedido de informação. Eles ainda estão falando em freqüência aberta.

Gerstung deu uma batidinha nas costas do operador:

— Muito bom, continue em cima. — Ele arrancou seu quepe do gancho, depois parou. Você chegou a levantar o nome do segundo navio de guerra britânico? — perguntou ele, esticando o braço para abrir a porta.

— Ah, sim, senhor. — Bauer percorreu seu bloco de anotações. — Eu creio, sim, é *York*, e ainda está no porto de Halifax. Ah, mais uma coisa — o radiotelegrafista estudou suas anotações —, ambos os navios aparentemente têm aeronaves a bordo, provavelmente hidroaviões. — Isso queria dizer que ambos estariam transportando hidroaviões, para expandirem suas observações bem além do horizonte. Além do mais, isso significava que o *York* também era um cruzador.

Gerstung abriu a porta e seguiu ao corredor como um raio. Ele correu até a escada e, subindo de três em três degraus, disparou até a cabine do capitão. Bateu rapidamente e ouvi a voz do capitão.

— Sim, o que há? É você, Gerstung?

Gerstung abriu a porta e logo entrou.

— Sim, senhor capitão, nós interceptamos o *Berwick* outra vez, bem a leste de nossa rota, já a sudeste. O segundo navio é o *York*, e aparentemente ainda está em Halifax. — Então, ele contou ao capitão sobre os hidroaviões.

— Bom, sr. Gerstung, chame o primeiro oficial para que nos encontre na sala de mapas. — Gerstung seguiu para sair da cabine. — Espere, peça ao chefe dos maquinistas que também suba. Talvez precisemos engrenar velocidade máxima, em breve.

Gerstung deixou a cabine e correu até o interfone da ponte, enquanto Ahrens vestia-se rapidamente, preparando-se para seguir para a sala de mapas. Ao dar uma olhada no mapa sobre sua mesa, ele subitamente parou e pensou: "Meu Deus, um cruzador a sudeste e outro em Halifax, ambos com aeronaves de busca, e um navio da guarda costeira norte-americana ao norte. Isso significa que estamos quase cercados. Nossa única esperança é o clima. Tem de permanecer ruim!"

Ahrens seguiu adiante para a ponte. As luzes fracas azuis no corredor ajudaram a acostumar seus olhos à escuridão, e quando chegou à sala de mapas pôde ver claramente os dois vultos, que já aguardavam ali.

— Mas que rapidez, sr. Warning — disse o capitão. — Você só podia já estar de pé. Qual o problema? Não consegue dormir? — Ele estava zombando do primeiro oficial, quando ele mesmo tinha dificuldades em dormir, devido aos acontecimentos correntes.

Os três oficiais analisavam o mapa. Gerstung pegou as réguas paralelas e as posicionou a 120 graus da atual localização do navio, trançando levemente uma linha; depois mediu a distância de Halifax.

— Ao que parece estamos a exatas 180 milhas de Halifax. O cruzador *Berwick* está em algum lugar ao longo desta rota. — Ele apontou para o mapa. — A força de sua sinalização era média, indicando que não está mais que 60, talvez 80 milhas de distância.

Ahrens analisou o mapa atentamente.

— Graças a Deus que a visibilidade está debilitada; o hidroavião deles não vai ser muito útil para reconhecimento, mesmo que conseguissem fazê-lo decolar em meio a essas nuvens de vento. Sr. Warning, providencie para que uma varredura permanente da área superior seja feita, assegurando que nenhuma luz seja visível. — Ele se virou para o oficial radiotelegrafista. — Sr. Gerstung, volte ao rádio e fique de ouvidos atentos. Eu estarei na ala estibordo da ponte, e... — o maquinista-chefe Frederich Müller entrou na cabine, cheirando a óleo e suor. — Chefe, prepare-se para velocidade máxima. Temos dois cruzadores britânicos bem próximos, e um barco da guarda norte-americana mais adiante, e talvez tenhamos de lhes dar uma carreira. Fique de sobreaviso para força total repentina. Como está o nível da água?

Uma coisa que Ahrens entendia bem sobre a engenharia do navio era a absoluta necessidade de ter água suficiente para alimentar uma arrancada em alta velocidade. Quando transportavam passageiros, o procedimento normal era destilar uma quantidade maior de água para eles, em lugar de abastecer a caldeira, já que em cada travessia o navio geralmente navegava a uma velocidade constante e econômica de 27 nós. A capacidade total de destilação era duas toneladas por dia. Porém, em velocidades mais elevadas, a engrenagem propulsora demandava uma quantidade consideravelmente maior de água, para suprir a ineficiência dos condensadores e recuperar todo o vapor de volta à água das 20 caldeiras, funcionando a uma pressão de 350 libras por polegada cúbica.

— Nós podemos pôr todos os destiladores para a água agora, pois, sem passageiros, temos água fresca de sobra — respondeu Müller.

Müller era um maquinista firme que conhecia os macetes da engrenagem propulsora como ninguém. Ele servira a bordo como assistente de Julius Hundt, primeiro maquinista-chefe do *Bremen*, que havia liderado o navio ao longo de sua construção, testes e nove anos de operações no Atlântico. Sob o comando do chefe Hundt, Müller havia adquirido a qualidade ímpar de distinguir quando algo estava errado por meio do som e cheiro das salas das caldeiras. As dependências do maquinário, agora domínio exclusivo do chefe Müller, eram imaculadas e reluziam com o bronze polido e o aço inoxidável, e cheiravam a óleo lubrificante quente e café fresco.

Ele se gabava em dizer que o café de sua sala de máquinas era melhor do que qualquer um servido na sala de jantar da primeira classe, o que causava certo ressentimento ao chefe de equipe Hans Junghans. O rude maquinista-chefe zombava com a cara de todos os comissários do navio, que eram em número bem maior do que seus maquinistas auxiliares. Mas o antagonismo, em geral, era de boa paz, quer dizer, a menos que os comissários flagrassem os maquinistas surrupiando doces da padaria dos fundos do convés F. Na semana anterior, os cozinheiros haviam impedido um grande furto de iguarias pelos maquinistas, logo antes de adentrarem Nova York, o que resultou no chefe de equipe Hans Künlen arrastando três maquinistas até o primeiro oficial, para punição. Após negarem veementemente qualquer conhecimento sobre o roubo, os maquinistas foram obrigados a confessar, quando se viram incapazes de explicar a presença de manchas de creme *chantilly* e pudim em seus macacões sujos de óleo. O incidente agora parecia quase irrelevante, diante da seriedade da nova situação.

O *Bremen* e seu navio irmão, o *Europa*, não estavam apenas entre os mais velozes da época, como eram também os mais amplos. A relação entre a largura máxima de um navio e sua extensão tem de ser precisa, de modo a tornar o navio mais veloz, e os navios se tornavam ainda mais estáveis e velozes com a incorporação da proa em forma de bulbo, também chamada de "pé dianteiro bulboso". Ela consistia num bulbo em formato de pêra, no interior do casco de aço, localizado no pé da proa. Essa protuberância gera um buraco na água, conforme o navio avança à frente, deslocando a água do mar para as laterais e em direção ao fundo, reduzindo assim o atrito contra o casco, aumentando a massa de água na popa e reforçando a pressão dos propulsores. Os dois navios também possuíam tanques Frahm, anti-rolagem. Esses dois tanques, localizados dos lados do casco, nas extremidades da parte mais larga do navio, eram preenchidos com água do mar e conectados por um único cano. Quando o mar estava sereno, o tubo de conexão era fechado por uma válvula. Quando ficava mais revolto, a válvula era aberta, permitindo que a água lentamente escoasse do tanque mais alto ao mais baixo, a uma velocidade bem menor do que a de cruzeiro, desta forma, amortecendo a intensidade e velocidade correntes. Outro fator adotado pelo experiente maquinista-chefe Müller para acentuar a velocidade foi o ajuste dos tanques de combustível e água, considerando o desgaste de mares agitados. Por exemplo, o *Bremen* encontrou uma maré mais alta quando seguia rumo ao norte, ele então transferiu o peso para a parte traseira, para elevar a proa, diminuindo, assim, o efeito do impacto causado pela suspensão e queda da proa devido à maré, e, em compensação, ganhando velocidade.

Müller adorava desafiar seu sistema de engrenagem. Ele estivera envolvido no projeto, elaboração e operação do sistema propulsor do *Bremen*, desde que fora construído e, se havia alguém que podia convencer de adicionais alguns nós, esse alguém era ele. Ele adorava suas casas de máquinas e caldeiras reluzentes. Nove andares abaixo, seus maquinistas flutuavam por entre os controles como duendes fortemente motivados. Eles haviam se transformado em lendas para os outros membros da tripulação, que sabiam bem pouco do que faziam, e como viviam, já que marujos do primeiro escalão jamais se aventuravam dentro das dependências obscuras de Müller. A fama dos maquinistas aumentava, com *status* lendário. Seus representantes eram raramente vistos, porém, quando presentes, estavam cuidadosamente limpos e escovados, e eram levados a um canto para negociarem concessões de favores da cozinha do navio com o aprendiz de *chef* Walter Renneberg. Essas negociações eram geralmente conduzidas por linguagem de sinais para evitar notoriedade, e costumavam gerar resultados fantásticos para os maquinistas, que garantiam quaisquer serviços de que a cozinha necessitasse, como água fresca para cozinhar, vapor extra para aquecer as chaleiras gigantes ou energia elétrica ininterrupta para seus imensos fornos de assar. Era uma aliança silenciosa, de simbiose, e dava certo, jamais sendo desafiada pelos oficiais, que, apesar de cientes da permuta, faziam vista grossa.

— Sim, sr. capitão — Müller desapareceu da sala como um raio. Todos os oficiais do *Bremen* sabiam que Müller se sentia desconfortável na ponte. Alguns repreendiam sua relutância em subir até tão alto, distante das vísceras do navio, e por dizer que seu nariz sangrava naquela altura; outros diziam que era por conta de seu uniforme, sempre manchado e fedido, que não o deixava se relacionar com humanos comuns. De fato, Müller preferia ficar nos andares abaixo, em seu adorado mundo de tubos a vapor, caldeiras, óleo lubrificante, combustível, café quente e seus semelhantes, os maquinistas sujos. O sistema de engrenagem do *Bremen* era considerado o melhor da Norddeutscher Lloyd, em Bremerhaven, e certamente muito superior a qualquer outro navio da frota da Hamburg Hapag.

Müller deixou a ponte e seguiu diretamente ao elevador dos oficiais, atrás da casa do leme, no andar do convés de lazer, que o levou silenciosamente até os nove andares abaixo, descendo mais de 20 metros, até o calor do coração de suas salas de máquinas. Havia um novo propósito em seus passos firmes. Tinha confiança máxima em seu sistema propulsor. Ele adentrou a sala de máquinas, segurando forte nos corrimãos de metal brilhante, e chegou à pequena mesa, onde um terceiro maquinista estava preenchendo um diário de bordo. Ele ficou de pé num salto. Müller o saudou alegremente.

— Fique de prontidão para aumentar a velocidade, sr. Schmidt. E também redobre as leituras de todos os posicionamentos principais, a cada hora. Estamos prestes a assumir um percurso delicado. — Depois ele sorriu, e acrescentou: — E eu sei que você está pronto para isso, Schmidt.

HMS *Berwick*
Ao mar, noventa milhas náuticas ao sul de Halifax
4 horas
1º de setembro de 1939

O tenente comandante J. P. Hunt, navegador do *Berwick*, saiu até a ponte sinalizadora.

— Bom dia, senhor — ele disse aos dois sinaleiros de vigia, conforme estes se levantaram e o saudaram, na cabine de proteção, atrás da ponte. — Não está muito bom para as estrelas, senhor.

— Nuvens matinais. — Hunt olhou acima e viu que ainda estava encoberto; a visibilidade era ruim, provavelmente menos de três milhas. Como sempre, ele se levantara antes de clarear, para fazer seu reconhecimento estelar matinal e preparar o relatório de posicionamento das 8h00; parava no alojamento dos oficiais para uma xícara de chá, depois subia calmamente as escadas, saudava o oficial no convés, então se dirigia à traseira, até a ponte sinalizadora. Estava úmido, mas refrescara um pouco, após a parada dos ventos sudestes dos dois últimos dias, deixando o tempo pesado e encoberto do mesmo jeito.

Hunt se decepcionara com a abreviação da estada do navio em porto Bar. Ele e três dos oficiais da seção portuária haviam encontrado várias biroscas aconchegantes em Frenchman's Bay, que serviam cerveja canadense, preferida por eles, em lugar da cerveja aguada norte-americana, e se deleitaram com os mexilhões e lagostas ao bafo, e com as espigas de milho. Era tudo absurdamente barato e eles aproveitavam as tardes longe do navio. Na Grã-Bretanha não se ouvia falar de frutos do mar frescos, a esse preço. Desde que haviam intensificado os alertas, dois dias antes, fora exigido que voltassem ao navio antes de escurecer. Eles subitamente tiveram sua rotina de descanso modificada. Agora estavam praticando exercícios de artilharia diariamente, próximo a Halifax, e ficavam de vigília em plantões de seis horas, por seis de descanso, o que rapidamente se tornou cansativo. Eles estavam programados para encontrar o cruzador *York* mais ao fim do dia, para dar continuidade aos exercícios. Assim como o *Berwick*, o *York* também tinha um hidroavião Walrus e um ejetor traseiro. Sua aeronave seria usada para dar cobertura durante os exercícios de artilharia antiaérea, porém há pouco tempo havia sido preparada para reconhecimento marítimo. Eles haviam sido alertados de que o famoso transatlântico *Bremen* poderia estar rumando em sua direção e deveriam localizá-lo e segui-lo, mas o clima não estava colaborando e o hidroavião permanecera pousado, devido à visibilidade prejudicada. Hunt era amigo próximo do tenente David Tibbits, navegador do *York*. Eles haviam freqüentado juntos na escola naval em Dartmouth, e navegaram juntos, como aspirantes. O oficial em comando de Hunt, no *Berwick*, era o bastante respeitado comandante Raymond Portal, também um ex-navegador de destróieres e cruzadores. Os dois navios já vinham operando juntos há várias semanas, como parte da força de patrulha do Atlântico Norte, subordinados ao almirante Charles Forbes, chefe de comando da frota nacional.

USCG *George W. Campbell*
Ao mar, 500 milhas nordeste da Terra Nova, St. John
4 horas
1º de setembro de 1939

O comandante Joseph Greenspun seguia velozmente no barco da guarda costeira norte-americana, a 20 nós a oeste, com um grupo de passageiros muito importantes a bordo. Esta era provavelmente a missão de maior visibilidade, se não a mais relevante, a qual ele já fora designado, desde que assumira o comando, um ano antes.

Com o secretário de Tesouro Henry Morgenthau Jr. e seus convidados a bordo, o objetivo de Greenspun era chegar à Terra Nova, St. John, o mais rápido possível. Naqueles anos, os navios da guarda costeira eram subordinados ao departamento de Tesouro, e ter o secretário a bordo era como ser um navio da marinha norte-americana com a maior autoridade naval embarcada.

— Capitão, o vento está diminuindo e a neblina está ficando mais densa. Eu recomendo que soemos os sinais de nevoeiro. — O oficial do convés era o bombeiro encarregado Rick Moore.

— Muito bem. Soe os sinais de nevoeiro conforme necessário e posicione vigias adicionais — respondeu o capitão. — Estarei no alojamento. — Ele deixou a ponte e desceu as escadas, até a sala dos oficiais.

Greenspun encontrou o tenente Henry Meyer, o navegador, bebendo café à mesa de refeições.

— O que houve? Não há estrelas matinais? — ele perguntou a Meyer, ao pegar uma xícara e se servir de café quente.

Meyer fez menção de se levantar.

— Relaxe, sente-se — disse o capitão. — Eu duvido de que você terá alguma visibilidade hoje; a névoa está muito forte lá fora. — Como se para reforçar suas palavras, o sinal de nevoeiro soou pelo navio. — Isso vai acordar nossos convidados.

O jovem navegador retomou seu lugar.

— Não creio que o secretário Morgenthau tenha pregado os olhos essa noite. Eu os ouvi conversando em sua cabine até a troca de turno de vigília.

Em um barco de classe Hamilton como o *Campbell*, era comum que o oficial em comando cedesse sua cabine interna aos mais antigos, ou VIPs, que estivessem a bordo. Greenspun havia se transferido para sua cabine externa, no primeiro andar, enquanto o navio estivera na Noruega, antes do embarque da comitiva. Os companheiros de Morgenthau foram acomodados nas cabines do oficial e navegador. O navegador Meyer teve de se mudar para a cabine traseira, com beliche para três oficiais, mas não parecia se incomodar.

— Eu sou como o senhor, nunca consigo dormir quando o tempo está desse jeito. Muitos navegadores já tiveram que pendurar as bolas pra secar nesse tipo de clima.

— Não fale assim, rapaz. Você pode imaginar que merda, se algo assim acontecesse, com o chefão a bordo? Nem posso pensar nisso. Aliás, assim que você vir o oficial em comando, diga-lhe para providenciar uma conexão telefônica para St. John, ao meio-dia. O secretário quer falar com Washington e eles vão conectá-lo a partir da mesa telefônica canadense. E também consiga um bom relatório do tempo para hoje. Esse negócio ainda pode perdurar e talvez nos atrase consideravelmente. O secretário e seu grupo estão determinados a chegar em casa quanto antes. As coisas não parecem boas e ele não quer estar longe quando os conflitos começarem. Agora, pode ser a qualquer dia.

O navegador terminou seu café e pediu licença. Ele já dera alguns passos adentrando a ponte quando se lembrou das palavras do capitão, então, em vez de seguir em frente, dirigiu-se à sala de rádio. Abriu a porta e entrou.

— Sparks,* a que horas seu chefe dá as caras, pela manhã?

O radiotelegrafista de primeira classe estava escutando os resultados do beisebol, no rádio de ondas curtas. Ele puxou o fone de ouvido assim que o tenente entrou.

— Senhor, ele ficou acordado até depois de meia-noite, ouvindo a BBC. As coisas estão desmoronando lá na Europa.

— É. Quem vai ganhar o título? O Brooklyn? — Meyer era do Brooklyn.

---

*Sparks — Gíria para designar o operador de rádio dos navios das marinhas de língua inglesa. (N. do R.T.)

— Cedo demais para saber, senhor, mas meu dinheiro está nos Yankees. — Ele era do Bronx. — Se eu pudesse, senhor, colocaria 20 nos Yankees, pelo título e pela série.

E nesse instante o oficial de comunicações, subtenente William Collins, entrou na sala.

— Mas que diabo é isso? Reunião de senhoras caridosas? — Ele exibia olheiras e seus cabelos estavam despenteados. — Não consegui dormir nessa droga, a buzina de nevoeiro tocando toda hora. Aqui, leia isso. — Ele entregou um quadro de mensagens ao navegador.

Meyer pegou o quadro e começou a ler.

— Ei, talvez vejamos algo grande. O comandante já viu isso?

— A-ha, acabei de mostrar a ele no alojamento. Ele quer preparar vigílias adicionais, mas nós já fizemos isso para o nevoeiro.

— Isso é sobre aquele transatlântico alemão? — perguntou o sinaleiro.

— É, nós temos de manter uma vigilância muito atenta e, se acharmos que o avistamos, precisamos enviar uma mensagem a essa lista de endereços. — O oficial em comando pegou o quadro de volta de Meyer.

— Ouça isso: se virmos algo que achamos ser o transatlântico alemão SS *Bremen*, devemos imediatamente mandar uma mensagem aberta, aos seguintes endereços: comando da guarda costeira, o chefe de comando da marinha norte-americana, e olhe agora o presidente dos Estados Unidos e o maldito chefe de comando da frota nacional britânica. Só que eu não sabia que estávamos escolhendo um lado nessa questão. Parece-me que já estamos apoiando os britânicos. Mas não sei se deveríamos estar. — A discussão acabou subitamente, quando o oficial executivo entrou na sala.

— Nossa, está cheio aqui dentro. Qual o problema, nenhum de vocês consegue dormir? — Ele pegou o quadro do oficial em comando e começou a ler. Levantou os olhos e perguntou a Meyer: — O que aqueles dois navios britânicos estão fazendo em Halifax? Talvez os britânicos saibam de algo que não sabemos. — Ele continuou lendo.

— Ai, meu Deus, olhem isso! — o telegrafista chefe entregou ao executivo uma mensagem que acabara de copiar do telégrafo.

Este pegou a mensagem.

— Ai, rapaz, datilografe isso e corra até o capitão. Não. — Ele mudou de idéia. — Dane-se, leve assim mesmo. — Ele mudou de idéia de novo. — Não. Eu levo — e saiu bruscamente da sala de transmissão.

— Mas que diabos foi aquilo? — perguntou o navegador.

— Senhor, foi um *flash* de notícias da AP [Associated Press]. O exército alemão acaba de marchar adentrando a Polônia. — O radiotelegrafista colocou os fones de ouvido de repente e começou a copiar outro sinal. Em Washington, o Tesouro quer uma linha operacional direta com o secretário Morgenthau. — Ele ainda estava copiando uma longa nota. Terminou, arrancou do bloco amarelo e entregou ao oficial em comando, que a leu rapidamente.

— Vou ter de levar isso ao capitão agora, e depois, ao secretário. Fique de olho nos ingleses. — Ele fez uma pausa. — Arrume a área, Sparks. Vamos ter muitos VIPs aqui dentro, falando no rádio. Capte a sessão portuária aqui e comece a tentar o operador naval da Terra Nova, no transmissor de alta freqüência, tudo na faixa aberta, é claro. — Ele deixou a sala, seguido pelo navegador. Seriam necessárias as próximas quatro horas para que *Campbell* levantasse o operador naval em St. John.

O clima continuava piorando com a maré subindo do nordeste e a névoa pesada persistia. Durante a vigília noturna de quatro por oito, o navio foi forçado a ingressar na maré forte, diminuindo para dez nós para abrandar o balanço, atrasando sua chegada em St. John. Era literalmente impossível ver outro navio no tempo ruim.

SS *Bremen*
Ao mar, 80 milhas Sul de Cape Breton
Meio-dia
1º de setembro de 1939

Mais uma vez, Gerstung estava na ponte com o capitão Ahrens e o primeiro oficial Eric Warning.

— Senhor, temos o barco da guarda costeira norte-americana *Campbell* se comunicando em alta freqüência com o operador naval da Terra Nova. O posicionamento é quase imperceptível, à frente, com o sinal fraco, porém aumentando. Estão se aproximando de nós, mas, sem dúvida, estão seguindo rumo a St. John. Aparentemente há uma aeronave aguardando pelo grupo de Morgenthau. Ele está reportando mar agitado e visibilidade prejudicada, forçando-os a diminuir a velocidade. — Gerstung ficou quase sem fôlego, depois de cuspir isso tudo. Mas ele pegou os divisores e as réguas paralelas e estendeu a rota, depois levantou os olhos. — Capitão, com base na provável rota deles e a nossa, devemos cruzar a algumas milhas um do outro, aproximadamente ao meio-dia de amanhã.

— Eles estão falando em freqüência aberta? — perguntou o capitão.

— Totalmente. — Gerstung estava ficando cansado. Ele subira e descera a ponte pelo menos uma dúzia de vezes ao longo das últimas 24 horas.

Sem hesitar, o capitão respondeu:

— Sr. Warning, diga ao oficial da vigília que venha até estibordo e tome um novo curso, 110, pelas próximas duas horas, para abrir o espaço desse provável encontro, depois voltar ao curso base de 69 graus. Isso deve evitar uma visão indesejada, mesmo nessa visibilidade ruim.

Durante as duas vigílias seguintes, o capitão Ahrens passou boa parte do tempo na sala de mapas com o primeiro oficial. A posição do meio-dia era meramente uma estimativa, baseada num cálculo no escuro, já que o navegador não conseguia identificar a linha do sol. Isso mostrava que o *Bremen* estava imprensado entre o transatlântico *Berwick*, em algum lugar ao sul, e o *York*, ainda ao norte, em Halifax, porém programado para se juntar ao *Berwick* em breve. Ahrens pensou "a escuridão tem de chegar logo". Mas a visibilidade ainda era ruim e parecia que ia continuar dessa forma até o outro dia.

— Nossa melhor opção é prosseguir nessa direção. Absolutamente nenhuma transmissão, de forma alguma — Ahrens enfatizou a Gerstung. O capitão olhou em direção à ponte e balançou a cabeça. — Eu gostaria de ter tido mais combustível em Nova York, mas nós não sabíamos que seguiríamos a mãe Rússia, não é? De qualquer forma, vou aumentar um pouquinho a velocidade. Se conseguirmos passar direto por Halifax, antes do segundo navio, nós os pegamos. Eu não acho que possam lançar as aeronaves nesse tempo. — O capitão se virou para seu colega. — Sr. Warning, diga ao terceiro oficial que aumente a rotação para 29 nós. Müller pode chiar pelo gasto de combustível, mas nós temos de sair desse posicionamento exposto.

Conforme os quatro propulsores reverberaram mais rápido, o navio estremeceu, soltando espuma branca, à medida que a proa mergulhava na maré e a velocidade aumentava, dos econômicos 27,5 nós, para 29. Ahrens pensou: "Ao menos o chefe de equipe Junghans não vai resmungar pelo desconforto dos passageiros,

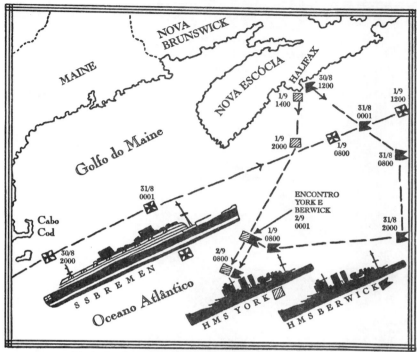

Fugindo dos cruzadores HMS *Berwick* e HMS *York*.

nem a dra. Ferber reclamará sobre o balanço excessivo do navio para os passageiros idosos, já que não há nenhum a bordo."

Enquanto os três oficiais estavam na sala de mapas, um jovem telegrafista de rosto vermelho chegou, com outra mensagem na mão para Gerstung, que imediatamente a passou ao capitão. Ahrens a leu, depois olhou para os outros com expressão descontente.

— É agora; nossas tropas acabam de entrar na Polônia. — Ele entregou a mensagem a Warning e caminhou até a ala da ponte. Os outros ficaram por perto, em silêncio.

O capitão Ahrens sentiu-se profundamente entristecido pelas notícias. Ele se lembrou da angústia da última guerra e o que isso trouxera à Alemanha. Não achava que esta seria a melhor alternativa para sua terra natal. No entanto, ele obviamente ti-

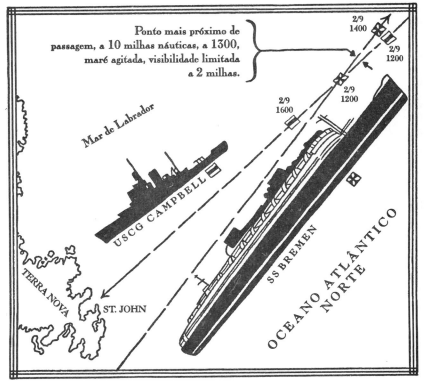

Encontro com o USCG *George W. Campbell*.

nha um dever a cumprir, e possuía total intenção de conduzir esse grande navio e sua tripulação para casa, em segurança. Quanto ao futuro, bem, isso teria de vir.

No começo da tarde, o cruzador HMS *York* levantou âncora e partiu de Halifax com destino ao sul, a 25 nós, para o encontro programado com o navio mais antigo, o HMS *Berwick*, a 80 milhas a sudeste de Halifax. Quando os dois navios se encontraram, pouco após as 19 horas, o *Bremen* escapara, passando entre Halifax e o *Berwick*, a 40 milhas entre os dois navios, antes que o *York* tivesse deixado a enseada. Ironicamente, a posição do encontro estava bem à direita da rota do *Bremen*, porém, umas 12 horas após sua passagem sorrateira. Os dois cruzadores britânicos se encontraram pouco após as 19 horas, e o *York* seguiu atrás do

Berwick, a umas cinco mil jardas. Durante as duas vigílias seguintes eles seguiram a sudeste, desafiando todos os navios mercantes que detectaram. O tempo estava demasiadamente ruim para lançar os hidroaviões. O vento ainda era brando, mas o mar estava agitado e a maré subia, com a visibilidade permanecendo abaixo de seis milhas. Eles avistaram somente um navio mercante, que estava identificado como SS *City of Lyons*, declarado para St. John, New Brunswick.

A rota do *Bremen* agora estava convergindo com a rota planejada do navio da guarda costeira norte-americana, o *George W. Campbell*. Se este último não tivesse diminuído e adentrado o mar durante a vigília de 4 às 8 horas, e Ahrens não tivesse seguido a sudeste por duas horas, diminuindo a velocidade para economizar combustível, a 27,5 nós, os dois navios teriam entrado em campo visual um do outro, em algum horário após o meio-dia de 2 de setembro, segundo dia da batalha na Polônia.

7

Buscando refúgio

Atlântico Norte, saindo de Halifax
Sábado, 2 de setembro de 1939

Ao longo do sábado, 2 de setembro de 1939, os cruzadores *Berwick* e *York* operaram juntos, desafiando todos os navios mercantes que passavam pelo lado ocidental da rota de tráfego do grande círculo, normalmente percorrida entre os portos do norte europeu e a América do Norte. Houve vários contatos que, quando desafiados, colaboravam e davam seus nomes, nacionalidades e destino. Entretanto, a visibilidade restrita, quase sempre abaixo de seis milhas, e a maré alta impediam os combatentes de identificarem mais navios, e de lançar suas aeronaves.

Às 8 horas da manhã seguinte, ambos os navios registraram a seguinte afirmação em seus diários de bordo: "Estado de guerra entre a Grã-Bretanha e a Alemanha declarado como existente." Por uma coincidência curiosa, às 12h15, horário local, pouco depois do início da vigília seguinte, os dois navios detectaram um grande vulto no horizonte. Finalmente achamos a recompensa, pensou o capitão do *Berwick*. Era um momento empolgante.

— Número um, soar estações de ação. Este pode ser o *Bremen*.

Os dois navios computaram um curso de interceptação, abriram velocidade de ataque e zarparam em direção ao contato, seus homens posicionados nas estações de ação, artilharia tripulada, projéteis de oito polegadas engatilhados e prontos. Os sacos de pólvora estavam empilhados, prontos para serem usados. Para qualquer marujo que treinou incessantemente durante longas horas daqueles dias e semanas, a idéia de seu país estar em guerra e a empolgação de ter um navio inimigo altamente valioso por perto naturalmente faziam disparar o coração. Para os que testemunharam ação ao mar no passado, a expectativa provavelmente também seria repleta de apreensão.

Conforme os dois navios se aproximaram — agora navegando em alinhamento solto, com suas bandeiras brancas da Marinha Real esvoaçando, ameaçadoras, ao vento —, podiam ver no mar agitado que se tratava de um grande transatlântico. Cada um dos homens no topo estreitava os olhos para identificar a imagem. Os que estavam abaixo, nas dependências escuras das salas de máquina, permaneciam tensos em suas estações, aguardando por novidades. Os oficiais da ponte observavam com seus binóculos, enquanto os atiradores posicionados espiavam através das lentes óticas poderosas, e seriam os primeiros a identificar a nacionalidade do navio de casco negro, do qual se aproximavam.

Apenas uma coisa não batia. Quando a forma do navio pôde ser vista por completo, ficou claro que ele tinha três chaminés, não duas. Então, enquanto os tripulantes dos dois navios olhavam, a imagem se transformou numa forma esplêndida, que certamente mexeu com seus corações; era, de fato, um grandioso navio de passageiros, não o *Bremen*, mas o transatlântico britânico RMS *Queen Mary*, o orgulho da frota mercante, e atual detentor do recorde de velocidade, rumando a Nova York. Pode-se imaginar quais os sentimentos daqueles marinheiros, observando o elegante navio, apenas algumas horas após saberem que estavam em guerra.

Para o *Campbell*, barco da guarda costeira norte-americana que passara a menos de dez milhas a oeste do *Bremen* naquele mesmo sábado, este seria um dia movimentado. A maré havia finalmente baixado o suficiente para que o barco retomasse seu curso sudoeste, aumentando gradativamente a velocidade, de volta aos 20 nós. Às 11h55 de domingo, eles avistaram a costa da Terra Nova do lado estibordo da proa.

Pararam para recolher o timoneiro, sr. John Button, entraram no porto de St. John e ancoraram pouco depois de 13 horas. Dez minutos depois, uma lancha trouxe o cônsul geral norte-americano, o comissário de finanças da Terra Nova e um adido governamental, para saudarem o secretário Henry Morgenthau Jr. e sua comitiva. O grupo todo partiu imediatamente com o secretário, acompanhado pelo comandante Joseph Greenspun, no *Campbell*, para encontrarem o V-167, hidroavião da guarda costeira, um Martin PBM-1 naval, que esperava pelo secretário e seus convidados próximo ao lago Big Bull, para o vôo até Washington.

SS *Bremen*
Ao mar, nordeste da Terra Nova
3 de setembro de 1939

Naquela mesma manhã, o *Bremen* já estava bem a nordeste da Terra Nova, longe das trilhas movimentadas dos navios, seguindo ao estreito da Dinamarca, entre a Islândia e a Groenlândia. A névoa pesada e a chuva constante haviam encoberto o navio que seguia veloz pela noite, adentrando a manhã. Embora o clima houvesse melhorado um pouco e a chuva, parado, o tempo ainda estava bem fechado e havia ondas enormes. O capitão Adolf Ahrens decidiu dar ordem para que os tripulantes começassem a pintar o navio.

Era difícil, mas não impossível, pintar o navio inteiro navegando a 27,5 nós no mar agitado. Os homens emplacaram o trabalho com o espírito revigorado. A atividade física pesada finalmente dava vazão aos sentimentos acumulados nos últimos dias. A maior parte da tripulação permanecera meramente como ouvinte das notícias estrondosas, vindas de sua terra natal, entrando na guerra. Exceto pelos maquinistas, operadores de rádio e pessoal da cozinha de bordo, que estiveram mergulhados em seu trabalho habitual, a maioria das divisões de passageiros ficaram inativas desde a partida de Nova York, ao menos se comparado às travessias normais. O desafio de pintar o navio em alta velocidade, com tempo ruim, exigia uma concentração precisa e aliviava um pouco da tensão.

À medida que realizavam seu trabalho, alguns começaram a cantar, o que agradou imensamente o capitão Ahrens e o primeiro oficial Eric Warning.

— Veja como eles se dedicam ao trabalho — Warning dissera orgulhoso a Ahrens, enquanto observavam o clamor dos tripulantes sobre a superestrutura, espalhando a tinta cinza sobre o aço, antes em tons brilhantes de branco, amarelo e preto. O espetáculo do grupo numeroso de homens pendurados precariamente em cadeiras de contramestre, empoleirados nas beiradas, muito acima do nível do convés de lazer, balançando para os lados com seus rolos de pintura amarrados a longas estacas, era, realmente, algo impressionante de se ver.

Wilhelm Bohling relembra:

> A cena parecia um pouco cômica. Para nós, conseguir repintar inteiramente o navio naquelas condições era uma questão de grande urgência e orgulho. Até aquele ponto, a maioria de nós, na divisão de passageiros, havia sido incapaz de contribuir com a situação, pois sem passageiros muitos estavam à toa. Nós ata-

camos a pintura como se nossas próprias vidas dependessem do término, em tempo, para ludibriar qualquer navio de guerra que se aproximasse. Eu jamais me esquecerei da maneira como, numa questão de horas, o navio se transformou naquela massa cinzenta navegando pelas ondas grandiosas, em alto-mar. Mais tarde soubemos daqueles que nos observaram que mal podíamos ser vistos com o novo disfarce, principalmente pelo fundo cinza do clima ruim, que parecia nos seguir pelo caminho.

Enquanto o *Bremen* seguia rumando nordeste, os tripulantes pintavam, até que aos poucos foram ficando sem a luz do dia. Muitos dos homens ficaram pendurados às cadeiras nas laterais das imensas chaminés, enquanto outros desceram em botes salva-vidas para pintar o casco. Como as ondas vinham do nordeste, o lado a bombordo do casco as levantava com esmero, deixando passar o mínimo de espuma por cima da proa, apenas ocasionalmente. A pintura prosseguiu, apesar da maré. Embora não fosse ganhar nenhum prêmio por capricho, foi eficaz. Eles esparramaram tinta por todo lado, mas conseguiram pôr a maior parte no navio, apesar de derramarem uma grande quantidade no mar. Ao final do dia, os homens haviam convertido o navio em um casco do tom cinza da neblina, que lembrava um destróier gigante. E ficaram sabendo que desde a declaração da guerra, o navio passara a ser subordinado à marinha, em lugar da Norddeutscher Lloyd e o Ministério dos Transportes.

Um fato desconhecido aos que estavam a bordo do *Bremen*, à época, enquanto participantes do drama que se desenrolava no oeste do Atlântico, uma ação ocorrida no mesmo dia, no final da rota marítima européia, iria mudar o enfoque da guerra ao mar nos anos vindouros.

Atlântico Norte, em águas a oeste da Irlanda
3 de setembro de 1939

No domingo, 3 de setembro, o submarino alemão *U-30*, comandado pelo tenente sênior Fritz-Julius Lemp, estava patrulhando as águas a oeste da Irlanda. Lemp nascera em Tsingtau, China, filho de um negociante alemão, e era membro da Flensburg Naval Academy, da turma de 1931. Ele assumira o comando do *U-30* em novembro de 1938.

No começo daquela manhã, Lemp recebeu um relatório do alto-comando naval alemão, afirmando o estado de guerra entre a Alemanha e a Grã-Bretanha, e que ele estava autorizado a dar início a operações ofensivas ao mar. Às 19h30 daquela noite, quando o submarino estava a aproximadamente 300 milhas a nordeste de Malin Head, Irlanda, um navio que eles não conseguiram identificar no escuro se aproximou.

Era o transatlântico de bandeira britânica *Athenia*, da Atlantic Donaldson, que se aproximava, vindo do leste. Tendo deixado Liverpool no dia anterior, com um total de 1.410 passageiros e a tripulação, ele seguia para Montreal. O navio ganhara uma reputação de embarcação familiar e aconchegante, e estava totalmente lotado de passageiros, por conta do número de navios de grande porte que já teriam sido removidos do serviço, para serem convertidos em navios de tropas. Dentre os passageiros, havia seis *socialites* de Houston, Texas; a esposa do prefeito de Saratoga Springs, Nova York, e mais de 150 refugiados da Europa Central que haviam fugido dos nazistas e ganhado vistos de entrada nos Estados Unidos. O capitão James Cook, no comando do navio de 14 mil toneladas, estava fazendo uma trilha em ziguezague, com todas as luzes do topo apagadas e a sinalização de navegação à meia luz. Dada a situação, o comandante cauteloso dera ordem para um treinamento de evacuação do navio, logo após a partida do porto de origem. O *Athenia* navegava rumo ao oeste, a 16 nós, apenas 200 milhas a oeste das Hébridas.

O vigilante do submarino, na torre de observação, avistou a aproximação do navio e relatou ao capitão. Na escuridão, Lemp observou sua forma e, pela aparência, a ausência de luzes e o curso em ziguezague, concluiu que só poderia ser um Hilfskreuzer britânico (navio corsário comercial, ou auxiliar naval). Na primeira ação ao mar, menos de 20 horas após a Grã-Bretanha e a Alemanha iniciarem os conflitos, Lemp pretendia lançar dois torpedos G7, pesando 617 libras (280 kg) cada um. Apesar do lançamento suave do primeiro, o segundo falhou ao sair do tubo ejetor e começou a queimar — um torpedo quente emperrado. O torpedo inicial seguiu reto e atingiu a cabine de passageiros a bombordo, causando uma grande explosão e inundando rapidamente diversas dependências. Enquanto isso, Lemp imediatamente conduziu o *U-30* ao fundo, tentando desobstruir o torpedo emperrado. Após várias tentativas, o torpedo saiu do tubo e percorreu um curso errante, antes de explodir, em dois estouros. Mais tarde, essas explosões foram descritas por testemunhas a bordo do *Athenia* como "o canhão de Lemp atirando no navio de passageiros afundando".[1]

O *Athenia* envergou bruscamente a bombordo, mas permaneceu na superfície, com uma inclinação de 30 graus, por 14 horas, tempo suficiente para enviar uma mensagem de socorro. George Högel, radiotelegrafista do *U-30*, interceptou o chamado desesperado do navio, fazendo com que Lemp o identificasse como o *Athenia*, pela primeira vez. Eles subiram à superfície e protelaram até as primeiras horas do dia, assistindo aos passageiros, incluindo mulheres e crianças, deixarem o navio em botes salva-vidas. A cena do naufrágio e resgate ainda teve uma ponta cômica, quando um bando de baleias estranhamente numeroso, surgiu sob as luzes de emergência, mergulhando e brincando em meio aos sobreviventes que lutavam nas águas gélidas. Quando os destróieres britânicos *Electro* e *Escort* chegaram para prestar socorro, junto com o veleiro a motor norueguês *Knute Nelson*, o cargueiro norte-americano *City of Flint*[2] e o iate sueco *Southern Cross*, o *U-30* finalmente abandonou a cena. No total, 1.305 pessoas foram resgatadas. Das 118 vidas perdidas, 16 eram crianças e 22 pessoas eram norte-americanos. Sendo este o primeiro ataque sem aviso contra um navio mercante na Segunda Guerra Mundial, ele foi interpretado pelos Aliados como o início de uma política alemã de guerra irrestrita ao mar.

SS *Bremen*
Atlântico Norte
3 de setembro de 1939

Um dos radiotelegrafistas do oficial radiotelegrafista Kurt Gerstung interceptara o pedido de socorro do *Athenia* e o relatou ao capitão Ahrens. Em princípio, os telegrafistas do *Bremen* haviam interceptado o sinal como se emanasse de um navio próximo, o que causou uma grande comoção na casa do leme. Gerstung correra até a ponte com o relato de que um navio de passageiros não identificado havia sido torpedeado. O operador de rádio se enganara na leitura da posição enviada pelo *Athenia*, ao pedir socorro em freqüência aberta. Em lugar de copiar a longitude correta, ele errou ao colocar a posição aproximadamente 50 milhas a leste do posicionamento do *Bremen*. A confusão foi ainda maior, quando se acreditou tratar-se de um navio alemão enviando um relatório de uma base inglesa. Quando tudo foi esclarecido pelo primeiro oficial Warning, ficou óbvio que o *Athenia*, um navio britânico, estaria naufragando a mais de 700 milhas a leste da rota do *Bremen*. Após fazer uma anotação no diário, Ahrens seguiu navegando, mas o alerta teria um quê de agouro, fazendo com que todos a bordo do *Bremen* começassem a pensar seriamente sobre a ameaça dos submarinos britânicos desse lado do Atlântico.

Berlim e Londres
3 de setembro de 1939

Começou imediatamente a censura aos alemães na imprensa mundial. Ao assinar o Tratado Naval Anglo-Germânico de 1935, a Alemanha implicitamente aceitara as provisões contidas no Tratado Naval de 1930, que proibia as forças signatárias de atacar navios mercantes sem aviso, e antes provesse a evacuação dos passageiros e tripulantes em segurança.[3]

O naufrágio foi rapidamente divulgado pela imprensa, porém não atribuído claramente ao ataque do submarino alemão, até que uma investigação tivesse sido completada, 15 semanas depois. Os relatos dos sobreviventes se provaram muito confusos e contraditórios para confirmar um ataque submarino, embora uma dúzia de testemunhas tivesse jurado ter visto um submarino de nacionalidade indeterminada, na superfície, sob as luzes do fogo seguido à explosão. O comandante, capitão James Cook, houvera afirmado após seu resgate e chagada em Galway: "Não há dúvidas. Meu navio foi torpedeado. O torpedo atravessou o navio, passando pela casa de máquinas e destruindo completamente a cozinha. Os passageiros estavam jantando quando o torpedo atingiu o navio e a explosão matou diversas pessoas."

A marinha alemã negou responsabilidade, a princípio, de boa-fé, já que não podiam acreditar que Lemp desafiaria ordens em vigor para que os navios de passageiros fossem poupados. Lemp estava claramente ciente da restrição ao afundamento de navios desarmados, contida na Convenção Hague e nos diversos tratados navais, e recebera instruções recentes para se abster de ataques a navios de passageiros e navios franceses de todos os tipos. Seu superior, o comandante da segunda flotilha de submarinos, tenente sênior Werner Hartman, dera estas instruções claras a todos os seus subordinados. Entretanto, Joseph Goebbels, ministro da Propaganda alemão, negou fervorosamente que o naufrágio tivesse sido resultante de um ataque do *U-boat* e, em princípio, alegou que o navio provavelmente teria colidido com uma mina flutuante; mais tarde, disse que teria sido uma conspiração britânica para arrastar os Estados Unidos para a guerra, contra a Alemanha. Adolf Hitler, irado, imediatamente ordenou que mais nenhum ataque fosse proferido contra navios de passageiros desarmados, ou transportadores de tropas.

Embora Lemp tivesse deixado de relatar propositalmente o afundamento via rádio, ele o fez pessoalmente, ao comandante da força submarina, almirante Karl Dönitz, por ocasião de seu retorno a Wilhelmshaven, em 28 de setembro, portanto, informando pela primeira vez à liderança alemã o que, de fato, teria acontecido. Lemp foi levado de avião a Berlim e relatou pessoalmente ao comandante da força naval, almirante Erich Raeder, que ele realmente violara as ordens. No entanto, a essa altura, o mecanismo propagandista estava a toda, e Lemp foi mandado de volta a seu navio, com instruções para mudar a página do diário de bordo. Ele apagou todas as referências ao *Athenia* e modificou a posição do encontro, para coincidir com um navio mercante fictício. Essas mudanças foram feitas, apesar de os diários serem regularmente marcados como secretos. Apesar disso, eles foram usados como material auxiliar na escola de treinamento de submarinos, em Wilhelmshaven. Ao falsificar os diários, o ato verdadeiro foi oficialmente relegado ao esquecimento, e os alemães tiveram êxito em esconder a verdade até depois da guerra. Este havia sido o ato de um homem, e o naufrágio golpeara as esperanças britânicas de que a Alemanha apenas retornaria gradativamente ao habitual procedimento irrestrito de guerra com submarinos *U-boat*, como fizera na Primeira Guerra Mundial. Conseqüentemente, isso impeliu os britânicos a voltarem ao uso de escolta, como o único método seguro de defesa contra guerra irrestrita ao mar.

A cronologia seguinte da política alemã "Afundar ao avistar" é repetida aqui para possibilitar ao leitor, a compreensão da posição do *Bremen* nos incidentes que irão ocorrer no futuro próximo.[4]

4 de setembro de 1939 — As ordens expedidas imediatamente após o naufrágio do *Athenia* diziam: "Por ordem do *Führer*, e até que sejam dadas ordens adicionais, nenhuma ação hostil será praticada contra transatlânticos de passageiros, mesmo quando navegando sob escolta."

23 de setembro de 1939 — "O *Führer* concorda com ação sem aviso, a ser tomada contra qualquer navio mercante definitivamente decretado como inimigo (excluindo-se navios de passageiros)."

24 de setembro de 1939 — "O Führer autorizou todos os submarinos a usarem 'força armada' contra qualquer navio mercante aliado, transmitindo o alarme submarino 'SSS'; tais navios estariam sujeitos a 'captura e afundamento'... o resgate dos tripulantes deverá ser intento."

24 de setembro de 1939 — "Navios de passageiros aliados, transportando 120 pessoas ou menos (portanto, presumivelmente navios cargueiros), podem ser afundados." Uma solicitação feita por Dönitz, comandante da força submarina, para afundar, à primeira vista, todos os navios armados e os inteiramente apagados navegando próximo às ilhas britânicas havia sido negada.

16 de outubro de 1939 — Hitler revisou as regras novamente, para permitir o ataque a qualquer navio inimigo, britânico ou francês, exceto grandes transatlânticos de passageiros. Ele concordou em torpedear navios de passageiros que não apresentassem iluminação e em comboio, após alerta. O protocolo permaneceu em vigor para todos os navios neutros que não estivessem em comboio ou apagados. Se fosse julgado estarem transportando contrabando, poderiam ser afundados, ainda que se assegurando o resgate da tripulação. Navios da Itália, do Japão, da Espanha, da Irlanda, da Rússia e dos Estados Unidos não poderiam ser molestados.[5]

3 de fevereiro de 1940 — "O *Führer* declara que é permitido afundar navios de passageiros navegando sem luz, mesmo estando apenas com luzes de navegação." Acredita-se que isso deva ter sido causado pelo encontro do navio de batalha alemão *Scharnhorst* e o corsário comercial britânico HMS *Rawalpindi*, um navio de passageiros convertido, armado com oito canhões de seis polegadas.[6]

Em 12 de outubro de 1942, o *U-156* torpedeou o antigo transatlântico britânico da companhia British Cunard White Star, o SS *Laconia*, de 19.965 toneladas no meio do Atlântico, 550 milhas a sudeste do cabo Palma (nordeste da África). O transatlântico navegava em ziguezague, em rota nordeste, a 16 nós, com luzes apagadas, e tinha dois canhões navais de 4,7 polegadas, seis canhões antiaéreos de três polegadas, outros seis de 1,5 polegada, também antiaéreos, e quatro atiradores Bofors, de alta velocidade. O navio afundou deixando aproximadamente 811 passageiros britânicos, civis e militares, incluindo mulheres e crianças, e 1.800 prisioneiros italianos de guerra, em águas infestadas de tubarões. Antes de afundar, o transatlântico enviou um relatório SSS, sinalizando que fora atacado por um submarino alemão. Buscando segurança, ao analisar o acidente e saber dos prisioneiros de guerra, o comandante do *U-156*, Werner Hartenstein, relatou os fatos ao almirante Dönitz e ganhou permissão para permanecer e prestar toda a assistência possível. Dönitz depois ordenou que outros submarinos fossem até a área para oferecer ajuda. O *U-507* chegou com o submarino italiano *Capellini*, e enquanto os três submarinos se ocupavam em tirar os sobreviventes da água, um avião aliado de bombardeio, o B-24, jamais identificado como norte-americano ou britânico, atacou os submarinos de resgate, já sinalizados com emblemas da Cruz Vermelha, disparando mísseis e matando mais sobreviventes do *Laconia* que estavam em botes salva-vidas. Hartenstein relatou o incidente e Dönitz teve uma crise de fúria, e emitiu a ordem infame proibindo seus submarinos de resgatar qualquer tripulante de navios que tivessem sido atacados. Mais adiante, a ordem foi usada contra Dönitz em seu julgamento em Nurembergue, por crimes de guerra. Ao fim, dois navios de guerra franceses de Vichy, do norte da África, os destróieres *Dumont-d'Urville* e *Annamite*, se juntaram aos submarinos na cena de resgate. O estrago já havia sido feito, no entanto, apesar de a ordem anti-resgate já estar vigorando, diversos comandantes de submarinos a ignoraram.

Entretanto, o naufrágio do *Athenia* no primeiro dia de guerra declarada provou ser apenas o primeiro de muitos ataques a navios de passageiros a ocorrer ao longo dos cinco anos e meio seguintes, por ambos os lados. O mais infame foi o do SS *Laconia*. De fato, a perda da vida em tais naufrágios ecoaria dos 118 perdidos no *Athenia*, até as perdas maciças que estavam por vir, incluindo a maior quantidade de vidas perdidas já ocorrida em um único naufrágio, quando o navio alemão de passageiros *Wilhelm Gustloff* foi torpedeado no Báltico, em janeiro de 1945, por um submarino S-13 soviético. O comandante do submarino, o capitão de Segunda Divisão A. I. Marinesko, mais tarde seria condecorado com altas honras por ter causado a perda de mais de sete mil vidas, a maioria de refugiados: mulheres, crianças e soldados gravemente feridos, que estavam sendo evacuados, fugindo dos saqueadores do Exército Vermelho. No mês seguinte, outro submarino soviético torpedeou o navio alemão *Steuben*, no Báltico, matando 3.500 soldados da Wehrmacht feridos. No último mês da guerra, outros cinco mil refugiados foram perdidos quando o cargueiro *Goya*, que era parte da frota tentando resgatar cidadãos do exército soviético que se aproximava, foi afundado pelo terceiro submarino soviético, também no Báltico.

Dentre outras coisas, a ação do comandante do *U-30* contra o *Athenia*, em setembro de 1939, contribuiu para a limitação severa de autonomia operacional dos comandantes de submarinos alemães, ao longo da guerra do Atlântico. Isso claramente conduziu à derrota da frota submarina alemã, quando os Aliados passaram a explorar o complexo sistema alemão de comando e controle. Esse incidente também estaria relacionado ao destino do *Bremen*, menos de três meses depois. Lemp, o oficial em comando do *U-30*, mais tarde recebeu a condecoração "Cruz de Ferro, Grau de Cavaleiro", por sua ação subseqüente em outros submarinos, e sua vida foi perdida a bordo do *U-112*, em setembro de 1944.

SS *Bremen*
Oeste de Nova Escócia
3 de setembro de 1939

O capitão Ahrens ordenou aos tripulantes que transferissem a maior parte dos três mil colchões de passageiros das cabines vazias para o topo, espalhando-os ao redor, como proteção contra estilhaços, em caso de ataque aéreo. Eles certamente não eram necessários nos conveses inferiores, com suas cabines vazias. A presença do material inflamável pronto a ser aceso no convés de lazer, os colchões e recém-revisados botes salva-vidas lembravam-nos da seriedade da situação do navio. Bastava apenas um lampejo da imagem de um navio de guerra britânico, e a tripulação estava pronta a levar a pique o seu navio e lar, e seguir aos botes salva-vidas. Era um pensamento para deixar todos sérios.

Quartel-general da frota britânica
Atlântico Norte
4 de setembro de 1939

O comandante geral da frota, almirante Charles Forbes, havia armado um bloqueio de combate entre a Islândia e as Ilhas Faroe no intuito de interceptar os navios mercantes alemães em regresso. Sob seu comando estavam dois esquadrões de navios de batalha (*Nelson, Ramillies, Rodney, Royal Oak* e *Royal Sovereign*), um esquadrão de cruzadores de batalha (*Hood* e *Repulse*), o porta-aviões *Ark Royal*, o décimo oitavo esquadrão de cruzadores ligeiros (*Effingham, Emerald, Cardiff* e *Dundee*), o sétimo esquadrão de cruzadores ligeiros (*Diomede, Dragon, Calypso* e *Caledonia*) e o oitavo destróier da flotilha (oito destróieres "Tribal-Class" e nove "F-Class"), vasculhando por entre a Escócia, a Islândia e a

Noruega, com a missão de "pescar" todos os navios mercantes alemães voltando para casa, principalmente o *Bremen*.

Em 4 de setembro, o cargueiro alemão *Hannah Böge*, carregado de polpa de madeira, foi afundado pelo destróier britânico HMS *Somali*, que era parte da força de bloqueio do almirante Forbes, quando em patrulha a 40 milhas a sudeste da Islândia. Outro grupo combatente britânico chamado "Humber Force" (cruzadores *Southampton* e *Glasgow*, com oito destróieres) atravessava o Atlântico, a oeste das Hébridas, em busca do *Bremen*, o navio representante da frota mercante alemã, voltando de Nova York pela rota de regresso esperada.

SS *Bremen*
Estreito da Dinamarca
4 de setembro de 1939

Para grande prazer da tripulação do *Bremen*, naquele mesmo dia, eles ouviram um noticiário de rádio de Paris anunciar que haviam sido capturados pelos britânicos e estavam sendo levados a Portsmouth, para reclusão. O capitão Ahrens também ficou sabendo que o *Bremen* não fora incluído, como muitos outros navios mercantes alemães, na operação "Base Norte", que notificava todos os navios no Atlântico Norte impossibilitados de chegar à Alemanha, ou portos neutros, à exceção dos Estados Unidos, que entrassem em Murmansk. Dezoito navios mercantes assim o fizeram, antes do fim de setembro.

Após o término do trabalho da pintura de camuflagem, a maior preocupação a bordo do *Bremen* estava em evitar possíveis *icebergs*, embora não fosse estação para tais encontros. A temperatura do mar caía de forma alarmante; quando o navio chegou ao estreito da Dinamarca, entre a Islândia e a Groenlândia,

O *Bremen*, da Norddeutscher Lloyd *(Cortesia do Deutsches Schiffahrtsmuseum, Bremerhaven)*

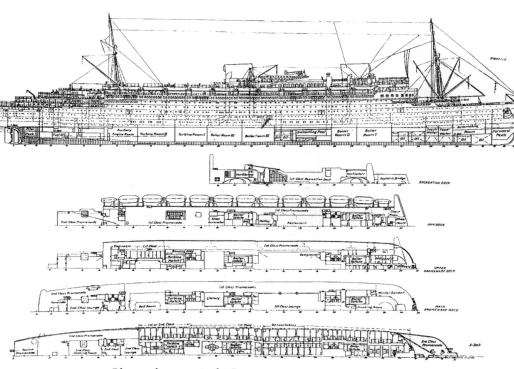

Planta do convés do *Bremen* *(Da Marine Engineering and Shipbuilding Age, julho de 1930)*

Passageiros na cabine da primeira classe *(Hanns Tschira – cortesia do Deutsches Schiffahrtsmuseum, Bremerhaven)*

Leopold Ziegenbein, primeiro comandante do *Bremen* *(Cortesia do Deutsches Schiffahrtsmuseum, Bremerhaven)*

Bandeira nazista no porto de Nova York *(Hanns Tschira – cortesia do Deutsches Schiffahrtsmuseum, Bremerhaven)*

Wilhelm Bohling, um aprendiz de garçom em foto tirada no *Bremen*, na década de 1950 *(Cortesia de Wilhelm Bohling)*

Ernst Henningsen (terceiro da direita para a esquerda), um garçom no salão de jantar da primeira classe do *Bremen* *(Cortesia de Ernst Henningsen)*

Muitos dos tripulantes do *Bremen* mantiveram laços estreitos com famílias norte-americanas na cidade de Nova York e seus arredores
(Hanns Tschira – cortesia do Deutsches Schiffahrtsmuseum, Bremerhaven)

O salão da primeira classe do *Bremen*
(Hanns Tschira – cortesia do Deutsches Schiffahrtsmuseum, Bremerhaven)

Adolf Ahrens tornou-se capitão do *Bremen* em 1936 *(Cortesia do Deutsches Schiffahrtsmuseum, Bremerhaven)*

A majestosa casa do leme do *Bremen* proporcionava uma vista do oceano, abaixo de suas janelas cintilantes *(Hanns Tschira – cortesia do Deutsches Schiffahrtsmuseum, Bremerhaven)*

O primeiro-oficial Eric Warning (o segundo, a partir da esquerda)
(Cortesia do Deutsches Schiffahrtsmuseum, Bremerhaven)

O *Bremen*, ancorado no Cais 86, na cidade de Nova York *(Hanns Tschira – cortesia do Deutsches Schiffahrtsmuseum, Bremerhaven)*

A partida do *Bremen*, no Cais 86, em 30 de agosto de 1939 *(Cortesia do Deutsches Schiffahrtsmuseum, Bremerhaven)*

O capitão Adolf Ahrens no hastear da bandeira em 1935, em Nova York *(Cortesia do Deutsches Schiffahrtsmuseum, Bremerhaven)*

O *Bremen* passando pela Estátua da Liberdade, na enseada de Nova York, durante sua partida em 30 de agosto de 1939 *(Hanns Tschira – cortesia do Deutsches Schiffahrtsmuseum, Bremerhaven)*

A área principal de controle era o coração do sistema do *Bremen*
(Cortesia de Wilhelm Bohling)

A sala de caldeiras *(Hanns Tschira – cortesia do Deutsches Schiffahrtsmuseum, Bremerhaven)*

Pintando o *Bremen* em alto-mar, em 3 de setembro de 1939 *(Hanns Tschira – cortesia do Deutsches Schiffahrtsmuseum, Bremerhaven)*

Mulheres servindo café no convés aos homens que pintavam o *Bremen* de cinza *(Hanns Tschira – cortesia do Deutsches Schiffahrtsmuseum, Bremerhaven)*

Material inflamável pronto para ser aceso sobre o convés de lazer e em todos os conveses superiores *(Hanns Tschira – cortesia do Deutsches Schiffahrtsmuseum, Bremerhaven)*

Todos os botes salva-vidas tinham sido abastecidos para o que pudesse vir pela frente *(Hanns Tschira – cortesia do Deutsches Schiffahrtsmuseum, Bremerhaven)*

O destróier soviético com o qual o *Bremen* cruzou na baía de Kola, em 6 de setembro de 1939 *(Hanns Tschira – cortesia do Deutsches Schiffahrtsmuseum, Bremerhaven)*

O jantar de comemoração dos tripulantes do *Bremen*, no dia seguinte à chegada a Murmansk, em 6 de setembro de 1939 *(Hanns Tschira – cortesia do Deutsches Schiffahrtsmuseum, Bremerhaven)*

A tripulação do submarino HMS *Salmon* *(Cortesia da Esquadra Real)*

O capitão Ahrens (à esquerda) na ala da ponte *(Hanns Tschira – cortesia do Schiffahrtsmuseum, Bremerhaven)*

SS *Bremen* navegando ao sul, rumo ao estuário do rio Weser, foto tirada da aeronave de escolta *Luftwaffe*, em 12 de dezembro de 1939, no dia em que cruzou com o submarino britânico HMS *Salmon* *(Cortesia de Wilhelm Bohling)*

"Marinha deixa o *Bremen* escapar por razões de decência internacional!"
"Decência internacional é o meu olho cego!"
Jornal *Daily Mirror*, 14 de dezembro de 1939

O *Bremen* chegando ao porto, ao longo do estuário do rio Weser, em 13 de dezembro de 1939 *(Cortesia de Wilhelm Bohling)*

Adolf Ahrens (segundo, da direita para a esquerda) com os oficiais do *Bremen* no salão de festas em 13 de dezembro de 1939 *(Cortesia do Deutsches Schiffahrtsmuseum, Bremerhaven)*

Três oficiais do *Salmon* foram condecorados com a Cruz de Distinção por Serviços Prestados: tenente R. H. M. Hancock (acima), tenente Maurice F. Wykeham-Martin (ao lado), engenheiro de segurança O. F. Lancaster (abaixo)
(Cortesia da Marinha Real)

Os tripulantes do *Columbus* em botes salva-vidas, enquanto seu navio queimava próximo a Norfolk, Virgínia *(Cortesia do Deutsches Schiffahrtsmuseum, Bremerhaven)*

O *Bremen* após o incêndio, em julho de 1941 *(Cortesia dos arquivos da AGW, Bremerhaven)*

a água estava a apenas alguns graus do congelamento. Mais uma vez, o capitão Ahrens aumentou a vigilância e implorou que ficassem mais atentos, principalmente durante as horas de escuridão. As longas noites se passavam, sem que um único navio fosse visto. Como o clima pesado persistia, houve vários alarmes falsos, quando os vigias gritavam relatos de contato que se revelaram imagens imaginárias de *icebergs*, outros navios e aviões, que acabavam sendo breves visões de estrelas.

Durante a vigília matinal de 4 de setembro, eles tiveram um susto terrível. Navegavam a 27,5 nós, no puro breu, com céu encoberto e a maré baixando, quando subitamente o vigia da sala de rádio causou pânico, afirmando que um navio não identificado acabara de noticiar ter avistado um *iceberg*, numa posição que estaria a apenas 20 milhas da local onde o *Bremen* se encontrava. O primeiro oficial de vigia chamou o capitão Ahrens, que imediatamente surgiu na ponte.

— Onde? — perguntou Ahrens, tentando acostumar os olhos à escuridão da ponte. O oficial de vigia começou a explicar a interceptação do rádio. Ahrens ouviu calmamente, depois disse:
— Parem os motores.

O vigia ordenou para que todos os motores fossem desligados. Parar, após navegar em alta velocidade, por tantos dias, foi uma experiência inquietante. Eles ouviram os motores diminuir, depois parar. O silêncio era esquisito. O primeiro oficial Warning surgiu na ala da ponte, e todos de vigia estreitaram os olhos. Minutos se passaram, depois meia hora. O navio agora seguia na maré, em silêncio mortal, e eles ainda não conseguiam ver nada.

O radiotelegrafista Gerstung questionou quanto ao navio que mencionara ter tido a visão, mas não obteve resposta. E, subitamente, o vigia a bombordo relatou uma luz a partir da proa, relativamente próxima. Todos os olhos na ponte e estações de vigilância se esforçavam para o contato visual. Eles viram uma luz pequena e fraca na água, aparentando estar a uma distância de aproximadamente quatro milhas. O navio permaneceu parado na maré, o único som era o murmúrio das ventoinhas, forçadas pelo vento. Nenhuma luz brilhava no navio. Não obstante, Ahrens ordenou que o primeiro oficial encarregado percorresse os conveses superiores para assegurar não haver luz alguma. Ele deixou a ponte com o contramestre e voltou após 20 minutos.

— Nenhuma luz visível a bordo, senhor — relatou Warning.

A equipe da ponte observava enquanto a luz fraca flutuava por sua proa, ainda incapaz de discernir seu tamanho, ou origem. Primeiro, eles pensaram tratar-se de um navio mercante, mas depois ela se acentuou, e só podia ser um pequeno barco de pesca, já que parecia dançar nas ondas que, a essa altura, já haviam diminuído de nove para 12 pés de altura. Os vigias do *Bremen* observavam em silêncio, enquanto seu contato flutuava para longe, rumando estibordo, e depois desapareceu. Ainda assim, eles permaneceram ali por mais de uma hora, até que Ahrens voltasse a dar ordem para que prosseguissem, primeiro devagar, depois, gradativamente, aumentando a velocidade para 27 nós. Ainda faltavam várias horas até que o horizonte fosse clarear o suficiente para avistar um contato a duas milhas. O capitão Ahrens decidira que seria melhor ganhar tempo enquanto ainda estavam dentro do alcance dos cruzadores britânicos. Ele não tinha idéia se a visão do *iceberg* fora falsa, nem da origem da luz.

— Nós vamos ter de arriscar — disse Ahrens, depois regressou à sua cabine. Nada mais foi ouvido sobre aquela visão, embora os vigias continuassem a varrer o mar sombrio diante de si, prendendo o fôlego a cada vez que a proa erguia e tombava na água, amortecida pela espuma. Estava ficando terrivelmente frio.

O *Bremen* passou pela ilha Jan Mayen, em 5 de setembro, e não viu um único navio sequer. À medida que o capitão conduziu o navio ao norte, para o cabo Norte, e adentrou o mar de Barents, o ar ficou absurdamente frio. No fim da manhã seguinte eles tiveram outro susto. O marinheiro Heinz Slominski relembra: "O vigia-chefe relatou um navio a estibordo, se aproximando rapidamente. Depois, quando seus contornos começaram a tomar forma, ao sair da névoa, ele se transformou em um navio de guerra, com uma proa imensa. Nós pensamos que aquele era realmente o fim. O capitão ordenou que todos fossem para as estações de ação. Nós teríamos de pôr em prática nosso plano de afundamento. Eu havia temido esse momento por dias a fio, e agora ia acontecer. Eu não podia imaginar ter de lançar fogo em pilhas de colchões, para depois abandonar o navio, e seguir ao mar gélido."

Depois de chegar ao seu posto, designado para o afundamento, Slominski percebeu a silhueta de um jovem marinheiro, no canto do convés, próximo ao salão Hunting, uma ante-sala e sala de jantar da primeira classe, usadas apenas para festas especiais, ou pelos homens, como sala de fumantes. O salão não era grande, mas tinha o teto baixo e era repleto de móveis de madeira escura. Duas de suas paredes ostentavam cabeças de animais empalhados, como veados, alces, javalis e bodes selvagens, e uma imensa tapeçaria Gobelin cobria as duas outras paredes. A decoração era felpuda e a palheta de cores seguia o castanho-escuro, e as cadeiras estofadas em couro transmitiam uma aura conservadora, um estilo privativo. Era um lugar onde poucos passageiros se reuniam, a maioria homens mais velhos que se sentavam após o jantar, para conhaque e charutos.

Slominski imediatamente reconheceu o jovem marujo como Gustav Schmidt, também da equipe contramestre do convés. Slominski achou o jovem meio estranho, e o vira diversas vezes próximo aos inflamáveis, parecendo estudá-los. Ele o vira reorganizando algumas pilhas. Schmidt estivera na equipe de trabalho original, que juntara os colchões e os inflamáveis após partirem de Nova York, e ele freqüentemente rondava aquela área, parecendo estranhamente intencionado a assegurar que o material estivesse em ordem, sem ter mudado de lugar com o balanço do mar agitado, pronto a ser aceso. Seu posto de limpeza era a parte mais à frente da sessão "A" do convés estibordo, e por isso ele tinha um bom motivo para estar ali. Ainda assim, Slominski sentia que havia algo peculiar na fascinação do jovem por aquela área. Ele observou o marujo por algum tempo, depois se afastou, ao ser chamado para ajudar a preparar o motor do navio para adentrar porto.

— Se for britânico, nós vamos mergulhar em águas territoriais — disse o capitão Ahrens, ao baixar os óculos, após estudar o contato se aproximando. Então, ele se transformou numa fonte de energia. — Todos os motores, reto à frente, rotação de 29 nós. — Ahrens pegou o interfone da sala de pilotagem e discou ao controle principal dos maquinistas. — Sr. Müller, fique atento para força total; nós temos um navio inimigo se aproximando. Eu quero tudo o que você possa dar. — Ele recolocou o fone no lugar num estalido. — Sr. Warning, a que distância estamos das águas russas mais próximas?

— Cinqüenta milhas das águas soviéticas, senhor — respondeu o primeiro oficial, após dar uma olhada no mapa. — Nós podemos conseguir. — O navio começou a tremer, conforme se virou inteiramente na direção da costa, para contornar o outro, que se aproximava.

— Se ao menos conseguíssemos chegar às águas soviéticas, estaríamos livres, em casa. Não pode ser tão longe assim. Pela posição de 8 horas desta manhã, nós estávamos a menos de 60 milhas da pensínsula Kola. — Ahrens falou, calmamente, como se não houvesse nada de errado.

Conforme as vibrações aumentaram, a tensão cresceu e os dois navios começaram uma corrida ao sul; a distância que os separava era de cinco milhas, mas diminuía. A maior parte da tripulação não percebera o contato, mesmo assim, eles se aglomeravam, por conta da súbita aceleração, o que significava que algo estava acontecendo. Depois o assunto se espalhou e os tripulantes olharam em direção ao contato. Foi um momento assustador. Depois de ter percorrido todo aquele caminho, eles acabaram sendo descobertos! Que pena, e como tudo terminaria? Será que teriam de executar o que haviam planejado? Teriam de abandonar suas estações no navio, preparar botes salva-vidas, para neles embarcarem, enquanto o grupo de contramestres designados a correr pelos dois lados do convés jogasse gasolina nos colchões e móveis empilhados para combustão, antes de se juntarem aos outros, nos botes? O último homem, o contramestre líder, correria por cada pilha para acendê-la com sua tocha, antes de descer ao bote salva-vidas. Os maquinistas, nos andares abaixo, se apressariam subindo pelos túneis de fuga, enquanto os homens escalados abririam as comportas ao mar, no andar mais baixo da casa de máquinas, depois voariam escada acima, até o bote salva-vidas. Estes eram momentos terríveis. Os que mais amedrontavam. Seria um navio de combate britânico? Será que primeiro atirariam? As granadas explodiriam no convés, lançando fragmentos e estilhados em todas as direções? Onde cuidariam dos feridos, se houvesse muitos? Quando os oficiais deixariam a ponte? A ansiedade e tensão aumentavam, conforme o contato se aproximava. Os conveses vibravam com os propulsores seguindo a toda. Muita fumaça negra saía de ambas as chaminés. O navio deveria estar beirando os 30 nós. Espuma branca voava da proa, conforme esta cortava as ondas, lançando uma linha fina de sal que alcançava a altura da janela da ponte. Estava frio, mas a espuma ainda não estava congelada.

A julgar pela fumaça negra despejada pelas chaminés, o contato também estava em alta velocidade. Tem de ser um navio de guerra para estar em velocidade próxima a do *Bremen*, pensou Ahrens.

— Quatro milhas e meia, posicionamento estável, campo se fechando, senhor! Ele está tentando nos cortar. — O primeiro imediato permanecia imóvel, os pés plantados separados, como uma armação para o impacto. Todos os homens na ponte observavam em silêncio quando o destróier, cuspindo mais fumaça negra, começou a inclinar na direção da proa do *Bremen*, depois pareceu se virar contra ele. — O contramestre líder informa estar pronto para proceder com a destruição de emergência e acender o convés de lazer. — As palavras escorreram da língua de Warning, antes que ele percebesse a gravidade de sua afirmação. Seria esta, a sua última, ao seu navio altaneiro? Iriam eles, de fato, assumi-las e seguir rumo aos botes? O primeiro oficial deu uma olhada para o capitão Ahrens.

O capitão parecia quase entretido.

— Bem, se colidirmos, mal sentiremos, 52 mil toneladas contra provavelmente duas mil, no máximo; eles vão ser destruídos numa fração de segundo, contanto que não nos lancem algo primeiro. — A distância agora diminuía, a uma média de 50 milhas por hora, à medida que os navios se lançavam, um ao outro.

Warning permanecia inexpressivo, estudando o navio de guerra com seu binóculo; depois, de repente falou, calmamente, mas alto o bastante para que todos na ponte ouvissem.

— É um destróier antigo, lançador de minas, tipo Novik, anterior a 1914... — depois — é russo sim, um russo bem velho — disse ele, com firmeza, segurando contra os olhos, o seu binóculo Zeiss, de poderosas lentes 10. Ele se voltou para Ahrens, que também estava olhando com binóculo para o contato, que crescia rapidamente.

— Eu concordo — disse Ahrens. — Mas vamos nos certificar. — Ele se voltou à cabine de pilotagem e rugiu: — Contramestre, mande os sinaleiros içarem a bandeira nacional soviética da plataforma principal. Isso vai sinalizar-lhes que pretendemos adentrar suas águas. — Em alguns minutos, a bandeira nacional soviética surgiu na corda, deslizando para cima, no mastro estibordo do *Bremen*.

Foram alguns minutos tensos, enquanto todos no topo olhavam o destróier ameaçador chegar mais perto do navio. Alguns dos tripulantes olhavam para as pilhas de material combustível no convés, imaginando-as em chamas, enquanto corriam para os botes salva-vidas. A temperatura da água estava em torno de seis graus centígrados positivos e ninguém invejava a idéia de ter de mergulhar na espuma gelada. Finalmente, um vigia gritou da ponte:

— Bandeira nacional soviética tremulando no topo do mastro!

O alívio na ponte foi aparentemente imediato. Então, alguém notou uma luz piscando rapidamente no destróier.

— Que o marinheiro Ostersen se apresente na ponte — disse Warning, ao contramestre da vigília. Ingo Ostersen era um dos que falavam russo no navio. — Eles estão nos sinalizando ao piscar a luz.

O destróier passou varrendo a lateral a estibordo, virou bruscamente, espirrando espuma e tombando ao lado, como se prestes a emborcar, depois diminuiu e emparelhou a vasta velocidade do *Bremen*, junto à proa. O navio marcava quase 30 nós. Como a fumaça negra jorrava de suas chaminés antiqüíssimas, o navio russo estava obviamente dando tudo de si para acompanhar o *Bremen*. — Contramestre, diminua para 20 nós; não queremos que ele se mate para nos acompanhar — disse o capitão, com um sorriso triunfante.

Imediatamente, os quatro hélices do *Bremen* diminuíram e ele se acomodou ao seu novo acompanhante. O primeiro oficial Warning caminhou rapidamente à traseira, em direção à ponte sinalizadora e voltou trazendo o marinheiro Ostersen.

Ostersen disse:

— Senhor, eles estão sinalizando: "Você está se aproximando de águas soviéticas, quais são suas intenções?" — Todos na ponte ficaram imensamente aliviados.

O capitão respondeu imediatamente:

— Responda: "Navio alemão de passageiros, *Bremen*. Nós desejamos adentrar Murmansk. Envie um timoneiro."

Houve uma pausa breve, e então o destróier respondeu conciso:

— "Siga-me."

— Bom. Envie de volta que estamos preparados para seguir porto adentro.

Ahrens estava aliviado. Os russos obviamente os aguardavam; sem dúvida teria havido alguma comunicação entre Berlim e Moscou. Ahrens pensou: "Quão importante nos tornamos um verdadeiro penhor nas relações entre duas grandes potências!"

Enquanto o *Bremen* seguia o destróier, a tripulação logo avistou a costa cinza e pobre da península Rybachi, em todos os tons de cinza pontilhados com branco. O céu também era de um cinza pesado e a cena parecia gélida e nada acolhedora. Os alemães logo saberiam que isso seria o sinônimo da forma que os russos agiriam com eles, durante todo o tempo que permanecessem em águas russas.

8

Apoio soviético

SS *Bremen*
Baía de Kola
Quarta-feira, 6 de setembro de 1939

Marquis de Custine, o famoso escritor francês, visitou a Rússia em 1839, cem anos antes de o *Bremen* adentrar a segurança das águas do nordeste russo, próximo a Murmansk. Num retrospecto irônico, ele descreveu as formalidades da chegada, que pareceram idênticas àquelas que a tripulação do *Bremen* observou, em setembro de 1939:

> [Seu navio de passageiros] foi tomado por oficiais alfandegários do exército, que ali permaneceram pelas horas da manhã, numa inspeção interminável no salão das cabines. [Isso fez com que Custine observasse com cautela, já que sua primeira impressão da Rússia dava conta de que a administração daquele país, preocupada com minúcias, não excluía a desordem.][1]

O *Bremen* fez uma parada com o destróier russo, mantendo seu posto a 500 metros. A tripulação observava a descida de uma lancha a bombordo, enquanto os dois navios flutuavam nas ondas.

O capitão Adolf Ahrens ficou estarrecido ao ver que o destróier possuía um rebocador de baleias, mas não uma lancha a motor. Ahrens sorriu:

— Eu não via um desses em alto-mar desde os meus dias de velejador. — A cena foi subitamente interrompida por um estampido e um assovio. As válvulas de segurança na chaminé dianteira de repente se abriram, com um rugido.

— O precioso motor do pobre sr. Müller está ventilando a atmosfera. Sr. Warning — disse Ahrens, com o bom humor demonstrando seu alívio —, por favor, transmita os meus parabéns ao maquinista-chefe, e peça desculpas pela parada tão brusca. Diga-lhe que nós marcamos quase 30 nós. Bom trabalho, em todos os conveses lá de baixo. — O capitão sorria abertamente. Sua imensa satisfação com os acontecimentos era totalmente óbvia.

Erwin Schulwitz, líder do grupo dos SA Bordsturmführer a bordo do navio, de repente se materializou na ala da ponte. Ele raramente se aventurava tão alto, acima do convés. Todos os oficiais tinham consciência de que o capitão tratava o mínimo possível com os homens das SA, e freqüentemente era possível sentir que ele lamentava tê-los a bordo. Não necessitara da ajuda deles para ganhar a absoluta lealdade da tripulação, e dava pouca importância ao discurso político detestável que faziam.

— Bem, sr. Schulwitz, é bom vê-lo aqui em cima. Já esteve antes por essas águas? — o capitão perguntou em tom amigável, ainda observando a aproximação do baleeiro.

— Sim, senhor capitão, uma vez, em 1915, como prisioneiro de guerra. Eu e uns 50 mil prisioneiros alemães ajudamos a abrir caminho para a estrada de ferro Murmansk-Leningrado, durante dois anos. Achei que jamais voltaria a esse buraco infernal. — Ele olhou furioso por cima da grade, conforme o facho de terra cinza e branca era avistado. — Sempre detestei esse lugar e essa gente.

— Por favor, sr. Schulwitz — Ahrens repreendeu suavemente —, agora eles são nossos aliados. Nós devemos falar com respeito. Eles detêm a nossa própria segurança nas mãos, de fato. — Schulwitz, baixinho e troncudo, permaneceu em silêncio, olhando a vista desanimadora. Os dois homens observavam o baleeiro russo atravessar a curta distância entre os navios. Àquela época, parecia irônico ver um navio de guerra usando um barco baleeiro com uma dúzia de remadores, em lugar de uma lancha a motor. Mas eles pareciam espertos ao remarem juntos e obviamente eram bem treinados. Havia quatro oficiais no baleeiro.

Schulwitz e o capitão ficaram juntos, observando os russos lutando para armar a escada e desaparecerem pelo corredor serpenteado do costado do *Bremen*. O primeiro oficial os encontrou imediatamente e acompanhou até a ponte. O marinheiro Ostersen permanecia a postos para atuar como intérprete.

O capitão Ahrens apertou mãos com os visitantes, que pareciam bastante impressionados pela grandiosidade do navio, com os olhos direcionados à ponte e os locais no topo. O mais sênior, que tinha as três faixas de um capitão de segundo escalão, falou primeiro. Ele apresentou a si mesmo como o oficial de contato na equipe naval soviética do nordeste, e a um segundo oficial, como o representante do Diretório Político Naval. O marinheiro Ostersen chegou para traduzir e, quando começou, subitamente pareceu que o oficial político falava um bom inglês. Os visitantes pediram para ver o mapa, para que pudessem apontar o ancoradouro designado. Eles também relataram que lá já havia inúmeros navios alemães ancorados, no porto externo de Murmansk, e outros eram esperados.

Após algum tempo discutindo a profundidade e largura do canal, o capitão Ahrens deu ordem para seguir o destróier para dentro da baía de Kola, com os russos ainda a bordo. A tripulação podia ver que o terreno era incrivelmente rochoso e coberto com algas mirradas. Havia pouca coloração, meros tons diferentes de cinza e branco. Eles navegaram por algo que o mapa dizia ser Severomorsk, uma baía recuada a leste, que os oficiais russos indicaram ser apenas para navios militares deles. Depois, conforme foram se aproximando de Murmansk, lhes foi designado um ancoradouro a aproximadamente três milhas fora da cidade. Mas quando procuraram por sua sinalização, tudo o que viram foram agrupamentos de construções de madeira, que mais pareciam uma vila que uma cidade de 150 mil habitantes. Murmansk é o único porto do nordeste russo que permanece sem gelo pelo ano inteiro, pois os últimos sopros da corrente de calor do golfo varrem ao redor do cabo Norte e aquecem a costa, até espalhar suas altas temperaturas pelo mar de Barents adentro.

Durante a Primeira Guerra Mundial, Murmansk não era nada além de algumas cabanas e um porto de pesca, mas crescera quando a ferrovia foi construída, graças ao esforço dos prisioneiros alemães, e o trabalho dos presos políticos, cujo número parecia não parar de aumentar.

Havia ao menos uma dúzia de outros navios estrangeiros no espaçoso porto externo, alguns dos quais lhes disseram ser alemães, mas o nevoeiro e a pouca visibilidade não permitiam que fossem identificados naquele primeiro dia. Assim que o *Bremen* foi ancorado, três barcos da guarda costeira se aproximaram pelo lado estibordo, onde os contramestres haviam amarrado uma escada adaptada. Então, um número incomum de oficiais subiu a bordo. Havia oficiais navais em azul, policiais de cinza e oficiais alfandegários e controladores de passaportes, em uniformes marrons.

O primeiro oficial Erick Warning se sentou com o grupo de oficiais navais à mesa do salão da primeira classe. A primeira solicitação feita pelos oficiais russos foi que todas as antenas de transmissão de rádio fossem removidas. Não haveria comunicação de navios estrangeiros enquanto em águas soviéticas. Eram as leis soviéticas, diziam eles, inúmeras vezes, como se repetir o fato fosse torná-lo mais aceitável. O pobre Kurt Gerstung e seus homens estariam restritos a apenas mensagens recebidas. Os russos explicaram que a área era uma zona militar e nenhum navio estrangeiro tinha permissão para se comunicar.

Em seguida, os oficiais russos explicaram que todas as câmeras pessoais, e as do navio, teriam de ser recolhidas e guardadas em compartimento central lacrado. Não havia permissão para fotografia em lugar algum da área. Hanns Tschira, fotógrafo do navio, que estava sempre ocupado com as fotografias pessoais dos passageiros, assim como suas novas tarefas designadas pela Abwehr, estivera registrando meticulosamente a travessia, desde a dramática partida de Nova York. A princípio, ele ficou cabisbaixo ao saber da proibição, mas se recuperou ao descobrir que um dos oficiais alfandegários russos era apaixonado por fotografia. Quando longe dos outros oficiais russos, ele escondia sua própria câmera Leica por baixo das roupas e do sobretudo, e orgulhosamente a mostrou a Tschira. Em retribuição, Tschira mostrou ao russo seu laboratório fotográfico, bem guarnecido com os mais modernos equipamentos de revelação, ampliadores e uma sala de secagem química, e o russo quase nem respirava de encantamento. Ele perguntou baixinho se, durante a estada, que imaginava ser estendida, poderia trazer alguns de seus trabalhos a bordo para processá-los no palácio de Tschira. Com prazer, Tschira sentiu-se compelido a dizer que ele também poderia continuar a usar o laboratório enquanto estivesse no porto, porém, é claro, apenas com fotos antigas. Nenhuma fotografia nova seria tirada.

Ali se seguiram séries intermináveis de sessões elaboradas, que se estendiam noite adentro, durante as quais os oficiais soviéticos alfandegários se sentavam às mesas armadas no salão de passageiros. Um por um, dos 950 tripulantes do *Bremen*, homens e mulheres, foram identificados positivamente pelos oficiais russos. Conforme iam sendo trazidos para identificação, a cada um era solicitado que trouxesse seus documentos pessoais, para que fossem verificadas as fotos, junto às dos passaportes.

Após a conclusão desse processo, que levou quase dez horas, os oficiais alfandegários insistiram em inspecionar o navio, da proa à popa. Essa inspeção foi mais cômica que completa, comparada à rechecagem a que haviam se submetido em Nova York, com os inspetores da alfândega norte-americana.

Os inspetores russos pareciam encantados pelas belas acomodações a bordo, primorosas instalações das salas de jantar e, principalmente, pelo moderno equipamento da cozinha. Eles batiam nas laterais prateadas reluzentes das caldeiras, admiravam as bancadas de fornos e os processadores verticais de alimento. Seus olhos se arregalaram quando avistaram o ginásio, onde os mais recentes equipamentos de exercício brilhavam esplendorosos, obviamente jamais vistos antes por estes oficiais russos. Um deles perguntou timidamente a Wolfram Rieter, treinador dos passageiros, se poderia montar rapidamente no cavalo olímpico. E ali, naquele espaço iluminado, em meio aos modernos equipamentos de ginástica, o oficial alfandegário russo, em seu uniforme marrom, se empoleirou, com um sorriso largo que mostrava um dente de ouro, até ser rapidamente intimado a se afastar, por um de seus colegas.

Para a tripulação do *Bremen*, pareceu que estes homens jamais haviam posto os olhos em tais luxos.

Os procedimentos de chegada finalmente terminaram e o capitão deu ordem para que naquela noite a tripulação festejasse com uma dose extra de cerveja. Eles se sentiam imensamente aliviados, tendo alcançado um porto seguro após seis dias e 13 horas de incerteza, na nova guerra declarada. O futuro estava à frente, como uma caixa fechada, mas eles haviam aprendido a levar a vida um dia de cada vez.

 Na manhã seguinte à chegada, o oficial radiotelegrafista Gerstung recebeu uma mensagem para o capitão, vinda do diretor da Norddeutscher Lloyd, em Bremen. Ele a leu rapidamente e soube que tinha algo especial nas mãos. Agarrou o quepe, mas parou antes de deixar a sala de rádio, então, seguiu até o telefone e discou para a cabine do primeiro oficial Warning.

— Warning.

— Bom dia, sr. Warning. — Gerstung tinha dificuldade em conter sua agitação. — Eu acabo de receber uma mensagem do comando da Norddeuscher Lloyd, em Bremen, e são notícias muito boas para o capitão. Eu creio que o senhor talvez queira estar lá, quando eu for entregá-la.

— Muito bem, sr. Gerstung, eu confio em seu julgamento. — Warning, assim como o capitão Ahrens, confiava inteiramente no oficial telegrafista, que parecia jamais deixar escapar a solução certa para os acontecimentos. — O capitão está tomando café-da-manhã em seu salão portuário. Eu o encontrarei lá.

 Gerstung estava esperando do lado de fora do salão do capitão quando Warning se aproximou. Ele mostrou a mensagem, que já prendera cuidadosamente na prancheta, com uma capa mostrando o emblema da Norddeutscher Lloyd em azul, com uma âncora cruzada pela chave da cidade de Bremen; esse mesmo emblema estava soldado ao topo arredondado do mastro fino, na proa do navio. Schulwitz, o gorducho da SA Bordsturmführer, dera uma pilha de capas para correspondência ao oficial telegrafista, para que fossem usadas com os seus sinais importantes de rota; tinham um desenho da águia nazista, agarrada a uma guirlanda, com uma suástica vermelha e branca no centro, e fundo preto. Gerstung perdera convenientemente aquelas capas, e continuara a usar as antigas, com o timbre da Norddeutscher Lloyd.

Warning leu a mensagem.

— Boas-novas, Gerstung — ele sorriu. — Isso será agradável.

Os dois oficiais entraram no salão. O capitão Ahrens estava sentado a uma mesa, junto à sua escrivaninha. Diante dele havia uma bandeja de prata, com seu café-da-manhã cuidadosamente arrumado: um ovo cozido, um pedaço de *bacon*, algumas fatias de salame, queijo, torrada e café. A louça era branca, com o emblema da Norddeutscher em azul, idêntica à usada no salão de jantar da primeira classe. Ahrens gesticulou para que os dois oficiais sentassem no sofá revestido de couro vermelho, ao lado de sua escrivaninha.

— Café, senhores? — Ele passou a ponta do guardanapo de linho branco na boca.

Gerstung pensou em quão elegante tem de ser alguém para ser comandante de um navio como aquele, e viver em meio a ambientes tão finos, apesar de ter acabado de fugir da Marinha Real, e agora estar na incerteza de um porto estrangeiro, sendo pouco além de prisioneiro dos soviéticos.

O primeiro oficial entregou a prancheta a Ahrens:

— Parabéns, capitão — ele disse, com um sorriso.

O capitão pegou a prancheta, virou a capa azul e branca e leu:

7 de setembro de 1939
    Para o capitão Adolf Ahrens:
    Você levou, com extraordinária liderança e dignidade, o principal navio da frota mercante alemã à segurança, transpondo a ameaça do inimigo. A Lloyds está orgulhosa de você e da tripulação sob esta capitania. Com imenso reconhecimento, nós o nomeamos comodoro de nossa frota.

Norddeustscher Lloyd
Rudolf Firle[2]

— Bem, é, hummm. — Ahrens foi pego de surpresa e corou profundamente, diante de seus dois subordinados. — Bem, agora nós precisamos voltar ao trabalho, descobrindo qual será a duração de nossa estadia nesse ambiente de segurança relativa. — Ahrens não era de dar importância às honras pessoais. — É melhor nos reunirmos com o chefe de equipe para saber exatamente quanto tempo nossos suprimentos irão durar, e o que precisamos pedir localmente, se é que há algo a comprar por aqui. Ah, sim, e peça ao sr. Müller que nos encontre às 9 horas, na sala de mapas, com o chefe de equipe, para discutirmos sobre suprimentos e combustível. — O capitão terminou sua xícara de café e cuidadosamente serviu outra. — Devido à nossa hierarquia, não nos tornamos apenas comandantes de todos os navios alemães aqui, mas também somos sua fonte de abastecimento.

— Capitão, se me permite, eu gostaria de fixar essa mensagem de sua promoção ao quadro de avisos da tripulação. Ah, e outra coisa. — O primeiro oficial raramente deixava algum detalhe escapar. — Nosso bom companheiro Schulwitz solicitou que seu pessoal da Bordsturm faça vigílias extras no topo, já que aqui também há dois cargueiros britânicos. Ele acha que podem ser uma ameaça aos navios alemães.

O capitão pensou por um instante.

— É claro, deixe-os fazer as vigílias adicionais, mas também assegure ao sr. Schulwitz de que estou certo de que os navios britânicos não vão representar nenhuma ameaça séria nesse porto de nossos aliados soviéticos. — Seu sorriso desapareceu. — Eu gostaria, no entanto, de saber quando eles se prepararem para partir. — Ele fez uma pausa, depois acrescentou: — E, sr. Gerstung, por favor, faça com que seus homens fiquem atentos para que possamos interceptar qualquer coisa que os navios britânicos possam transmitir, violando a proibição feita pelos russos.

Eles podem tentar passar um relato sobre nós, apesar do regulamento russo.

— Sim, senhor capitão. — Warning e o oficial telegrafista se levantaram e deixaram o salão.

Mais tarde, naquele dia, Gerstung recebeu uma cópia de uma mensagem triste, enviada a todos os navios da Norddeutscher Lloyd que habitualmente faziam a linha de Nova York. Ela fora escrita por C. J. Beck, diretor-geral da Norddeutscher Lloyd, e endereçada ao capitão William Drechsel, inspetor chefe em Nova York, e dizia:

> "Devido à presente incerteza causada pela guerra na Europa, nós nos vemos relutantes e expressamos nosso profundo pesar em pedir-lhes que informem a toda a sua equipe que seus serviços terão de ser descontinuados a partir de 30 de setembro de 1939."

Em meados de outubro, os cais da Hapag-Lloyd no West Side de Manhattan seriam devolvidos ao departamento de Docas de Nova York.[3]

Após alguns dias na baía de Kola, ficou claro para todos os alemães em visita que, enquanto permanecessem, seriam prisioneiros a bordo de seus navios. Num primeiro pensamento, isso não parecia tão ruim, dada a quantidade de espaço que a tripulação do *Bremen* desfrutava, assim como seu acesso a cozinha bem equipada, biblioteca, cinema, salão de ginástica e piscina. No entanto, conforme os dias se arrastavam e o clima esfriava, permanecendo cinzento, eles começaram a ansiar por seus lares.

Imprensa européia
Setembro de 1939

As notícias da chegada triunfante do *Bremen* em Murmansk, a despeito das buscas dos navios britânicos, chegavam com atraso à imprensa mundial. Em Berlim, quando William Shirer, jornalista norte-americano do *New York Herald*, soube por fontes secretas, da chegada do transatlântico e começou a transmissão de seu noticiário, a censura militar alemã se apressou em obrigá-lo a remover o conteúdo do texto.[4] Os oficiais de Berlim ainda temiam a divulgação de notícias da localização do navio. E foi somente quando um ex-assistente da padaria do *Bremen*, o marinheiro Elbert Post, membro da equipe do *chef* Hans Künlen, que deixara o navio com um grupo no final de setembro, regressando a Amsterdã, sua terra natal, e espalhando a história da fuga extraordinária e evasão da Marinha Real, que foi finalmente confirmado na imprensa que eles haviam chegado em segurança ao porto russo de Murmansk.[5] Então, para a alegria da tripulação do *Bremen*, eles ouviram na transmissão do noticiário alemão que, em 20 de setembro, o *Daily Express*, de Londres, noticiara que o *Bremen* fora capturado pela Marinha Real. No dia seguinte, o Ministério da Marinha reputou o relato como absurdo.

SS *Bremen*
Murmansk
Setembro de 1939

Os esforços para juntar o maior número possível de navios alemães na segurança das águas do nordeste soviético parecerem resgatar 18 navios mercantes de bandeira alemã. Cada uma das chegadas provava ser um grande acontecimento, e mesmo sendo proibidos de desembarcar, os membros dos navios alemães tinham permissão de uso limitado de suas lanchas para visitar outros navios alemães. A guarda naval soviética da fronteira mantinha uma lancha de patrulhamento ancorada dia e noite, e teria sido difícil violar as regras sem ser descoberto. O veleiro a motor *Iller* estava na enseada quando o *Bremen* chegou, em 6 de setembro, e o transatlântico da Hapag-Lloyd *New York* chegou no dia seguinte. O *Hans Leonhardt* e o *Palime* chegaram em 9 de setembro. O *Cordillera* veio no dia seguinte e o *St. Louis* chegou de Nova York em 11 de setembro. Mais tarde, a tripulação do *Bremen* ouviu os detalhes de sua viagem histórica, repleta de refugiados judeus.

Durante a festejada odisséia do *St. Louis*, em busca de desembarque para os seus pobres passageiros refugiados, ele fora renegado por inúmeros países, incluindo, surpreendentemente, os Estados Unidos. O *St. Louis* partira de Hamburgo em 13 de maio de 1939, com 937 europeus, muitos dos quais eram judeus tentando escapar da esperada perseguição nazista. Alguns já haviam estado em campos, mas, por algum meio, conseguiram ser liberados e tinham pago preços astronômicos pelas passagens. Os passageiros incluíam muitas crianças, famílias inteiras e até algumas crianças viajando desacompanhadas. Duas semanas depois, em Havana, seu destino original, os oficiais do governo cubano negaram-lhes permissão para desembarque. O navio então seguiu para Miami, e recebeu ordem para aguardar enquanto os oficiais alfandegários buscavam permissão urgente para aportar os refugiados. Dois apelos pessoais enviados ao presidente Roosevelt foram ignorados e os navios da guarda costeira foram rapidamente organizados para impedir que os passageiros deixassem o navio, já que este podia ser visto rondando Miami. Pela escassez de mantimentos e combustível, o navio acabou sendo forçado a regressar à Europa, onde, por acordo, os passageiros foram divididos entre Grã-Bretanha, Holanda, Bélgica e França. O governo norte-americano nunca explicou claramente o motivo por ter recusado esses passageiros, e, obviamente, os tripulantes a bordo do *Bremen* não souberam desses detalhes até mais tarde, quando encontraram alguns de seus companheiros da tripulação do *St. Louis*. Muitos estavam profundamente desapontados, e até chocados, com a situação ao longo da viagem, mas, mesmo sendo alemães, eles achavam que nem os oficiais cubanos, nem os norte-americanos agiram com responsabilidade. Soube-se, mais tarde, que muitos dos refugiados do *St. Louis* acabaram perecendo em campos de concentração alemães.[6]

Porém, à época, os alemães em Murmansk não tinham ciência de tais acontecimentos, já que suas únicas transmissões eram provenientes de noticiários do Ministério de Comunicações de Berlim e, é claro, eles eram oficialmente proibidos de ouvir noticiários estrangeiros. Contudo, era quase impossível impedir os radiotelegrafistas de Gerstung de girarem o botão e ouvir à BBC, mesmo com os seguranças da Bordsturm mantendo sentinela na sala de rádio.

Mais navios chegaram ao longo da semana seguinte, até totalizarem 18, incluindo o grande cargueiro *Helene*, que chegou em 16 de setembro, vindo de Yarmouth, Nova Escócia. O nome e a presença de *Helene* em Murmansk teria importância vital para a sobrevivência do *Bremen* no futuro próximo. Depois disso, mais nenhum navio chegou, e os dias pareciam mais curtos e as noites mais longas, enquanto os tripulantes aguardavam por notícias.

Os maquinistas do navio começaram a se inquietar pela falta de combustível. Como Ahrens fora solicitado diversas vezes, sem aviso prévio, para mudar o local de ancoradouro sob um vento crescente, ele foi forçado a manter o propulsor ligado permanentemente. Preocupado, o maquinista-chefe Frederich Müller repetidamente pedira que o navio solicitasse combustível aos russos. Após diversas solicitações, os russos finalmente concordaram em pedir às autoridades superiores; no entanto, não veio resposta alguma. Ahrens e seus maquinistas finalmente sentiram-se aliviados quando, em 12 de setembro, o navio-tanque alemão *Wilhelm A. Riedemann* chegou ao porto de Murmansk. O navio de 10.326 toneladas conseguira passar pela área de exclusão britânica das Ilhas Faroe, e escapara, sendo avistado navegando próximo à costa da Noruega, até circundar o cabo Norte. Eles prontamente abasteceram o *Bremen* com todo o combustível de que dispunham. No dia seguinte, o *Friedrich Breme*, outro navio-tanque, de 10.397 toneladas, chegou e completou o abastecimento. Este também fora enviado especialmente para reabastecer o *Bremen*. Após o êxito da viagem dos dois navios-tanques, Ahrens e seus tripulantes começaram a se sentir mais confiantes de que também poderiam conseguir realizar o regresso impunemente e isso levantou o moral.

Depois de permanecerem ancorados no fiorde de Kola por uma semana, o navio finalmente obteve algumas notícias. Um barco da guarda costeira chegou do centro da cidade trazendo o membro consular o dr. von Walter, um diplomata da embaixada alemã em Moscou. Com uma aparência horrível, Walter explicou que acabara de sobreviver a uma exaustiva viagem de trem de 72 horas, de Leningrado a Murmasnk, no Círculo Polar, e na noite anterior, uma viagem de 12 horas no trem Flecha Vermelha até Moscou. Quando chegou a bordo para se juntar ao capitão Ahrens e ao primeiro oficial Warning, o diplomata desgrenhado estava quase acabado, explicando sua viagem cansativa. Ele se acalmou quando o capitão ofereceu-lhe um copo de *schnapps* alemão, para abrandar seus nervos destroçados.

— Estou bem certo, capitão Ahrens — reclamava o diplomata — de que o trem russo tinha uma roda quadrada bem embaixo de minha cabine. Por isso, eu não preguei os olhos por toda viagem!

Depois que von Walter se acalmou, ele deu notícias maravilhosas, dizendo que Berlim estava providenciando para que os 870 tripulantes do *Bremen* regressassem à Alemanha, seguindo até Leningrado de trem, depois, até Bremerhaven, em um navio alemão. A notícia voou pelo navio como um raio. Acabou ficando decidido que o primeiro oficial Warning e o radiotelegrafista-chefe Gerstung regressassem com os tripulantes, e se apresentassem ao alto-comando naval alemão, em Berlim, para discutir planos adicionais de levar o navio para casa. Centro e trinta e sete tripulantes — maquinistas, uma equipe inteira de vigilância da ponte e um número suficiente de pessoal do convés e apoio — permaneceriam a bordo para garantir a segurança do navio. O grupo remanescente incluía marujos capazes, como Heinz Slominski e Gustav Schmidt. Apesar do protesto veemente de Ahrens, os russos insistiram que todos os radiotelegrafistas fossem incluídos no grupo com destino à origem.

O assistente de cozinha Renneberg foi escalado pelo *chef* Hans Künlen para supervisionar a preparação da comida para a longa jornada até a Alemanha. Os russos disseram que a viagem de trem de Murmansk a Leningrado levaria 48 horas, porém, já que a comida era escassa, seria melhor que a tripulação levasse os suprimentos que pudesse. A cada marinheiro foi permitido que levasse apenas uma bolsa de pertences pessoais.

Tschira estava preocupado com o meio de levar todas as fotografias que havia tirado, desde a partida de Bremerhaven em agosto último. Havia muitas fotos, então ele começou a separar as mais valiosas da viagem, e trancou o restante em seu laboratório, para a viagem de retorno, quando quer que fosse. Ele insistiu que Berlim estava aguardando seu trabalho fotográfico, o que acabou convencendo aos tripulantes de que teria feito algum trabalho especial para a Abwehr.

Os que partiriam no trem foram avisados para que estivessem prontos para deixar o navio cedo, no dia seguinte, 18 de setembro. Mas eles esperaram por horas e horas, e nada acontecia. Enquanto isso, Renneberg e seus colegas da cozinha, supervisionados pelo cozinheiro chefe, providenciaram o preparo de cinco mil sanduíches para a viagem, e os acomodaram nos amplos refrigeradores de bordo. Como o atraso prosseguiu por outras 24 horas, muitos dos tripulantes se perguntavam que gosto os sanduíches teriam. A tripulação ficou sentada no salão do convés A, com tudo preparado para partir. No fim do dia seguinte, assim que a noite caiu no porto, uma balsa grande finalmente chegou. Com a ajuda de uma lanterna, os tripulantes ansiosos desembarcaram pela escada íngreme e embarcaram na balsa. O capitão Ahrens observou o embarque da ala estibordo da ponte. Warning, parecendo ansioso e vestindo seu casaco longo de inverno, ficou ao lado de Ahrens. A temperatura estava abaixo de zero e nuvens imensas de vapor faziam reviravoltas sobre a água, que devia estar pouca coisa menos fria que o ar gélido. Os dois oficiais olhavam, enquanto a maioria de seus tripulantes começou a descer pela alta lateral do navio e entrar, silenciosamente, na balsa.

Foram três viagens à margem de Murmansk, até que Warning se virou e saudou Ahrens:

— Bem, sr. comodoro, eu lhe desejo o melhor aqui no frio. Tenho certeza de que Berlim irá transmitir notícias de nossa chegada, então, o senhor saberá quando chegarmos em casa.

Ahrens estava emocionado.

— Cuide dos homens. Tenho certeza de que irá fazê-lo, mas quem sabe o que os russos irão arranjar? Eles parecem saber o que estão fazendo, porém, às vezes, suas habilidades são duvidosas. — Ele observou Warning deixar a ponte e logo depois descer a escada e entrar na balsa. O primeiro oficial acenou do convés da balsa, enquanto esta se afastava, ruidosamente, mergulhando na escuridão. Ahrens pensou em quando veria seu primeiro oficial novamente.

Os tripulantes alemães, homens e mulheres, estavam se divertindo com os relatos que ouviram ter aparentemente saído na imprensa norte-americana, a respeito da localização de seu navio. Segundo vários informativos que copiaram das transmissões de Berlim, o *Bremen* teria sido capturado novamente pelos britânicos e, em outro, eles teriam desaparecido, presumidamente afundado. Um bote salva-vidas com o nome SS *Bremen* teria sido encontrado próximo à costa da Nova Escócia, no dia seguinte em que a guerra foi declarada. Em lugar de sobreviventes, foi encontrado um rádio-transmissor, que estivera enviando mensagens falsas para indicar que o transatlântico desaparecido teria zarpado rumo ao norte. Autoridades britânicas e norte-americanas alegaram que a astúcia teria sido utilizada em um incidente passado, bastante conhecido, para encobrir as rotas de combatentes navais e corsários alemães e que, se fosse verdadeira, indicaria que o supertransatlântico alemão poderia estar operando secretamente ao mar, como um corsário armado. No entanto, técnicos nova-iorquinos de radiotransmissão afirmavam que o relato provavelmente seria falso, por ser duvidoso que um bote salva-vidas com um rádio-transmissor pudesse ter ludibriado dois cruzadores britânicos. Tal transmissor portátil teria sido configurado apenas para enviar mensagens de urgência, numa única freqüência, e se fossem repetidas por muito tempo, levantariam suspeita.

Os jornais teriam citado o artifício utilizado na Primeira Guerra Mundial por um transatlântico alemão transferido à aliada Turquia. Quando perseguido por dois navios de guerra britânicos, o transatlântico turco entrou em Messina, Sicília, por segurança. O hábil comandante do transatlântico colocou sua orquestra no topo do navio e, durante um denso nevoeiro, posicionou vários músicos em um bote salva-vidas, à deriva na enseada. Enquanto os músicos no barco gradualmente substituíam os da orquestra, o transatlântico fugiu silenciosamente pelo mar, e os britânicos continuaram mantendo guarda no porto, ainda confusos pelo chamariz musical. Foi uma boa história para os tripulantes do *Bremen* que ficaram no norte russo gélido cuidando da segurança, aliviados por estarem livres das surpresas dos britânicos. Mas essa era uma felicidade meramente passageira para os alemães.

9

Planejando a fuga

Murmansk, Leningrado e Bremerhaven
Terça-feira, 19 de setembro, a quinta-feira, 21 de setembro de 1939

Os tripulantes que fizeram a jornada iniciada com a descida de seu navio, naquela noite escura e fria, jamais esquecerão o percurso pela enseada negra, com a fumaça e a névoa em redemoinho sobre a água, encobrindo todos os navios, assim que se afastaram. Ernst Henningsen, garçom da primeira classe, relembra o momento nitidamente: "Nós não víamos nada que se parecesse com uma grande cidade, enquanto seguíamos com o ruído da balsa fria, rumo a Murmansk."

Walter Renneberg, da cozinha principal, também relembrou a jornada sombria:

> "Finalmente conseguimos avistar algumas luzes fracas a distância, à medida que os maquinistas diminuíram. Porém, conforme fomos nos aproximando das luzes, a balsa fez uma curva e prosseguiu vagarosamente em direção a um espaço vazio e escuro, entre duas luzes. O barco foi gradativamente chegando a uma parede em alto-mar e nós podíamos ver galpões compridos, em

meio à neblina. Após um longo tempo, a balsa encostou ao lado de um cais flutuante, amarrado a dois golfinhos de madeira. Meia dúzia de russos de uniformes variados, casacos compridos e chapéus de pele estavam ali, batendo suas botas, no frio úmido. Após esperar mais uma hora no vento da balsa, nós fomos conduzidos à estrutura flutuante e depois subimos uma rampa íngreme, que dava num galpão. Ao chegarmos no alto da rampa, podíamos ver a imagem de inúmeros vagões de trem, parcialmente escondidos entre dois galpões. Foi-nos dito para que embarcássemos, mas somente após passarmos pela inspeção alfandegária montada no galpão frio. Saímos da balsa e entramos no armazém mal iluminado, cada um de nós passando por duas mesas compridas, cercadas por guardas da fronteira em uniformes com divisas verdes, calçando coturnos de cano alto e *shapkas* de pele. Os inspetores de divisas vermelhas começaram pela inspeção das mochilas dos primeiros 50 de nós, depois disso, se mostraram vagarosos e atrapalhados, e passaram a nos empurrar na fila, sem revistar nossas sacolas. A temperatura no galpão certamente estava abaixo de zero e nosso hálito vaporizava o ambiente gelado."

Finalmente, depois que uns cem tripulantes do *Bremen* já haviam passado, os guardas russos, tendo abandonado de vez a revista, só resmungavam, conforme os alemães se aproximavam e forçavam a passagem, lançando a cada um deles um olhar amaldiçoador. Hanns Tschira, o fotógrafo do navio, ficou profundamente aliviado. Ele saíra do navio com três malas grandes, cheias de fotos da viagem, única exceção à restrição russa de levar apenas uma mala. Ele havia deixado todos os seus negativos, e a maior parte do material, trancados no laboratório fotográfico do navio, mas arriscara trazer consigo suas imagens mais valiosas. Diversos marujos tiveram de ajudá-lo a carregar as malas. Ele teve sorte em passar pela fila de inspeção, pois seu amigo, o fotógrafo russo e oficial alfandegário, estava no bando uniformizado barulhento, que fumava cigarros de papel e exalavam um fedor terrível, enquanto os tripulantes do *Bremen* passavam. Quando Tschira chegou à bancada dos inspetores com suas malas pesadas, eles já estavam esgotados, sem energia e enfadados, e pareceram indiferentes à bagagem. De repente, um russo grandalhão, usando um chapéu de pele bem mais pomposo, e divisas vermelhas largas nos ombros, agarrou Tschira pelo braço e o puxou para fora da fila. O russo tagarelou de forma incompreensível, até que outro homem se aproximou. Era o fotógrafo amador russo que fizera amizade com Tschira a bordo, no primeiro dia, no porto de Murmansk. Em seguida a uma troca de gritos com o oficial, o amigo acenou para que Tschira passasse, afirmando já ter visto o material, e que este fora pré-inspecionado e aprovado. Radiante, Tschira apertou a mão do amigo e o abraçou do jeito como os russos fazem. Os dois fotógrafos se afastaram de forma amistosa e vários outros alemães ajudaram Tchira a arrastar suas malas até o trem.

Isto foi ótimo, exceto pelo fato de que não havia plataforma, então, eles eram obrigados a erguer a bagagem até o degrau mais baixo dos imensos vagões. O trem apitava soltando fumaça e tinha odor de urina e pó de carvão, porém, por dentro, parecia bem limpo e cheirava a um desinfetante adocicado. Os tripulantes foram distribuídos por cabines com quatro camas de beliche e uma pequena mesa portátil. Cada um dos vagões possuía um grande sanitário numa das pontas, assistido por uma condutora corpulenta chamada de *prevozhnitza*. Segundo Wilhelm Bohling, "essas senhoras dedicadas mantinham seus vagões com mão de ferro, ainda assim, freqüentemente nos serviam chá quente, em copos fixados a prendedores metálicos, gravados com o emblema ferroviário soviético, e a dupla onipresente da foice e do martelo".

Enquanto os homens aguardavam em suas cabines, o trem ficou parado por mais duas horas, antes que qualquer coisa acontecesse. Estava quente a bordo, quente demais, com o aquecedor ligado a todo vapor, então eles ficaram deitados em seus beliches, tentando dormir. Finalmente, pouco depois da meia-noite, o trem entrou em movimento, e depois de intermináveis impulsos para a frente e para trás, lentamente saiu da área do cais e começou a longa jornada rumo ao sul. Em meio à escuridão era impossível ver qualquer coisa do lado de fora, e quando o dia finalmente raiou, com um cor-de-rosa glorioso, ainda era quase impossível enxergar pelas janelas imundas, que pareciam ter sido lavadas com óleo, sobre o qual grudara todo tipo imaginável de fragmento trazido pelo vento. Apesar disso, a tripulação do *Bremen* estava aquecida e tinha chá e sanduíches suficientes, graças ao *chef* Künlen e sua equipe da cozinha.

A viagem de trem prosseguiu por 72 horas. Após o término de seus racionamentos para a primeira noite, a *prevozhnitza* lhes trouxe tigelas ferventes de uma sopa de beterraba chamada borche, que continha diversos pedacinhos não identificados boiando: provavelmente repolho, batatas, beterraba e lascas cartilaginosas de carne de algum animal desconhecido. Os tripulantes sentiam calor, mas não reclamaram: eles estavam indo para casa.

Após horas passando por nada além de floresta, o trem parou por algum tempo, em um desvio. Então, um trem passou vagarosamente, seguindo na direção oposta, lotado de soldados soviéticos. Foi algo e tanto a ser visto, relembrou Renneberg:

> Nós nunca tínhamos visto tantos homens amontoados em um lugar tão pequeno. Eles estavam entulhados nos vagões, com o nariz pressionado contra o vidro. Havia homens do lado de fora, aglomerados junto às plataformas, embrulhados em cobertores e cachecóis. Muitos usavam *shapkas*, mas alguns só tinham trapos ao redor de suas cabeças, calçando suas famosas botas de tecido cinza, chamadas *valenki*. Vagões planos, com tanques e artilharia, passaram com grande quantidade de homens amon-

toados no frio, olhando curiosos para nosso trem. O trem devia ter milhares de soldados. Aquela visão foi marcante para nós, acostumados ao luxo e às acomodações finas. Mal sabíamos que, em menos de dois anos, muitos de nós estariam travando combate com aquelas pobres almas.

Embora ainda fosse setembro, estava terrivelmente frio e florestas intermináveis, cobertas de neve e entremeadas de árvores de madeira prateada, passavam lá fora compondo uma paisagem que poucos alemães viram antes. O trem chegava à periferia do que aparentava ser uma cidade grande. Eles passaram por inúmeras plataformas de baldeação, nas quais se aglomeravam formas humanas escuras, amontoadas, vestidas com casacos pesados e xales. A maioria das pessoas que eles observavam do trem parecia ser de mulheres mais velhas e, às vezes, homens idosos. Havia poucos jovens a serem vistos. A escuridão parecia cercar todos os aspectos da vida soviética. Não só as ruas eram sem iluminação, mas as plataformas das estações também eram encobertas pela escuridão, tendo apenas algumas lâmpadas fracas, tentando inutilmente iluminar os cenários tristes, com pobres velhos se arrastando até algum destino indefinido, pelas ruas escuras intermináveis. O trem finalmente adentrou no que parecia ser uma área industrial de Leningrado, onde os passageiros alemães observaram pilhas de ferro retorcido enferrujado, e montes de restos do metal, largados num caos inimaginável que cercava grandes galpões de estaleiros. Os homens no trem podiam sentir a proximidade do mar e o trem seguia aos solavancos pelos terrenos escuros de cargas. As luzes distantes do centro da cidade mostravam um brilho alaranjado ao longe, apesar de que nenhuma forma de construções habitáveis fosse evidente. Aos alemães, tudo parecia ser notoriamente primitivo e precário, embora pulsasse com vida. Em todos os lugares as pessoas pareciam andar como formigas numa determinada direção, ainda que sem objetivo.

Em Leningrado, o trem foi novamente desviado a uma área portuária, onde os passageiros podiam ver os mastros de inúmeros navios projetados para fora de incontáveis galpões. Depois de uma espera de longas horas, eles foram levados para fora do trem, novamente subindo nas laterais íngremes de degraus altos, para descer até o solo, agora recoberto com uma lama marrom oleosa. Uma rajada de neve bateu-lhes nos rostos, enquanto seguiam penosamente ao redor dos galpões, arrastando suas mochilas e finalmente chegando a um cais, onde dois navios surgiram sob a luz fraca. Em suas proas, tremulava a bandeira nacional alemã. Um pequeno grupo de trabalhadores portuários e marinheiros se juntou no cais, olhando silenciosamente, enquanto os alemães embarcavam nos navios. Eles puderam ler os nomes *Sierra Cordoba* e *Oceana* em suas vigas. Não foi necessário convencer a tripulação do *Bremen* a entrar pelos corredores íngremes, pois eles estavam ávidos por estar em um pedacinho de sua terra natal. Eles foram muito bem tratados a bordo de cada navio e lhes serviram comida caseira e cerveja alemãs.

A tripulação do *Bremen* sentiu-se imensamente aliviada após finalmente partir de Leningrado, passando pelo longo canal e a ilha Kronstadt, que estava tumultuada com navios da marinha soviética, incluindo os submarinos escuros e de aspecto agourento. Após navegarem para fora do canal e alcançarem mar aberto, diversos passageiros começaram a refestelar-se indolentemente no convés, ou nos belos salões, tentando agir como se finalmente tivessem obtido o *status* de passageiros de primeira classe, embora estes fossem transatlânticos econômicos, se comparados ao *Bremen*. Subitamente, três aeronaves não identificadas surgiram rasgando o céu, vindo da direção do sol. Os tripulantes alemães ficaram aterrorizados, quando as balas atravessaram o convés e lascas voaram. Havia centelhas e cheiro de tinta queimada por toda parte. Foi absolutamente pavoroso estar a bordo de um navio que tinha apenas dois canhões antiaéreos atirando nos agressores, sem qualquer eficácia. Os três aviões, pintados de azul, podendo ser tanto britânicos, quanto finlandeses, chegaram a 500 metros, atirando e soltando várias bombas. Mas as bombas caíram próximo, ou passaram por cima do navio. Então, depois de passarem duas vezes, eles sumiram de repente, como haviam surgido, deixando os tripulantes terrivelmente abalados. A tripulação do *Bremen* estava ilesa, só seu entusiasmo fora ligeiramente afetado.

Finalmente, em 21 de setembro o *Sierra Cordoba* e o *Oceana* entraram no Nord-Ostsee Kanal, depois viraram ao sul, pelo estuário Elbe, navegaram ao redor de Cuxhaven entrando no rio Weser, e chegaram em Bremerhaven. Eles foram recepcionados pela orquestra da Norddeutscher LLoyd, sob chuva torrencial, lealmente saudando-os de volta. Desnecessário dizer, a chegada a Bremerhaven foi calorosa, mas os pensamentos permaneciam nos companheiros que ainda estavam a bordo do *Bremen*, em Murmansk. Antes de desembarcar, a tripulação havia sido alertada pelo primeiro oficial Warning para que não falasse sobre Murmansk e quais navios sabiam estar lá, nem especular sobre o possível regresso de seu adorado *Bremen*; esses assuntos estavam proibidos. Apesar de tudo, eles estavam contentes por estarem em casa, embora sua alegria provou durar pouco. Em alguns dias, a maioria foi solicitada a se apresentar para ingresso no serviço militar. Wilhelm Bohling, o aprendiz de garçom, foi alistado na Força Aérea, e Ernst Henningsen, o garçom, serviu em um navio caça-minas.

O primeiro oficial Warning não pôde ir para casa. Em vez disso, ele viajou imediatamente a Bremen para relatar à direção da Norddeutscher Lloyd as condições a bordo do *Bremen* e, após fazê-lo, embarcou num trem para o alto-comando naval, em Berlim. Ele passaria mais de oito semanas lá, planejando o futuro do *Bremen*.

SS *Bremen*
Murmansk
Setembro-novembro de 1939

Enquanto isso, em Murmansk, o clima e a disposição do capitão Ahrens estavam se deteriorando rapidamente. Nevava, o vento soprava e os dias passaram a ser mais curtos. O capitão estava preocupado com inúmeras questões que prognosticavam a tentativa de escapar e passar pelo corredor polonês britânico. Ele pediu, repetidamente, permissão aos russos para que os membros remanescentes descessem em terra firme, para relaxar, olhar em volta, mas sem sucesso. Foi ignorado, ou lhe disseram que transmitiriam o pedido acima. Os russos não eram grosseiros, ao contrário, eram afetuosos e amistosos. Entretanto, um certo temor parecia permear todos os russos uniformizados, a ponto de fazer com que nenhum deles quisesse tomar uma decisão, a despeito de quão insignificante, pois sempre buscavam aprovação de um escalão superior.

 Os dias curtos e as longas noites de inverno se arrastavam sob o clima escuro da região. De meados de novembro a meados de fevereiro, o sol parou de nascer em Murmansk, com os curtos períodos de luz do dia reduzidos a um mero brilho cinzento. Conforme os dias se passavam, os tripulantes recebiam algumas notícias pela transmissão marítima diária de Berlim. Sua presença na Rússia foi confirmada na imprensa, pela primeira vez com exatidão em 3 de outubro, por um marinheiro norueguês que chegara a Oslo, a bordo de um navio que zarpara de Murmansk, na semana anterior. O marujo de olhos aguçados alegava ter visto o *Bremen* num ancoradouro próximo àquele porto, em meio a um aglomerado de outros navios mercantes alemães, e que o transatlântico estava coberto com pintura camuflada. Ao ser visto em Murmansk, Ahrens supôs que os boatos de suas aventuras pelo mundo cessariam, mas não foi o caso. O *Bremen* voltou a ser noticiado como sido avistado ao mar por um navio italiano, próximo à costa da Argentina, e, outra vez, por pescadores da costa da Noruega. Então, em 10 de outubro, o confeiteiro holandês Elbert Post, um dos sortudos que haviam partido em meados de setembro, chegara à sua terra natal, em Amsterdã, dando com a língua nos dentes sobre a história toda e a presença do *Bremen* em Murmansk.

Post, que foi entrevistado pelo jornal holandês *Het Volk*, contou a história completa, desde a chegada e detenção em Nova York, até a partida e pintura do navio, incluindo a escapada dos dois transatlânticos britânicos, próximo a Halifax.[1] "Nenhum de nós se importava com o holandês", relembra Walter Renneberg, que trabalhara com Post na cozinha. "Post havia se vangloriado na entrevista com a imprensa de que somente ele deixara de dar a saudação nazista ao partir de Nova York, e até forneceu ao jornal uma foto de si, sem fazer a saudação, em pé, junto aos tripulantes que cantavam e estendiam seus braços direitos no gesto nazista. Seus detalhes quanto à nossa história, de acordo com o que ouvimos, repetidamente, pelo noticiário telegráfico, foram um tanto precisos. Ele descreveu minuciosamente a jornada de trem de Murmansk a Leningrado e a viagem para casa, a bordo dos dois traslados KdF [*Kraft durch Freud*, ou seja, "Força pela Alegria"].

Para a tripulação remanescente do *Bremen*, essa foi a primeira confirmação aberta de que seus companheiros de navio haviam chegado em casa com segurança, mas eles não ficaram nada empolgados pelo compromisso voluntário do ex-colega holandês. Finalmente, os alemães souberam que o primeiro lorde do almirantado britânico Winston Churchill anunciara à imprensa que "acreditava-se que o transatlântico alemão *Bremen* estaria em um porto do nordeste russo". Para eles, isso sacramentava tudo. Sua localização certamente não era mais segredo e, para aqueles que ainda estavam a bordo, seria apenas uma questão de tempo, até que certamente surgisse um plano britânico para capturá-los.

Então, o comodoro Ahrens ouviu pelo receptor sem fio sobre a vitória do *U-47*, comandado por Günter Prien, que havia entrado sorrateiramente no ancoradouro na Marinha Real de Scapa Flow, torpedeado o navio de batalha *Royal Oak* e depois fugido. As notícias de que o *Royal Oak* fora afundado com a perda de 786 tripulantes teriam dado um grande impulso ao moral alemão, principalmente àqueles que se lembravam do naufrágio da frota de batalha imperial de seu país, exatamente naquelas águas. Ao fim da Primeira Guerra, os navios retidos em Scapa Flow ainda permaneciam invictos; grandes combatentes que haviam lutado gloriosamente na Jutlândia — *Friedrich der Grosse, König, Kaiser, Derfflinger, Moltke, Seydlitz* e *Von der Tann* — ainda eram navios invictos de uma nação conquistada. Ao chegarem as notícias da rendição alemã, e os detalhes do conteúdo do Tratado de Versalhes, isso provou ser carga em demasia para os oficiais e homens, que prontamente abriram as escotilhas ao mar e afundaram aqueles magníficos navios, às 11h15, de 21 de junho de 1919. Parecia que a guerra estava se aproximando do *Bremen*, enquanto este permanecia totalmente desconhecedor de seu futuro, e para onde as águas nordestes da Rússia iriam levá-lo.

Os dias e as longas noites se arrastavam com pouca mudança na situação. Em 2 de novembro, o capitão Ahrens escreveu uma carta ao alto-comando naval alemão, agora seu superior imediato, descrevendo suas preocupações com relação ao navio.[2] Ele explicou que depois que as autoridades lhe disseram ter de transferir o navio a um ancoradouro na baía de Sayda, a apenas 12 milhas a oeste de Murmansk, ele protestara. O ancoradouro proposto tinha um fundo rochoso, não seria um solo adequado para prender suas âncoras, e o vento ali era ainda mais forte, freqüentemente chegando à intensidade de 7 a 8. Eles constantemente teriam de usar ao menos dois motores, para evitar que fossem jogados contra as rochas. Isso significava que os maquinistas do navio, já reduzidos a um número quase insuficiente, devido ao envio de tantos tripulantes para casa, em setembro último, teriam de se alternar em turnos de 12 horas em serviço, por 12 de descanso, apenas para manter o aquecimento das turbinas, caso precisassem de um torque repentino, evitando que fossem varridos para a costa. Para eles, isso não era nenhum piquenique. Também não havia nenhuma loja disponível. Em vista das condições incertas, escreveu o comodoro, valeria a pena considerar a possibilidade de conduzir o navio para casa durante as noites polares. "Eu endosso pessoalmente tal ação", escreveu ele, "embora não saiba as condições atuais no mar do Norte." Para piorar as coisas, ele não tinha um rádio comunicador a bordo, já que sua equipe telegráfica fora enviada para casa com os 870 membros da tripulação, em setembro. Apenas um navio alemão em Murmansk, o *Cordillera*, que ainda possuía capacidade de comunicação, com dois radiotelegrafistas a bordo.

Ahrens então escreveu um relatório separado à Norddeutscher Lloyd, anexado à carta para o alto-comando naval alemão:

> A situação do pessoal chegou a um ponto em que, se formos obrigados a deixar o porto por qualquer razão, não podemos fazê-lo sem reforços. Após extensas discussões com meu maquinista-chefe, com o combustível que temos a bordo é inteiramente possível zarpar com as quatro turbinas e, seguindo a 27 nós, alcançar um porto alemão em dois dias e meio, talvez três. Nossa força de convés está fraca, com apenas dois oficiais. Nesse caso, a despeito do grau emergencial, eu não gostaria de partir com esse nível de pessoal. Levaria ao menos dois dias e meio para obter reforço de Leningrado até aqui. Eu solicito o seguinte:

4 oficiais de navegação
3 maquinistas
3 radiotelegrafistas
1 médico (não inteiramente necessário, uma enfermeira qualificada seria suficiente)
3 bombeiros
1 alfaiate
1 contramestre
3 sinaleiros
10 marujos
3 auxiliares de pessoal (operadores de telégrafo)
3 maquinistas auxiliares
Total: 35 pessoas

Ahrens, então, descreveu seu ponto de vista sobre a arremetida para casa:

> A viagem completa, até em casa, é de aproximadamente 1.500 milhas náuticas. Se nós fôssemos partir às 14 horas de 5 de dezembro, já estaria escurecendo. Se não fosse o mau tempo, poderíamos chegar a Andesnaes depois de um dia. A luz diurna dura de 10 às 14 horas, e nós poderíamos permanecer ocultos diante dos pontos de pesca, evitando ser relatados pelos pescadores. Depois de escurecer, poderíamos nos aproximar da costa, e por volta de 21 horas do dia 7 de dezembro estaríamos em Skudesnaes.

A essa altura, o capitão Ahrens usou em sua carta uma tática que sabia provocaria uma resposta imediata de Berlim. Ele propôs partir numa determinada data, saindo ao mar e então aguardaria ordens adicionais, quando pudesse se comunicar. Usou o truque milenar de marinheiro, de dizer ao chefe "a não ser que você diga outra coisa, eu vou fazer isso, ou aquilo" (na terminologia naval,

Planejando a fuga

tal frase tem o acrônimo UNODIR, que em inglês significa *"unless otherwise directed, I intend to..."*]. Sua carta prosseguiu:

A questão que permanece é se o *Bremen* deve partir naquela data, ou aguardar ordens e ficar aqui, até que ainda haja uma hora e meia de escuridão, para usar o tempo adicional correndo dentro das três milhas de águas da costa norueguesa e decidir, na noite seguinte, se entra no mar Báltico, via o Grande Círculo, ou segue diretamente à costa da Alemanha, via Cuxhaven.

Minha profundidade na chegada seria de 32 pés; um pouquinho fundo para o Círculo, mas não impossível. No entanto, nós não poderíamos fazer isto à luz do dia, sem sermos descobertos. Eu já transitei no Círculo por duas vezes no *Columbus*, há seis anos, a uma profundidade de 32 pés. De qualquer forma, é mais fácil chegar à costa alemã, a menos que haja outras razões para não fazê-lo. A questão mais importante é manter nossa partida daqui em sigilo. No passado, os russos já deram um espaço de um ou dois dias de vantagem a navios, antes de permitirem que outra embarcação zarpasse, de modo a controlarem as informações quanto a navios observadores [a transmissão de comunicações sem fio foi proibida pelas autoridades soviéticas e controlada por meio do desaparelhamento compulsório de qualquer antena transmissora no porto]. No nosso caso, isto tem de ser feito.

Na viagem até aqui nós navegamos inteiramente no escuro, com todas as luzes de navegação apagadas, pressupondo que todos os auxiliares de navegação [faróis] estariam extintos. Eu o faria novamente no trajeto para casa, como segurança adicional. [E aqui o capitão Ahrens ingressa nas operações navais.] Agora, da forma como as coisas estão ao sul, haveria disponibilidade de escolta armada alemã? Seria perigoso para um submarino, mas para isso, eu preciso da seguinte informação de vocês:

Os ingleses estabeleceram uma barreira nas Orkneys para a costa norueguesa?

Que rota está sendo feita pelos cargueiros de Narvik à Inglaterra?

Qual é a melhor segurança alemã ali, onde e como?

Vocês certamente podem me fornecer mais informações, que poderão ser muito valiosas.

Quanto à aparência do navio, toda a superestrutura, casco e chaminés foram pintados de cinza escuro e nosso nome foi encoberto no casco e botes salva-vidas.

Códigos: a tecla H, que nós vínhamos usando para *Iller*, expirou, portanto, o *Bremen* precisa de [uma] nova tecla de código. [Todos os navios da operação Base Norte receberam conteúdo telegráfico utilizando nomes de outros navios alemães, para confundir o monitoramento da inteligência, e ao *Bremen* fora designado o chamado de um navio intitulado *Iller*.]

Finalmente, Ahrens apelou para a decisão de deixá-lo tentar, ao escrever:

> As longas noites e nossa imensa superioridade de velocidade não são as únicas vantagens. Eu tenho certeza de que há outras medidas que assegurem o sucesso desse último trajeto. Posso garantir que todas as medidas foram tomadas para que possamos destruir e afundar o navio, evitando que ele caia nas mãos do inimigo.

A carta obteve uma resposta imediata de Berlim. Em 22 de novembro, o adido naval da embaixada da Alemanha, em Moscou, *Frigattenkapitän* (tenente capitão) Norbert von Baumbach, foi enviado a Murmansk, a bordo do trem do Círculo Polar, para conferir, junto ao comodoro Ahrens, os seus pontos de vista quanto à arremetida de volta para casa. Em Berlim, o primeiro oficial Warning e diversos outros oficiais do alto-comando naval estavam elaborando um plano para tirar o *Bremen* de Murmansk e levá-lo para casa, passando pelos mares norueguês e do Norte, infestados de inimigos, e colocá-lo em segurança, nas águas natais da Alemanha.

O primeiro elemento deste plano foi lançando em 14 de novembro, quando o *U-38* partiu de Wilhelmshaven, passou pelos campos minados do estuário de Weser e virou ao norte, atravessando o bloqueio britânico, com a missão de seguir até Murmansk. A missão inicial do *U-38* era fazer um reconhecimento da base submarina russa, em Polyarny, como possível base para operações submarinas, conforme o pacto de não-agressão germano-soviético. No entanto, sua presença em águas nordestes logo impulsionaria o submarino a participar do plano de tirar o *Bremen* das águas russas e levá-lo de volta para casa. O *U-38* foi comandado por Heinrich Liebe, de 31 anos, que formara sua tripulação em 1933 e, desde o início da guerra, no começo de setembro, já havia afundado 16.698 toneladas em navios britânicos, total nada insignificante para os primeiros meses de batalha. Embora sua missão de seguir ao norte, para a baía de Loka, devesse ser considerada uma tarefa diplomática relevante, Liebe estava ávido para ir aonde pudesse aumentar rapidamente seu recorde total de navios afundados. Conseqüentemente, para ele e sua tripulação, a viagem ao norte parecia remover-lhes do campo principal de batalha, embora navegar pela frota nacional do almirante Charles Forbes pudesse dar a chance de encontros com alvos combatentes da Esquadra. O adido alemão Baumbach levaria consigo as notícias da visita do *U-38* à região de Murmansk. Era parte de sua missão providenciar para que Liebe e seu barco Modelo XI fossem assistidos apropriadamente, e que conseguissem uma visão razoável e imparcial dos problemas da base norte alemã.

British Home Fleet
Atlântico Norte e mar do Norte
Novembro-dezembro de 1939

Paralelamente, a Marinha Real estava reforçando a Home Fleet do almirante Charles Forbes e ampliando a rede para interceptar todos os navios alemães nos mares do Norte e no espaço entre Shetland e Faroe. Em 17 de novembro, o terceiro submarino britânico da flotilha foi posicionado em Harwich, nordeste de Londres, na costa de East Anglican. Aquele comando deu início a patrulhas ativas na parte sudeste do mar do Norte.

Um acontecimento importante ocorreu envolvendo o HMS *Rawalpindi*, transatlântico britânico de passageiros, convertido e armado com quatro antigos canhões de seis polegadas, transformado em navio pirata. Em 23 de novembro, numa ocorrência localizada na superfície, entre a Islândia e as Ilhas Faroe, o navio alemão de batalha *Scharnhorst* afundou o *Rawalpindi*, numa ação que durou apenas 14 minutos. O cruzador britânico armado afundou solenemente, após acertar apenas um tiro no poderoso *Scharnhorst*. Em patrulhamento da mesma área, apesar de estar fora de alcance visual do *Rawalpindi*, estavam os cruzadores *Newcastle*, dois cruzadores classe-C e um classe-D. Simultaneamente, os cruzadores *Norfolk* e *Suffolk*, de canhões de oito polegadas, patrulhavam o estreito da Dinamarca, entre a Islândia e a Groenlândia.

Nesse mesmo dia, o almirante Forbes deixou Clyde para sair em busca do *Scharnhorst*, com os navios de batalha *Nelson* e *Rodney*, o cruzador *Devonshire* e sete destróieres. Forbes imediatamente montou uma patrulha submarina de cinco embarcações, em linha posicionada a sudeste, a 250 graus do Farol Lister, com intervalos de 15 milhas. Essas operações, destinadas a interceptar o *Scharnhorst*, foram inacabadas e extintas, em 1º de dezembro. Entretanto, alfinetado pela perda do *Rawalpindi*, o almirante Forbes desejava profundamente interceptar o transatlântico *Bremen*, o qual sabia estar definhando em Murmansk e esperava rumar para casa em breve. Sendo assim, na última semana de novembro, o perceptivo almirante enviou o navio *Glasgow,* e dois destróieres, ao nordeste das ilhas Shetland para aguardar o *Bremen*, caso este tentasse fazer a rota para casa, nas noites extensas de dezembro.

Alto-comando naval alemão
Berlim
Sexta-feira, 1º de dezembro de 1939

A missão de maior sensibilidade com relação ao tempo, e mais complicada de ser alcançada, seria prover ao comodoro Ahrens os reforços de tripulantes que este havia solicitado para o trajeto de volta para casa. O pessoal adicional foi obtido com certa facilidade, por voluntários da Norddeutscher Lloyd, de quem eles receberam mais que os 35 solicitados. No entanto, levar esses homens até Murmansk gerou aos oficiais alemães não uma insignificante burocracia, durante a época nazista, mas um desafio muito maior do que o problema tático de passar pelo bloqueio naval britânico. O atordoamento da burocracia administrativa soviética era apavorante. Diz-se que um dos motivos menos conhecidos que resultaram na invasão da União Soviética em 1941 foi a conclusão a que chegaram os oficiais do exército alemão de ser mais simples guerrear os russos que ser seu aliado.

Enquanto o adido naval Norbert von Baumbach estava preparando para despachar os planos finais de fuga do *Bremen*, em Murmansk, o primeiro oficial Warning movimentava-se junto ao alto-comando naval berlinense e o Ministério dos Transportes, para obter vistos soviéticos de entrada para 57 tripulantes substitutos para o *Bremen*, e simultaneamente elaborando o esboço do plano para seu regresso a Bremerhaven.

10

O Salmon *acerta um submarino*

SS *Bremen*
Murmansk
Sexta-feira, 1º de dezembro, a segunda-feira, 4 de dezembro de 1939

Como a melhor defesa do *Bremen* era sua velocidade, seu plano de fuga pedia que ele disparasse a toda, atravessando o mar do Norte. A defesa anti-submarino consistiria na provisão de escolta aérea e, no caso de ser descoberto com grande proximidade, o uso da velocidade máxima, fazendo manobras em ziguezague para qualquer dos lados da trilha base. O perigo real permanecia na possibilidade de um submarino britânico estar à espreita, aguardando o navio, após sua entrada no mar do Norte. O clima, a visibilidade e o uso astuto da escuridão como cobertura seriam fatores determinantes e, com um pouco de sorte, eles encontrariam a área encoberta pela neblina, como era freqüente em dezembro.

A operação para maquiar o trajeto de volta foi baseada em disfarçar o *Bremen* eletronicamente, como o navio mercante *Helene*, cargueiro de oito mil toneladas e um dos 18 navios mercantes alemães que usaram Murmansk como porto seguro. Ao assumir o sinal internacional de rádio de *Helene*, o *Bremen* sairia de Murmansk sob o manto da escuridão, seguiria a oeste pelo mar de Barents, circundando o cabo Norte, depois zarparia ao sul, fora do alcance visual da costa norueguesa. O alto-comando naval alemão corretamente suspeitara de que a silhueta proeminente do *Bremen* seria relatada aos britânicos por observadores simpatizantes da costa da Noruega. Permanecendo fora do alcance visual da costa, o comodoro Adolf Ahrens seria privado do uso de auxiliares de navegação, e teria de mapear seu próprio caminho ao sul, contando apenas com seu próprio discernimento.

 A equipe alemã preparou um plano de fuga elaborado, incluindo estacas de rádio com tempo cronometrado ao longo da rota do *Bremen*, dando a seu navegador breves instruções de rádio, como auxiliares direcionais. As unidades seriam compostas por submarinos, destróieres e artefatos de minas de guerra. O plano demandava monitoramento exato de tempo, já que as bóias de navegação emitiriam sinal apenas por períodos curtos, evitando que fossem descobertas, o que significava que os localizadores de rádio do *Bremen* teriam de ser absolutamente alertas e precisos. O peso da interceptação desses sinais recairia sobre os ombros do oficial radiotelegrafista Kurt Gerstung, que voltaria ao navio com os tripulantes substitutos.

 Ahrens teria de navegar em velocidade econômica de 27,5 nós ao sul, em latitude de 64 graus, a oeste de Trondheim, ajustando sua rota para chegar durante as horas após escurecer, que, no começo de dezembro, se dava por volta de 15 horas. Aumentaria, então, a velocidade para 29,5 nós, começando sua arrancada pelo bloqueio britânico que se estendia das ilhas Shetland até a costa norueguesa, próximo a Bergen. Quando atravessasse o mar do Norte, ele teria de ser novamente auxiliado pelas estacas dos destróieres e artefatos das minas, além de outro submarino, que afastaria qualquer possível perseguidor.

O sucesso dependia da visibilidade. Se o tempo estivesse ruim e Ahrens julgasse poder atravessar o mar do Norte, até a boca do Weser, ele teria de fazê-lo em velocidade máxima. Se a visibilidade melhorasse, aumentando o perigo de uma interceptação visual por um navio ou aeronave britânicos, Ahrens tinha a opção de desviar a leste, adentrando Skagerrak e ingressando no Báltico, através do Grande Círculo, depois retornando a Bremerhaven pelo canal Ostsee. Para fazer isso, sua profundidade teria de ser menor do que 32 pés. Ahrens já usara essa rota rumo ao Báltico antes, e sabia que poderia fazê-la com segurança na escuridão, se mantivesse o casco do navio suficientemente raso, alijando parte do conteúdo dos tanques de água. Se o clima permitisse, o reconhecimento aéreo seria feito pelo comando de defesa aérea do leste báltico, com base em Cuxhaven, mas somente depois que o *Bremen* ultrapassasse o sul, a 64 graus de latitude norte. O dr. Julius Dopmüller, ministro dos Transportes alemão, apresentou o plano pessoalmente a Adolf Hitler, que o aprovou em 17 de novembro de 1939.

Em 1º de dezembro, o adido Norbert von Baumbach, jurando que jamais faria novamente a viagem pelo Círculo Polar, voou até Murmansk a bordo de um vôo fretado que partiu de Moscou, para transmitir ao comodoro Ahrens a tecla especial de comunicação, ordens escritas e mapas de navegação de guerra atualizados. As ordens demandavam o início dos preparativos da fuga, mas diziam para que Ahrens aguardasse autorização para partir. Havia duas pendências na operação Helene: providenciar submarinos de escolta e navios de guerra para acompanhar o *Bremen* na superfície, e suporte aéreo tático.

Dada a vantagem em velocidade do *Bremen*, o comando submarino, a princípio, achou o apoio desnecessário. No entanto, o primeiro oficial Eric Warning argumentara ser imperativo, já que seguir ao Báltico usando o Grande Círculo continuaria sendo uma opção para Ahrens, dependendo do clima e situação tática no mar do Norte. Neste caso, um submarino bem posicionado poderia proporcionar o empecilho crucial, caso o *Bremen* fosse perseguido por combatentes inimigos na superfície. O comando em Wilhelmshaven finalmente concordou em assinar a cessão de vários submarinos preciosos para auxiliar na segurança da travessia. Um dos diversos cedidos foi o *U-36*, que viria a tomar frente da organização estratégica em 3 de dezembro, assumindo a estação de patrulhamento ao sul dos 64 graus norte, para atuar como auxiliar nas comunicações, inicialmente transmitindo um sinal de baixo alcance via bóia, pelo qual o *Bremen* poderia se guiar. Quando em alcance visual, ele poderia afirmar o reconhecimento das informações transmitidas piscando as luzes, e afastaria quaisquer navios na superfície. Outro submarino, o *U-23*, se disponível, assumiria a estação de patrulhamento no mar do Norte, para afugentar possíveis agressores que surgissem numa perseguição ferrenha, caso Ahrens optasse por entrar no Grande Círculo. Um terceiro submarino, o *U-38*, já fora designado anteriormente a atravessar a área de exclusão britânica, na direção nordeste, passando pelo mar norueguês e ao redor do cabo Norte, e adentrando a baía de Kola, até Polyarny, a pequena vila pesqueira, recentemente convertida em base submarina soviética.

O alto-comando naval alemão e o principal diretório naval soviético haviam concordado, com base no pacto de não-agressão em que constava que Pylarny, localizada próximo a Murmansk, um dos raros portos russos isentos de gelo o ano inteiro, poderia ser usada como base pelo comando submarino de Karl Dönitz, e possivelmente, na superfície, por navios armados. O grande almirante Erich Raeder, autoridade naval suprema, aprovara o plano preliminar intitulado "Base Norte", para dar abrigo seguro na área de Murmansk aos navios mercantes alemães fugindo de navios de guerra britânicos, quando os conflitos começaram e as embarcações comerciais desarmadas buscavam portos seguros. O *U-38* começara sua travessia em meados de novembro e tinha regresso programado para meados de dezembro, após realizar o reconhecimento da área de Polyarny e encontrar os representantes navais soviéticos do quartel-general na frota nordeste, em Severomorsk, determinando se aquele porto seria adequado aos submarinos alemães. À época da partida, *Korvettenkapitän* (tenente comandante) Heinrich Liebe, oficial no comando do *U-38*, não possuía qualquer instrução em mãos quanto ao *Bremen*, mas estava ciente de que o renomado transatlântico encontrava-se na área de Murmansk.

Os comandantes de submarinos não gostavam da idéia da demanda de várias de suas unidades para transmissão, freqüência e auxílio de navegação ao *Bremen*. A transmissão de qualquer freqüência ao mar era uma maldição para submarinos. Eles entendiam que a capacidade britânica de alcance em alta freqüência, em Scarborough, tinha exatidão absoluta, mesmo naqueles dias de início da guerra, e isso representava um risco adicional à segurança dos submarinos. Os tripulantes dos submarinos ainda não estavam muito interessados em sua participação na operação Helene. O comando aéreo de defesa do leste báltico, baseado em Cuxhaven, recebeu ordem para fornecer reconhecimento com hidroaviões e apoio aéreo anti-submarinos, a 64 graus sul, dependendo do clima.

U-36
Rio Weser — Helgoland
2 a 4 de dezembro de 1939

Sem o conhecimento de Ahrens e sua tripulação a bordo do *Bremen*, ainda em Murmansk, ou daqueles tripulantes que já teriam feito a viagem de volta a Bremerhaven, o submarino alemão *U-36*, modelo VIIA, parte da Saltzwedel Submarine Flotilla, comandanda por Wilhelm Frölich, zarpou de seu cais, em Kiel, em 2 de dezembro, fez uma rápida parada em Wilhelmshaven para ordens atualizadas e partiu daquele porto, no fim da noite de domingo, seguindo seu caminho a nordeste, beirando os campos minados próximos ao estuário Weser.

A missão do *U-36* era promover um encontro com o *Bremen* sete dias mais tarde, a 64 graus norte, e atuar como batedor armado, além de dar suporte de sinal.[1] Ele foi um dos requisitos solicitados pelo comodoro Ahrens para a operação Helene, mas inicialmente recusadas pelo alto comando naval alemão. Barcos de longo alcance, modelo operacional VIIA, já eram muito demandados para ataques vigorosos no Atlântico Norte. Porém, após a insistência ardorosa do primeiro oficial Warning, do auxílio de diversos de seus amigos navais e da intervenção pessoal do ministro dos Transportes Dorpmüller, a escolta submarina havia sido finalmente acrescentada, ainda que de forma relutante, pelo *Befelshaber der Unterseeboote* (comandante submarino) Wilhelmshaven. Este comandante preferia ter seus barcos caçando navios de guerra britânicos, que agora avançavam para fortalecerem sua ostensiva ao redor das entradas dos portos alemães, em lugar de escoltar navios mercantes de passageiros, mesmo o afamado transatlântico de luxo *Bremen*.

HMS *Salmon*
Mar do Norte
4 de dezembro de 1939

Sem que o comodoro Ahrens e seus tripulantes soubessem, até após a guerra, no sábado, 2 de dezembro, o HMS *Salmon*, submarino britânico classe Swordfish, deixou o navio mãe, o HMS *Cyclops*, como uma unidade da recém-formada terceira flotilha submarina, em Harwich, no porto a nordeste de Londres, mar do Norte, para patrulhar a área norte dos campos minados alemães, próximo ao estuário Weser. O oficial no comando do *Salmon* era o tenente comandante E. O. Bickford. Nessa patrulha, esse solteiro de 30 anos lançaria seu submarino e sua tripulação às páginas da História. Bickford já era bem conhecido na força submarina por ter sugerido a Winston Churchill, durante um almoço para oficiais de submarinos, em Portsmouth, que a força submarina da Marinha Real estaria mais bem servida se treinasse um sistema bombordo e estibordo, ou de duas equipes, para remediar a falta de barcos de suprimentos. Esse plano poderia duplicar seu tempo ao mar, seguido de um breve período de manutenção, e embarque de uma nova tripulação, conseqüentemente minimizando o tempo portuário de descanso e reabilitação dos tripulantes. Uma vez iniciada a guerra, a sugestão não chegou a vingar, e a força submarina real começou a perder cada vez mais homens, tornando a idéia inteiramente impraticável, devido ao número insuficiente de homens qualificados nos submarinos.

Às 13h30 de 4 de dezembro, enquanto patrulhavam do fundo com o periscópio, nos limites dos campos minados do mar do Norte, a 75 milhas sudestes do Farol Lister, o primeiro tenente Maurice F. Wykeham-Martin, oficial de vigia do *Salmon*, avistou na superfície algo que parecia ser uma caixa flutuando.

— Objeto na superfície, em leitura a dois cinco — ele gritou, para que todo o posto de observação pudesse ouvir.

O oficial Kenneth Barron, seu subordinado, verificou seu sistema detector sonoro anti-submarino (ASDIC — *Anti-Submarine Detection Investigation Committee*) no posicionamento e imediatamente detectou cavitação propulsora.

— Efeitos hidrofônicos no posicionamento de leitura dois cinco, possível navio de guerra — ele gritou, nos fones de potência sonora.

— Capitão à sala de controle... Soar alarme. Submarino emergindo à superfície, senhor! — O grito do tenente levou todos os tripulantes às estações de ataque.

O tenente comandante Bickford chegou à sala de controle como um raio e, após olhar rapidamente pelo periscópio, concordou com seu primeiro tenente; o objeto não estava balançando com a maré fraca, mas parecia ser pesado, e seguia a rota de 350 graus. Bickford assumiu a pilotagem.

— Em frente, a toda, giro máximo, controle de artilharia, preparar solução, vigias espalhados aos quatro cantos, rumo à sala de torpedos. — Ele fez o que todos os homens competentes da Marinha Real buscavam fazer, em momentos de contato iminente com o inimigo: aproximou-se do alvo, em velocidade máxima. Em segundos, a solução veio de seu oficial de artilharia:

— Senhor, recomendo curso um-um-zero, à distância de seis mil jardas do contato.

— Muito bem. Piloto, leme todo à direita, entre em curso um-um-zero. — Bickford estava satisfeito, embora soubesse que a distância era pouco acima do alcance máximo de cinco mil jardas para seu torpedo de 21 polegadas. O tiquetaque do relógio prosseguia, enquanto eles lentamente se aproximavam do alvo.

— Senhor, alcance se aproximando, alvo a 55 jardas, posicionamento fixo, a um-um-zero. Programar profundidade do torpedo a oito pés, com salvas de intervalos a cada sete segundos.

U-36
Mar do Norte
4 de dezembro de 1939

Wilhelm Frölich, comandante do *U-36*, nasceu em Zeitz, e foi da turma de 1929 da Academia Naval de Flensburg. Ele concluiu seu curso de oficial de submarino em Neustadt, Holstein, em 1937. Foi um dos comandantes seniores da flotilha do submarino Saltzwedel e tinha uma carreira promissora à frente.

Wilhelm Frölich chegou na divisa dos campos minados na manhã de 4 de dezembro, girou a uma direção de 350 graus, seguiu próximo à superfície, ao longo da linha divisória, com sua torre cônica fora da água, para fazer um tempo melhor de percurso e alcançar a passagem da ilha Fair ao escurecer, depois seguiu na direção das ilhas Shetland.[2] Frölich ficou na cabine aberta da torre, piscando os olhos em meio aos espirros da água. Ele estava satisfeito com sua navegação, aliviado por terem detectado a margem do campo minado. Agora, sua maior preocupação era avançar ao máximo em direção ao Farol Utsire, para tanto, passando pelas águas norueguesas encoberto pela escuridão. Ele sabia que os britânicos estariam patrulhando ali. O oficial da inteligência da flotilha em Wilhelmshaven informara-lhe que havia muito movimento na entrada de Skagerrak, desde o afundamento do navio auxiliar *Rawalpindi*, e destróieres britânicos e noruegueses estavam patrulhando intensamente aquelas águas. Mais uma vez ele amaldiçoou sua missão, por ter de passar por um vespeiro inimigo, apenas para encontrar e escoltar um transatlântico de luxo alemão, vazio. Ao avançar em alta velocidade, ele corria o risco de ser descoberto, por conta da cavitação e efeitos na superfície, mas achava que nenhum submarino ou destróier inimigo estivesse patrulhando tão próximo dos campos minados. Ele passou o comando ao seu executivo e desceu para um lanche de meio-dia, e um copo de chá.

HMS *Salmon*
Mar do Norte
4 de dezembro de 1939

A apenas três milhas ao norte do *U-36 Salmon*, de Frölich, abria a velocidade com seus motores elétricos de 1.300 cavalos, conduzindo-o à máxima de nove nós submersos.

— Muito bom, número um — disse Bickford. — Carregando o tubo um, dois, três e quatro. Tempo para atirar? — Bickford estava calmo, tinha total confiança em seus homens. O oficial William George Taylor, condutor do barco, era o timoneiro, e suas mãos estavam firmes como uma rocha ao assumir o novo curso. A sala de controle cheirava à fumaça de óleo *diesel* e tabaco, misturada ao forte odor de sabão da limpeza na área de serviço, que começara logo após a refeição do meio-dia. A embarcação de Bickford era considerada uma das melhores da flotilha. Seu último barco, o HMS *Odin*, fora o melhor submarino da flotilha China, um ano antes de ele assumir o comando do *Salmon*.

Bickford deu uma olhada no brasão do barco, fixado à antepara da sala de controle. Seu cume, apropriadamente trazendo um salmão saltando, exibia a frase *Fluctibus floreo* ("Eu floresço nas ondas") incrustada logo abaixo. "Que barco magnífico, e que tripulação esplêndida!", pensou o capitão, com coração acelerado pela tensão que aumentava. Tudo se resumia a isso: combate sob as ondas — ele tinha nascido para isso. Até mesmo o cheiro ruim do desinfetante e do *diesel* pareciam acalentá-lo agora. Este era seu ambiente.

O contato alemão agora parecia verde no periscópio, e seu canhão de convés era ocasionalmente visível, conforme ele passava pela maré. Bickford achou que era de uma classe oceânica, 500 toneladas, usando o santuário dos campos minados para se afastar, abrindo uma boa distância com sua velocidade de superfície, de modo a cruzar a passagem da ilha Fair, na escuridão, pois esta ficava nas águas costeiras norueguesas, onde os navios britânicos e noruegueses estavam patrulhando.

— Parâmetro de 5.200, tempo para atirar dez segundos — disse o oficial de torpedo, calmamente, no alto-falante.

— Muito bom, número um; a postos para a salva. — Bickdord olhava para o cronômetro no alto, observando calmamente, depois contou em voz alta: — A postos, todos os quatro tubos — e, após uma pausa: — Cinco, quatro, três, dois, atirar um! — o assovio produzido pelo disparo do torpedo podia ser ouvido no barco inteiro, que balançou suavemente, conforme o primeiro tiro saiu do tubo. Com a saída de quase uma tonelada de aço, a água do mar automaticamente jorrou para dentro do tanque de compensação Q, para manter o barco aprumado. Depois, em intervalos de sete segundos: — Atirar dois, atirar três, atirar quatro! — O primeiro-tenente já havia nivelado o desequilíbrio por conta dos homens correndo para a traseira da sala de controle, ao assumirem as estações de ataque; agora ele procedia freneticamente o ajuste, compensando o peso dos quatro torpedos que saíram dos canos. O equilíbrio tem de ser mantido de forma impecável, para que não deixe baixar o centro, abaixo do periscópio, cegando o capitão, ou emergindo e delatando-lhes a presença, ao puxá-los para a superfície. Ele observou o borbulhar, indicando a estabilidade.

— Todos os torpedos voando, senhor — disse o operador ASDIC Barron. Bickford olhou pelo periscópio. De repente, ele se contraiu, ao ver um de seus torpedos, provavelmente o segundo, ou terceiro, sair na superfície rapidamente, na turbulência crescente causada pelo curto intervalo de lançamento. O barco estremecia a cada tiro e, após o quarto deles deixar o tubo, com um assovio e um rugido, este subitamente fez a proa pular, envergou a popa e começou a empurrá-la descontroladamente para a superfície. Eles haviam perdido o prumo durante os lançamentos; as bolhas no nivelador se inclinaram à frente, no vidro, conforme a proa ergueu, ameaçando puxar o barco para a superfície.

Bickford reagiu imediatamente.

— Metade à frente — ele gritou. — Primeiro-tenente, traga-o para baixo, cara! Para baixo!

Bickford agarrou o pontalete junto ao periscópio e manteve-se firme, enquanto o casco tremia. Ele olhou para o cronômetro; o fim do percurso de 4,5 minutos, alcance máximo do primeiro torpedo, ainda estava a 20 segundos de distância. Ele xingou silenciosamente, pensando que provavelmente teria errado. A proa baixou gradativamente, e o nivelador das bolhas voltou à posição central.

— Leme a meia nau — Bickford gritou, enquanto o barco deu uma guinada e lentamente recuperou a velocidade, virando para trás e nivelando-se sobre a quilha. — Manter estabilidade em frente. — Aliviado, ele olhou os outros rostos ao redor da sala de controle. Todos estavam brancos.

O timoneiro Taylor sorriu:

— Foi um show, hein, senhor?

— Como uma descida na montanha-russa — respondeu Bickford, feliz pelo bom humor do oficial. Ele aguardou silenciosamente, olhos grudados ao periscópio, enquanto os segundos finais do último torpedo corriam. Depois, após um estouro e reverberação, o alvo desapareceu bruscamente, em meio a uma nuvem de fumaça cinza, e fragmentos que subiram mais de 60 metros ao ar, seguido por uma onda de impacto tremendo.

— Tiro certeiro, senhor, possivelmente o um e o dois — o tenente disse, orgulhosamente.

Pasmo com a cena espetacular, o capitão parou antes de dizer:

— Bom trabalho, todos vocês. Agora, preparar para emergir à superfície, para os sobreviventes.

Após uma busca extensa ao redor do horizonte, o *Salmon* lentamente surgiu na superfície, mas não encontrou nada além de fragmentos e óleo. Por um tempo, as bolhas continuaram subindo do fundo, e um corpo usando cinto de segurança foi avistado. Temendo que uma aeronave, ou outro submarino, pudesse ser atraída à cena da explosão, o capitão Bickford mergulhou seu barco e deixou a área, optando por não romper o silêncio via rádio para relatar o encontro, mas permaneceu em patrulha.[3]

A ação durante a qual o *Salmon* afundou o *U-36* foi a primeira, de um total de 70 ataques submarinos aliados, contra a frota de submarinos alemães durante toda a guerra. De 51 ataques pelos submarinos britânicos, 13 resultaram em afundamentos. Esse, de Bickford, foi o primeiro.

Alto-comando naval alemão
Berlim
4 a 5 de dezembro de 1939

O alto-comando naval alemão formulou a base do plano secreto para a arremetida do *Bremen* à sua origem, durante a primeira semana da visita do primeiro oficial Warning a Berlim. Sua presença ali, como primeiro oficial encarregado, foi afortunada, pois nessa época o nome do navio estava em todas as manchetes, não apenas em todos os jornais da Alemanha, mas nas mentes navais e em todas as organizações marítimas alemãs. Eric Warning, tenente *zur Zee* da reserva naval (tenente júnior), como o primeiro oficial do *Bremen*, teve grande influência no desenvolvimento e colocação do plano no papel, em Berlim, em 25 de outubro. Tarefa nada fácil, na enigmática burocracia nazista. Embora sua hierarquia naval fosse apenas como *zur Zee*, ele ostentava o "S" após seu título, o que significava ser *Sonder Führer* (especialista) e experiente em lidar com navios mercantes de planejamento profundo. Esse indicativo era altamente cobiçado e carregava consigo grande admiração entre seus colegas navais. O título também viria a fazer grande diferença no futuro, quando Warning fosse servir como oficial, a bordo do *Hilfskreuzer* (corsário comercial) *Pinguin*, em 1940. Naquela época, Warning foi selecionado por seu oficial em comando, que o escolheu acima de oficiais seniores, para comandar o Passat, um ex-navio-tanque norueguês, de sete mil toneladas, capturado pelo *Pinguin* no oceano Índico, e fazendo seu próprio nome ao minar, com ousadia, os canais ao sul de Adelaide, Austrália, em 1941.[4]

O plano de regresso do *Bremen*, sob o código "Helene", demandava o transporte imediato de 57 tripulantes substitutos (o total final fora decidido em Berlim), acompanhados pelo primeiro oficial Warning até Murmansk, no navio alemão *Utlandshörn*, zarpando de Stetting para Leningrado. Mais uma vez, o aspecto burocrático soviético se impôs, e, com os homens já sentados a bordo do navio, em Stettin, eles foram notificados de que cada um deveria comparecer pessoalmente ao escritório soviético de Berlim, para que preenchessem os formulários exigidos, processo que, na melhor das hipóteses, levaria semanas. Em desespero, o adido alemão Baumbach buscou a assistência de Baron von Schulenburg, embaixador alemão em Moscou. Finalmente, após 24 horas de discussões com o ministério de Relações Exteriores em Moscou, incluindo uma ligação pessoal ao ministro do Exterior Vyacheslav Molotov, von Schulenburg e Baumbach conseguiram obter a liberação do grupo e seu transporte adicional de trem até Murmansk, a tempo da partida do *Bremen*. Aquela data, ainda não reconhecida pelos russos, deve ter sido no começo de dezembro. No entanto, após todas as restrições, negociações e persuasões, os conflitos entre a Finlândia e a União Soviética irromperam subitamente.

O *Utlandshörn* se aproximava do estreito finlandês, rumo a Leningrado, quando os conflitos começaram e, como resultado, recebeu ordem para ancorar em Tallinn, Estônia, e aguardar escolta naval soviética. Enquanto o navio estava ancorado próximo à costa, esperando, Warning já quase perdera as esperanças de que os russos pudessem fazer qualquer coisa como planejado. Após algumas horas, o primeiro oficial ficou agradavelmente surpreso ao ver três navios soviéticos surgindo na escuridão, ladeando o casco íngreme do *Utlandshörn*. Finalmente, eles levantaram âncora e seguiram na direção de Leningrado.

Em Leningrado, o processo, que foi praticamente o inverso daquele que viveram com os tripulantes quando seguiam para casa, seguiu de forma bastante tranqüila.

A tripulação substituta desembarcou do navio e subiu diretamente nos vagões estacionados no cais escuro da área portuária de Leningrado, próxima ao estaleiro báltico. Após mais algumas horas de questionamentos típicos e contagens, e pilhas de papéis a serem preenchidos, o trem entrou em movimento e começou a viagem ao norte. Segundo os membros da escolta, devido à proximidade dos campos de batalha, houve várias protelações demoradas, enquanto o trem sacudia pelo caminho, mas ele finalmente chegou a Murmansk. No começo da tarde a tripulação foi autorizada a desembarcar do trem e, já com a luz do dia sumindo, eles seguiram caminho pelas trilhas cobertas de neve entre os galpões e subiram numa balsa escura, que lentamente seguiu rumo ao breu da enseada.

SS *Bremen*
Murmansk
6 de dezembro de 1939

O comodoro Ahrens estava sentado em sua sala interna, fumando cachimbo, aflito, ao pensar nos planos para a escapada ao sul. Ele sabia do esquema praticamente de cor, e só estava aguardando a chegada do reforço e de seu primeiro oficial, antes de sinalizar ao adido naval Baumbach, em Moscou, que estava pronto. Os dias longos de espera já haviam tido seu custo. Olheiras escuras destacavam seus olhos e ele perdera peso. Ainda havia comida suficiente a bordo, embora a maior parte era de enlatados, ou congelados, e a segurança do porto supostamente estaria em boas mãos, dos russos nervosos, que patrulhavam incessantemente ao redor dos navios estrangeiros. O pior era a incerteza, e ela corroía seus nervos. Ele havia sido agradavelmente surpreendido na noite anterior, quando os oficiais soviéticos o informaram que um submarino alemão havia chegado, e estava ancorado ao lado de um cais próximo a Polyarny. Ahrens imediatamente solicitou autorização para ir se encontrar com o comandante da embarcação. Ao menos uma vez, os oficiais soviéticos pareceram cooperativos e, mais tarde, no mesmo dia, apareceram com o jovem tenente comandante Heinrich Liebe. O comodoro Ahrens ficou profundamente comovido em ter um oficial comandante de submarino em sua sala interna, principalmente um que já estivera em combate e possuía mais de 16 mil toneladas em navios afundados sob seu crédito.

— Entre e sente-se. Estou francamente feliz em vê-lo. — Ahrens voltou-se a seu copeiro: — Traga chá e *schnapps*, esta é uma ocasião especial. — O jovem oficial estava vestido de verde, com um uniforme sem distinção de sua patente, calças cáqui, um suéter de gola rulê muito sujo, mas que fora branco um dia, e uma jaqueta de inverno com pele de carneiro. O jovem oficial de feição impetuosa carregava um quepe naval branco sob o braço. Sentado na cadeira ao lado da sua, Ahrens percebeu que ele exalava odores fortes de *diesel* combustível, tabaco e suor.

— Sem dúvida, você deve apreciar o espaço que desfrutamos a bordo do *Bremen*, comparado às suas dependências apertadas — Ahrens disse, em tom de bom humor.

— De fato, senhor — respondeu Liebe, de certa forma intimidado pela suntuosidade do ambiente. — Nós já estamos bem acostumados aos espaços confinados, senhor; porém, sim, vocês parecem estar bem acomodados, mas, pelo que sei, com falta de tripulantes.

— Sim, nós estamos aguardando a chegada de reforço a qualquer momento, antes de... — Ahrens parou no meio da frase e virou-se ao oficial soviético que ainda estava em pé, junto à porta. Ele se sentia desconfortável em ser rude com o oficial soviético, contudo, perguntou se podia ficar a sós com o comandante do submarino alemão. O oficial soviético gentilmente concordou e saiu da cabine.

— Veja, capitão — Ahrens usou o termo com prazer, querendo que o oficial naval alemão se sentisse à vontade —, nós estamos chegando ao fim de nossa estadia aqui e tememos que um, ou dois, dos navios britânicos que se encontram aqui, desde que chegamos, há dois meses, possam ser da inteligência e estejam aguardando para sinalizar nossa partida aos britânicos. — Ahrens inclinou-se à frente e baixou a voz. — Como sabe, as autoridades soviéticas baniram todas as comunicações, mas não seria nada de mais para um radiotelegrafista astuto arranjar uma antena e transmitir um breve relato de nossa partida. Se isso acontecesse estaríamos, de fato, numa situação difícil. — Ahrens sorriu. — Você sabe, não haveria nada que os britânicos gostariam mais que nos capturar, como um troféu de transporte de alta velocidade, sem contar o efeito de propaganda de possuir o maior transatlântico alemão.

— Eu compreendo, senhor comodoro — Liebe respondeu. Ele fez uma pausa, refletindo por um instante, depois prosseguiu. — A hora de minha partida está por minha conta, contanto que eu regresse a Wilhelmshaven até meados de dezembro. Eu posso escolher como desejar.

Os dois oficiais tomaram um gole de seus chás em silêncio, enquanto o comissário serviu dois copos de *schnapps*. Então, como se os dois tivessem chegado a uma conclusão ao mesmo tempo, Ahrens inclinou-se à frente e afagou o ombro do oficial do submarino.

— Meu jovem, você poderá muito bem ser capaz de nos ajudar.

O jovem oficial também se curvou à frente e sorriu.

— Certamente, senhor, eu vou programar minha partida para o dia que antecede sua liberação, de modo a assegurar que não haja, digamos, surpresas o aguardando na saída da enseada. É claro que apenas Baumbach, nosso adido, saberá de nosso plano. Portanto, preciso somente confirmar sua data de partida e então seguirei um dia antes, para limpar seu caminho.

Ahrens ficou contentíssimo.

— Combinado — respondeu ele, gentilmente. De repente, o homem do submarino se levantou e bateu os calcanhares ruidosamente, estendendo a mão. — Bom, senhor, orgulho-me em poder ofertar os serviços de minha tripulação a um navio tão nobre. — Os dois oficiais apertaram as mãos afetuosamente e Liebe deixou a cabine, passando pelo oficial russo no corredor.

Ahrens permaneceu sentado, pensando por alguns instantes. A presença do *U-38* certamente fora uma oportunidade caída do céu para seu navio, agora só faltava receber a liberação para partir logo, enquanto as condições da lua eram mais favoráveis para navegar em completa escuridão. O telefone tocou; ele se inclinou à frente e pegou o fone.

— Ahrens.

Era o terceiro oficial da vigília na ponte.

— Senhor, nós temos uma balsa se aproximando, vindo da cidade, a estibordo.

Ahrens resmungou:

— Diga ao oficial da vigília que me encontre na escada do costado para ver o que é. Se for correspondência, comunique-me logo. — Ele desligou. A correspondência diminuíra, chegando a quase zero, e ainda era um mistério se era pelo fato de os alemães a estarem retendo em Bremerhaven ou porque os russos simplesmente não a estavam mais deixando passar. Por um lado, a falta de cartas era desmoralizante, mas, por outro, isso dava aos homens que ainda estavam a bordo um fio de esperança de que finalmente se aproximava o dia de sua partida.

Após esperar aproximadamente 20 minutos, Ahrens começou a ficar curioso e mais ansioso. Ele pegou o casaco no armário junto à porta, e o estava vestindo, quando uma batida seca à porta o deteve.

— Sim, o que é? — Ahrens abriu a porta, e ali, para sua imensa surpresa, estava seu primeiro oficial Eric Warning, com quatro outros oficiais que Ahrens não reconheceu imediatamente.

— Meu Deus — Ahrens disse, incrédulo, já que raramente demonstrava emoção. Mas, ao ver seu parceiro chefe pela primeira vez, desde sua partida em meados de setembro, Ahrens ficou realmente surpreso e aliviado.

Warning o saudou.

— Sr. comodoro, primeiro oficial encarregado Warning se apresenta com 57 tripulantes de reforço, incluindo sete da *Kriegesmarine*.

— Entrem, amigos, estávamos esperando por vocês. — Ahrens estava realmente emocionado, seus olhos estavam vidrados, as mãos visivelmente trêmulas.

Os oficiais entraram na cabine, seus casacos volumosos ainda pontilhados da névoa congelada que começava a cair. Ahrens subitamente reconheceu o radiotelegrafista Kurt Gerstung, suas bochechas estavam vermelhas do frio, e um grande sorriso estampava seu rosto, com a barba por fazer.

— Ah, agora podemos ouvir e falar, novamente. Bem-vindo de volta, sr. Gerstung. — Ahrens apertou calorosamente a mão do comunicador.

— Traga chá — Ahrens chamou o garçom. O comissário Wolfgang Schultz, em pé, próximo à porta, sumiu como um raio. Atuando como comissário permanente do comodoro, desde sua promoção e a partida da maior parte da tripulação, Schultz estava satisfeito em estar próximo à ação, o que o permitia pescar algumas informações e repassá-las na cozinha.

— Tirem seus casacos e sentem-se, cavalheiros. — Ahrens recuou atrás de sua escrivaninha, abriu uma gaveta e pegou uma garrafa de rum. — Para esta ocasião, nós temperamos nosso chá como manda o figurino.

Schultz rapidamente apareceu com uma bandeja de canecas e um bule de chá fervente, e foi colocando tudo ao redor da mesa de mogno. Ahrens passou a garrafa a Gerstung, que imediatamente começou a servir o líquido escuro. Reunidos ao redor da mesa, os oficiais estavam verdadeiramente felizes em ver seu capitão no aconchego caloroso de seu navio. Apesar de ter ficado preso no abismo escuro do norte russo, o navio exalava a ternura e os cheiros maravilhosos que davam a sensação de lar.

O comodoro Ahrens começou:

— Agora que vocês estão de volta, nós vamos dar início a nossa arrancada para casa. — Ele ergueu sua caneca. — A São Nicolau, o santo patrono de todos os marinheiros. E a nosso regresso seguro para casa. — Era dia 6 de dezembro, dia de São

Nicolau, amplamente comemorado na Alemanha, como o primeiro dia de festa que abre o período natalino.

Alguns dos tripulantes eram marujos temporários do *Bremen*, que haviam feito a viagem ao sul de trem, em setembro, e voltaram como voluntários. Eles estavam muito felizes em reencontrar seus velhos amigos e colegas de navio. O comodoro Ahrens ordenara uma caixa extra de vinho que abriu naquela noite para celebrar o regresso, e eles sentaram no salão pela manhã adentro. A comemoração havia sido intensa, mas na manhã seguinte todos mergulharam nos preparativos para a partida.

O comodoro Ahrens informou, por meio da conexão previamente arranjada com o adido naval Baumbach, em Moscou, que o navio estava pronto para zarpar. No dia seguinte, os operadores do oficial radiotelegrafista Gerstung receberam ordens ocultas (codificadas) pela transmissão de que deveriam partir à meia-noite de 10 de dezembro. Gerstung levou a ordem de locomoção à sala de mapas, onde Warning e dois dos oficiais navais do alto-comando estavam reunidos. Os oficiais vestiam uniformes da marinha mercante, de modo a não chamar a atenção dos russos. Eles haviam trazido consigo mapas escondidos para a travessia rumo ao sul. Estes foram cuidadosamente abertos sobre a mesa e pareciam extraordinariamente complexos para os oficiais mercantes. O oficial sênior, um *Korvettenkapitän* (capitão-de-corveta), começou a decifrar os símbolos e estava em meio à uma explicação quando Ahrens entrou na sala de mapas.

— Senhores — Ahrens começou —, estes próximos dias não são essenciais apenas para nós, mas para o povo alemão. — Ahrens raramente fazia sermões, porém, com a presença de pessoas de fora, ele queria preparar o ambiente para a seriedade da travessia que estava por vir. — Nós estamos na posição de escrever a história marítima e, apesar de não sermos um navio de guerra, nem um *Hilfskreuzer*, precisamos de apoio para concluir essa viagem. Então, vamos colocar nossas diferenças de lado e agir como se estivéssemos vestindo o mesmo uniforme. — Ele deu uma olhada para Warning, que acenou levemente a cabeça, demonstrando sua gratidão. Ahrens entendia haver um certo atrito entre seu primeiro oficial e os oficiais navais, e isso era primordialmente pelo fato de que, sendo um oficial da reserva tão júnior, Warning ostentava o "S" após seu título naval de *Leutnant zur Zee* (tenente júnior).

O grupo permaneceu na sala de mapas por quase toda a noite, e finalmente se recolheu tendo destrinchado satisfatoriamente os procedimentos para a partida e a travessia. Ahrens e Warning ficaram depois que os outros saíram.

— Venha, siga-me — disse Ahrens. E os dois saíram rumo à ala da ponte. O ar noturno estava frio e límpido, com estrelas brilhantes. Ahrens, então, contou a Warning sobre a presença do *U-38* e Heinrich Liebe, fato que determinou não fosse discutido na presença de mais ninguém a bordo.

— Liebe partirá após escurecer, em 9 de dezembro, percorrendo o canal que desemboca em mar aberto, no mar de Barents. Se houver algum de nossos ex-amigos esperando por ali, ele os despachará de forma apropriada, esperançosamente, antes que possam disparar alguma mensagem sobre nossa partida, porém, ninguém deve saber de sua presença. — Warning entendeu.

Os dois continuaram na ponte, observando o céu noturno, e depois de alguns minutos Ahrens disse:

— Sabe, depois disso, nossos caminhos certamente vão se separar; você irá para um lado e eu, por conta dos problemas de minha perna, provavelmente deixarei a frota. — Ele se mexia inquieto, pela falta do hábito de conversas tão francas e pessoais com um de seus oficiais. — Quero que saiba que eu prezo sua devoção e lealdade, sempre prezei, então agora lhe digo que, o que quer que aconteça, eu sempre serei grato por seus serviços.

— Obrigado, sr. comodoro — respondeu Warning.

Ahrens ficou em silêncio por um bom tempo. Depois ele disse ao primeiro oficial:

— Sabe, Warning, apesar de todos esses planos, palavras codificadas, reuniões e escoltas aéreas programadas — de certa forma, Ahrens se sentia como se estivesse se dirigindo a um menino —, na verdade, tudo depende simplesmente do clima. Se estiver ruim e encoberto, com pouca visibilidade, nós temos uma chance razoável de conseguirmos. No entanto — ele fez uma pausa, olhando para as estrelas acima —, se tivermos o céu limpo, nossas chances de voltar para casa são realmente mínimas.

Warning olhava para o céu junto com Ahrens, e depois de um tempo ele respondeu:

— Sim, senhor, eu sei disso, porém, do fundo de minha alma, eu sinto que vamos conseguir.

— Eu sinto o mesmo — respondeu Ahrens, e depois se virou e desapareceu dentro da sala de comando.

Warning permaneceu na ala da ponte por algum tempo. Quando estava prestes a sair, ele foi interrompido por um sinaleiro, que veio por trás dele e disse:

— Senhor, eu estive observando o navio do outro lado do ancoradouro e eles estavam mandando um sinal, piscando luzes, para alguém localizado ao mar. Eu não sei ler o código, mas não parece o Morse internacional. — Warning agradeceu ao marujo e olhou em direção à escuridão. — Agora não há muito que possamos fazer sobre isso. Se nosso plano é sabido, agora, está tudo nas mãos do destino. — Ele deixou a ponte e desceu para sua cabine, onde não havia estado desde meados de setembro. Deitou-se sem trocar de roupa e adormeceu profundamente.

Enquanto Warning dormia, Ahrens estudava suas ordens para a travessia:

1. Verificar pontos a serem observados, mas não reportados, por segurança.
2. Permanecer fora do alcance visual da costa norueguesa, e não usar suas águas territoriais, devido ao tamanho do navio.
3. Tomar todas as medidas para afundar o navio, mantendo-o longe das mãos inimigas, utilizando explosivos enviados pelo reforço de tripulantes, mas fazê-lo somente fora do alcance visual da costa soviética.
4. Os mares entre as ilhas Shetland e a costa norueguesa estão sob observação do inimigo. A vigilância inimiga se estende até aproximadamente 64 graus norte. Os mares do sul, de 64 graus norte, até Skagerrak, têm de ser transitados somente no escuro, e à maior velocidade possível rumo ao leste, mantendo-nos, porém, fora do campo visual da costa norueguesa. A má visibilidade é especialmente útil para ultrapassar as linhas inimigas. Se o clima limpo persistir, devemos protelar até surgirem condições mais favoráveis. Previsões meteorológicas serão enviadas ao *Bremen* por transmissões codificadas, mesma condição de envio ao reconhecimento aéreo alemão. O navio tem de estar pronto, a 64 graus norte, ao cair da noite, de modo a alcançar o meio de Skagerrak na manhã seguinte. Se o clima permitir, o navio pode prosseguir rumo ao sul no começo da noite. É recomendável que sua posição seja ligeiramente ao norte, de 64 graus norte, no anoitecer anterior à corrida ao sul. Se a manhã chegar com tempo claro em Skagerrak, seria favorável à escolta aérea alemã. Se a segurança do navio em águas territoriais da Noruega for questionável, não vale a pena arriscar o navio aos caprichos dos noruegueses.
5. Quanto a seguir atravessando o Kattegat e o Grande Círculo para entrar no Báltico, ou ir direto rumo ao sul pelo mar do Norte, dependerá da situação, e exigirá conhecimento total de canais seguros pelos campos minados.

É enfatizada a cautela na superfície, ou área, no Skagerrak. Se tais ameaças não se materializarem, proceder em velocidade máxima e pilotar em ziguezague para evitar submarinos.

Escolta aérea amigável não está disponível ao norte de Lindesnes, portanto, ataque aéreo ali é possível.

A segurança depende do sigilo absoluto desse evento.

Na manhã seguinte Ahrens convidou seu primeiro oficial para o café-da-manhã com ele, em sua sala interna. Como Warning comeu em silêncio, Ahrens comentou as ordens.

— De qualquer forma, fui assegurado pelo alto-comando que somente eu sou responsável pela segurança do *Bremen* durante essa travessia. — Ele deu uma olhada para Warning e sorriu. — Está na cara que nossa marinha não credita muito sucesso dessa aventura, por isso estão lavando as mãos de qualquer responsabilidade. Para mim, este é o motivo pelo qual os russos agem como tal; primeiro tiram o deles da reta, depois correm o risco.

O primeiro oficial Warning ainda estava cansado, porém feliz depois da boa noite de sono. Ele havia dormido pouco desde que iniciaram a jornada de regresso a Murmansk, mas estava se recuperando.

— Sim, comodoro, mas eles estão bem confiantes em suas habilidades. Em Berlim, me disseram que se há alguém que consegue levar o *Bremen* para casa, esse alguém é o senhor.

No dia seguinte à chegada dos reforços, os russos finalmente consentiram o pedido que o capitão Ahrens fizera três meses antes para que alguns de seus tripulantes fossem autorizados a descer em terra firme em Murmansk, para ao menos ver a paisagem e ter uma mudança de cenário, de seu longo confinamento a bordo. O oficial soviético de contato, oficial político do quartel-general da frota nordeste, mesmo homem da equipe do destróier próximo ao fiorde Kola, a quem Ahrens e Warning haviam conhecido primeiro, sorriu com a satisfação de uma professora escolar, informando às mães que só algumas, veja você, somente algumas crianças seriam autorizadas à excursão.

Vinte e cinco dos marujos do *Bremen* tiveram permissão para descer em terra firme, usando uma barca providenciada pela frota nordeste. Eles seriam levados a um passeio turístico por Murmansk; nada de câmeras, e estavam convidados para uma noite de entretenimento que incluía jantar no International Seaman's Club (Clube Naval Internacional), em Murmansk. Aquele clube fora aberto especificamente para a diversão dos marinheiros estrangeiros. De fato, o oficial da frota orgulhosamente anunciou que havia um desses clubes em cada grande porto da União Soviética, onde os navios mercantes estrangeiros visitavam. O que o oficial sorridente não mencionou era que a freqüência do clube se restringia aos estrangeiros; russos não eram permitidos, ou melhor, exceto à equipe de funcionários, composta por homens e mulheres trabalhando diretamente subordinados à NKVD — *Narodny Kommisariat Vnutrennikh Del* (Comissariado Popular de Assuntos Internos).

O capitão Ahrens imediatamente aceitou o convite, depois deu um passo ao lado, com o primeiro oficial.

— Escolha 25 de nossos maiores merecedores, dos que estiveram a bordo desde a chegada. Eu acho que deveriam ser os maquinistas do chefe Müller, e os contramestres, que estavam mais ocupados.

— Sim, comodoro — respondeu Warning, sorrindo. — Já era hora.

— Ah, sim — acrescentou o capitão Ahrens — Não haverá qualquer palavra sobre nossa partida. Eu sei que nossos homens ainda não sabem a data exata, e tampouco os russos, exceto pelo alto escalão. Mas dê-lhes um alerta especial; assegure que estejam conscientes da importância de um comportamento impecável enquanto estiverem em terra. Você pode acompanhá-los, junto com o maquinista-chefe. — O capitão sorriu, sabendo que os maquinistas eram, na maioria, como os marinheiros comuns em outros navios mercantes, ao contrário dos comissários, cozinheiros e garçons de transatlânticos como o *Bremen*, selecionados por suas maneiras refinadas e natureza discreta, requisitos necessários aos que lidam com passageiros. Os maquinistas veneravam seu chefe, o maquinista encarregado Frederich Müller, que certamente puxaria a fila marcando presença.

O primeiro oficial sumiu da ponte de repente, para levar as boas-novas aos homens envolvidos e fazer uma difícil seleção. A barcaça estava prometida para 13 horas do dia seguinte.

Embora a patente possa variar um pouco entre os homens navais comerciais e os da marinha, há alguns aspectos de similaridade universal entre os marujos do mundo: o desejo inegável de correr para terra firme em busca das biroscas e espeluncas, onde possam saciar sua sede, após um longo período de comportamento austero imposto no mar. Agora, apesar do fato de a tripulação do *Bremen* ter tido permissão para beber cerveja e, às vezes, vinho com suas refeições, e em ocasiões especiais fazer uma noite de "cervejada", eles não eram autorizados a consumir álcool. E apesar da presença de centenas de engradados de bebida nos bares de passageiros, esta não era de propriedade da companhia marítima, mas estritamente para oferecer aos passageiros e, portanto, mantidas sob cadeado, com a chave em poder do chefe de equipe Julius Rohde. Essa característica universal dos marinheiros inclui uma tendência congênita, como a água, que segue os princípios de Arquimedes, de sempre buscar os estabelecimentos de nível mais baixo, um daqueles geralmente encontrados nas regiões mais mal-afamadas dos portos do mundo. Então, a saída da tripulação do *Bremen* com os russos tinha a esperança da liberdade típica em um porto estrangeiro. Neste caso, entretanto, eles ficaram profundamente desapontados.

Após suas viagens pela Rússia, o primeiro oficial Warning se tornara suficientemente familiar com as tradições russas com relação à bebida, para alertar os tripulantes sobre a forma como os russos consumiam vodca. Desse modo, como era habitual, a tripulação do *Bremen* se preparou, comendo muitos alimentos gordurosos — alguns engoliam colheres cheias de azeite de oliva — para se prevenir de uma súbita absorção do álcool pelas paredes do estômago e corrente sanguínea. Geralmente, isso era feito bebendo muito leite, antes de sair no barco da liberdade, mas, nesse caso, devido à falta de leite fresco a bordo, o azeite de oliva teria de dar conta.

A balsa russa chegou ao lado do navio no horário, o que foi uma surpresa, e levou os 25 homens, incluindo o chefe Müller, para a conquista da cidade de Murmansk. No desembarque, eles foram gentilmente conduzidos a um ônibus que, embora os tivesse levado com relativo sucesso à cidade, dava aos maquinistas alemães, orgulhosos da aparência precisa e reluzente de sua casa de máquinas, a sensação de estar no estágio terminal do desespero. A maioria das janelas estava rachada, ou quebrada, com remendos feitos de madeira ou pedaços de papelão, afixados para conter o vento gélido. Apesar disso, os visitantes alemães foram apresentados à área principal de Murmansk, principalmente composta por edificações de madeira e alguns museus. Um destes lhes disseram ser um tributo ao socialismo, e continha arte grotesca e esculturas que retratavam o realismo do socialismo. Após o passeio pela cidade, o ônibus finalmente deu um solavanco e parou em frente a um prédio sem janelas, feito de concreto pré-fabricado. Os tripulantes do *Bremen* foram conduzidos ao interior de um teatro, onde se sentaram para assistir a uma série de shows de palco, incluindo as tradicionais músicas e danças russas, com artistas vestindo roupas nativas coloridas. Houve um concerto de um grupo de *balalaika*, algumas árias de ópera e, por último, um coral de música folclórica do norte russo que, de alguma forma, sofria uma metamorfose e se transformava em um crescendo, sob a melodia e letra do *Internationale*. Foi divertido, mas, a essa altura, a garganta dos marinheiros já estava mais que apenas seca.

Em seguida ao concerto, o grupo foi levado a um salão de jantar anexo, onde havia uma mesa imensa repleta de comida de todos os tipos: saladas, peixe, repolho, carnes fatiadas e pão preto. Arrumadas no centro da mesa, havia garrafas de champanhe gelado, vinho e vodca. Pareceu tentador aos homens que haviam se acostumado ao cardápio de bordo do *Bremen* que, após três meses no ancoradouro, sem reabastecimento, se tornara bastante monótono. Eles caíram de boca na comida como marinheiros bem-educados. Embora houvesse apenas alguns russos espalhados entre os tripulantes, os alemães fizeram o melhor para acompanhá-los nos repetidos brindes à amizade mútua entre as duas grandes nações, e para que sempre permanecessem como aliados, nesses tempos tumultuados. Nenhum dos que estavam presentes naquela noite imaginava que, em dois anos, eles seriam inimigos mortais, estraçalhando uns aos outros, em violentos combates, na vastidão da União Soviética.

Graças à cautela do primeiro oficial, nenhum deles se perdeu no caminho de volta ao navio. Vários maquinistas, acostumados à fina arte de surrupiar o estoque dos passageiros a bordo, conseguiram afanar algumas garrafas de vodca para levá-las de volta aos colegas de navio menos afortunados que não tinham ido ao passeio. De maneira geral, a viagem à terra firme foi uma experiência incomum que fez com que a tripulação do *Bremen* fosse grata por ser de um país bem longe da Rússia. Mais importante, os russos fizeram jus à sua promessa. O mesmo número de corpos que deixara o navio regressou, e isso deixou Warning e o chefe Müller felizes. Agora havia sérios preparativos a serem feitos para a viagem para casa.

11

Correndo para casa

Alto-comando naval alemão
Berlim
Dezembro de 1939

A disposição dos submarinos à época da operação Helene, embora não inteiramente sabido por aqueles a bordo do *Bremen*, ao deixar Murmansk, incluía os seguintes barcos:[1]

Mar do Norte
U-23 — limpando a área de Orkneys até as ilhas Shetland
U-20 — próximo a Rattray Head (ponto a leste, entre o estuário Moray e o estuário Forth)
U-13 — próximo ao estuário de Tay (perto de Dundee)
U-61 — próximo ao estuário Forth
U-57 — próximo ao Farol Nordhinder

Nordeste da Rússia
U-38 — Polyarny

O plano alemão demandava um esquadrão com cinco destróieres alemães para assumir uma estação a leste do canal, indo até Newcastle, no mar do Norte, em 10 de dezembro, e, uma vez que o *Bremen* tivesse passado, eles começariam a espalhar as minas naquela área. Os destróieres seriam respaldados por *Nürnberg, Leipzig* e *Köln*, navios leves. Ao sul, os navios de batalha *Scharnhorst* e *Gneisenau* estavam conduzindo exercícios rotineiros de artilharia. Durante a execução da operação Helene, alguns dos melhores navios de guerra alemães estariam em operações previamente programadas, mas seriam informados de que o *Bremen* faria a arrancada de Murmansk nas primeiras horas de 10 de dezembro.

British Home Fleet
Mar do Norte
Dezembro de 1939

Enquanto o *Bremen* se preparava para partir das águas nordestes da Rússia, o tenente comandante E. O. Bickford conduziu o *Salmon* pelo nordeste, através do mar do Norte, e montou uma área de patrulha logo a sudoeste de Stavanger, onde permaneceria alerta para contatos adicionais alemães, provenientes do Báltico, ou do estuário Weser.

O almirante Charles Forbes reforçou sua vigília sobre a passagem entre Shetland e Faroe, acrescentando os navios *Diomede* e *Dunedin*, do sul, ao *Caledon, Cardiff* e *Colombo*, navios mais antigos. Os navios *Aurora, Edinburgh* e *Southampton*, escoltados por três destróieres, navegaram do estuário de Forth para cobrir a passagem da ilha Fair, e um quarto destróier patrulhava o estuário de Pentland. O navio *Glasgow*, escoltado por três destróieres adicionais, navegou saindo da costa norueguesa, caso o *Bremen* passasse por ali, ao fazer sua escapada rumo ao sul. Durante a última semana de novembro, o próprio almirante Forbes embarcou no navio de batalha *Nelson*, acompanhado pelo *Rodney*, o navio pesado *Devonshire*, e sete destróieres, e navegou partindo de Clyde, enquanto o *Aurora* estava em alerta próximo a Ultshire. Quatro submarinos, *L23*, *Sturgeon*, *Thistle* e *Triad*, patrulhavam próximo a Skagerrak, enquanto o submarino HMS *Salmon* e dois outros, do estuário Forth e rio Tyne, patrulhavam próximo à Lister.

Murmansk
Sábado, 9 de dezembro, a domingo, 10 de dezembro de 1939

A tripulação do *Bremen* sabia que a partida para casa estava para acontecer, mas ainda desconhecia a hora exata de sua saída das águas russas. O navio britânico *Temple Moat* foi reportado por Norbert von Baumbach, o adido naval alemão, como sendo da inteligência, acreditando-se ter a bordo um transmissor clandestino preparado para enviar a notificação da partida do *Bremen* à cúpula da marinha britânica. O adido trabalhava em um plano com as autoridades locais russas para ter aquele navio expulso da enseada, antes de 1º de dezembro, garantindo que tivesse partido bem antes da saída do *Bremen*, na esperança de que os britânicos não tivessem tempo suficiente para substituí-lo por um segundo navio de alerta da inteligência. Baumbach passou a mesma informação a Heinrich Liebe, a bordo do *U-38*, ainda atracado próximo a Polyarny.

As forças de defesa marítima russas, conhecidas pelos alemães como parte do NKVD, lançaram buscas-surpresa a todos os navios estrangeiros presentes, como prevenção de instalações secretas de antenas transmissoras. Mas os alemães estavam preparados para superar seus esforços com engenhosidade. Adolf Ahrens planejou partir nas primeiras horas da manhã, a fim de evitar o relato da ausência do *Bremen* por outros navios presentes. Com um pouquinho de sorte, eles teriam uma daquelas nevascas russas de dezembro, para encobrir-lhes a partida.

Após a chegada dos reforços com o primeiro oficial Eric Warning, toda a tripulação do *Bremen* se reuniu no salão e foi avisada de que os novos homens estavam a bordo, especificamente para ajudar na arrancada para casa, que se daria assim que as condições do clima e da lua fossem apropriadas. Eles usariam as longas noites de dezembro, assim como haviam usado o tempo ruim saindo de Nova York, para encobrir seus movimentos. Dois dos reforços da tripulação, que eram oficiais da marinha, deram treinamento especial de reconhecimento em vigília para todos a bordo, incluindo comissários, garçons e equipe da cozinha. Eles mostraram à tripulação fotos e silhuetas de navios mercantes britânicos como o *Temple Moat*, que estivera em Murmansk quando eles chegaram, mas já havia partido, e se acreditava estar à espreita, próximo ao fiorde de Kola, em águas internacionais, para relatar sua partida. Vários outros tripulantes do reforço haviam vindo do *B Dienst* da marinha, e foram designados à equipe de Kurt Gerstung, como especialistas em decodificação, para analisar a freqüência de rádio dos britânicos. Outro grupo de reforço era de maquinistas do exército, enviados para instruir a tripulação quanto ao uso de material pirotécnico que haviam trazido com eles. Estes foram acrescentados às pilhas de material combustível, cuidadosamente acumulado e organizado no convés de lazer, salão de primeira classe e em conveses inferiores, em algumas instalações dos maquinistas. Todos seriam armados com fusíveis cronometrados que permitiriam aos tripulantes o abandono do navio, caso os navios de guerra britânicos os interceptassem. Eles foram programados em exatamente 15 minutos, para que os homens ocupassem os botes salva-vidas, deixassem o navio e evacuassem a área, antes que seu amado navio explodisse e afundasse, para ser mantido fora das mãos inimigas. A idéia era insuportável.

A agitação entre os tripulantes crescia dia após dia, principalmente depois que os reforços se instalaram a bordo. A presença de pessoal adicional da marinha, de certa forma, dava à tripulação mais confiança, embora sua presença não fosse tão óbvia por eles vestirem uniformes mercantes. Apesar disso, a maioria dos tripulantes sabia quem eram eles. O comunicador substituto chegou a bordo com a nova lista de teclas H para mascarar a identidade do *Bremen*, passando-se pelo navio a motor *Helene*. Uma vez que o navio estivesse no canal de Kola, o radiotelegrafista transmitiria o relatório habitual de partida, seguido por diversos relatos codificados de posicionamento, conforme eles avançassem ao sul, utilizando o sinal de chamado do *Helene*, em vez de seu próprio. O telegrafista de Gerstung estudara cuidadosamente os traços pessoais dos telegrafistas do *Helene*, para que pudesse imitá-los com perfeição. Cada operador de telégrafo possuía suas características próprias, estudadas pelos monitores para determinar a veracidade da assinatura. Portanto, outra responsabilidade imensa foi colocada sobre os homens de Gerstung, na sala de rádio: nesse caso, mascarar a identidade real do *Bremen*. Nesse meio-tempo, o próprio navio *Helene* permaneceria ancorado no porto de Murmansk, sem saber estar dando cobertura à arremetida de regresso do *Bremen*.

A essa altura, o *Bremen* já havia estado em águas russas por mais de três meses e todos a bordo estavam ansiosos por voltar para casa. O período natalino que se aproximava e os aspectos desconhecidos da guerra os tornavam ainda mais aflitos por seguir caminho. Nos primeiros dias em Murmansk houvera entrega de correspondência, embora estas tivessem minguado e a distância entre elas aumentado. A maior parte dos tripulantes escrevera cartas para casa e estas deixaram o navio em sacos de correspondência, carregados por grupos enormes de membros da tripulação, que teriam partido naquela noite escura, em meados de setembro, e algumas já haviam sido respondidas. Algumas cartas da mala postal, porém, simplesmente desapareceram nas entranhas sombrias do navio auxiliar russo, que vinha a cada três dias para coletá-las. Os telegrafistas de Gerstung suspeitavam de que a embarcação auxiliar as estariam inspecionando regularmente, para assegurar de que não estivessem operando um rádio clandestino, já que os guardas da fronteira estavam sempre bisbilhotando a bordo, verificando os compartimentos lacrados, onde Hans Tschira trancara suas câmeras e Gerstung, seus radiotransmissores. Os russos não confiavam em ninguém.

Agora, de posse das coordenadas e com a operação organizada com clareza, Ahrens deu ordem para que todos, exceto os que compunham o grupo de vigília, se reunissem no salão de festas. No passado, o espaço não teria sido apropriado para 900 membros da tripulação, porém, agora, contando com os reforços, os tripulantes somavam apenas 137.

— Companheiros — o comodoro Ahrens começou —, chegou a hora de partirmos desse ancoradouro. — Após mudar de ancoradouro meia dúzia de vezes, para conter os efeitos dos ventos fortes e, freqüentemente por motivos desconhecidos, para atender às solicitações dos anfitriões russos, o capitão sabia que os tripulantes automaticamente presumiriam que eles estariam apenas mudando de posição novamente. Mas a reunião para ouvir o comodoro falar deu uma dica aos homens de que algo grande estava por vir. Para enfatizar o drama, Ahrens continuou a contar as boas-novas. — Sim, nós iremos levantar âncora novamente e nossos amigos russos proverão escolta e rebocadores. Desta vez, nós não vamos apenas nos aproximar da costa — ele fez novamente uma pausa, para dar efeito —, mas vamos seguir rumo à nossa própria costa. — Ele se deleitou ao ver a súbita expressão de surpresa no rosto de cada tripulante. — Nós estamos indo para casa, na Alemanha — ele explodiu, com grande entusiasmo. Um aplauso espontâneo preencheu a sala imensa. Ahrens fez uma pausa, depois continuou: — Partiremos esta noite, depois do anoitecer. — Então, ele hesitou novamente. Quando a sala silenciou, com uma voz suave que pôde ser claramente ouvida por cada tripulante, ele disse: — Como eu lhes disse antes de partirmos de Nova York, em agosto último, nós vamos chegar! — Mais uma vez o aplauso explodiu e os tripulantes começaram a cantar o hino nacional.

O marinheiro Heinz Slominski relembrou:

> Foi um momento que mexeu muito com a gente. Cada um de nós entendia que havia uma grande chance de encontrarmos navios de guerra britânicos, conforme o navio se aproximasse do bloqueio entre as ilhas Shetland e a costa da Noruega. Se isso acontecesse, nós simplesmente afundaríamos o navio e tomaríamos os botes salva-vidas. O pensamento permanecia no fundo de nossas mentes, mas nenhuma palavra foi dita naquela noite, sobre a expectativa de um acontecimento. Todos os preparativos haviam sido feitos, e nós evitávamos olhar para as pilhas de material inflamável e as latas vermelhas de benzina, espalhadas pelo convés. Para nós, aquilo seria usado com precisão, caso necessário, mas nós preferíamos não pensar nisso. Mantínhamos nossas mentes na tarefa imediata de preparar o navio para a arrancada para casa.

Com exceção ao comodoro Ahrens e o primeiro oficial Warning, o que a tripulação do *Bremen* não sabia era que o *U-38* já havia sorrateiramente levantado sua âncora e partido noite adentro. O submarino, totalmente apagado, seguiu leste, rumo ao fiorde de Murmansk, depois virou ao norte, passando pela baía Sayda e mergulhando na escuridão das águas do mar de Barents. Ali ficaria com sua torre cônica para fora da superfície, monitorando os navios nos arredores, até que o *Bremen* partisse e passasse, a 27 nós. Para Heinrich Liebe, esta parecia uma oportunidade única de transformar a patrulha administrativa numa caçada em combate.

Pegar um navio de 52 mil toneladas e navegar as quase 1.600 milhas até águas nativas era uma questão complexa, principalmente com uma tripulação reduzia a bordo. Os 137 homens estavam às voltas com os preparativos e deliberações, como se fosse uma viagem comum, mas cada um entendia as probabilidades contra seu regresso seguro para casa.

Após a refeição noturna, o primeiro oficial Warning disse aos homens que o detalhe especial da âncora seria providenciado, silenciosamente, uma hora antes da meia-noite, e o navio levantaria âncora, mantendo-a submersa, fora do solo, mas abaixo da superfície. Eles navegariam ao norte, rumo ao mar aberto, puxando a âncora aos poucos, conforme fossem se arrastando, para fazer pouco ruído. A neve era esperada. Todos estavam prontos e ansiosos para partir.

Ahrens começou a ficar ansioso quando, por volta das 21 horas, ainda não havia começado a nevar. Então, finalmente, às 23h30 a neve caiu e, aos poucos, aumentou de intensidade. Todos os vigias observavam à procura do navio britânico *Temple Moat*, que partira da enseada uma semana antes e esperava-se estar à espreita, do lado de fora do fiorde. Porém, conforme a visibilidade diminuiu e o vento aumentou, a tripulação aos poucos percebeu que não tinha nada a temer; os deuses do clima estavam olhando por eles, como haviam feito no fim de agosto, ao deixarem Nova York. Com a âncora finalmente guardada, o *Bremen* gradativamente pegou velocidade e desapareceu na noite uivante de inverno.

— Sr. Warning — disse o comodoro Ahrens em sua voz calma de sempre. — O senhor já viu tanta neve? — Ele estava feliz em ter de volta a bordo o primeiro oficial sério, após sua ausência prolongada. Ahrens tinha toda a consciência de sua participação no planejamento da operação de partida, e estava orgulhoso por Warning ter feito tantos bons aliados no alto-comando naval. Foi por conta de sua ajuda, e da persistência do adido naval Baumbach, que o plano finalmente ganhara amplo apoio.

Warning sorriu ao pensar no quase caos do começo, nos dias de discussões, atrasos e persuasão. Agora, finalmente o momento da partida havia chegado. Em sua mente meticulosa, ele deplorava as maneiras dos russos e mal podia esperar até que saíssem da enseada, deixando Murmansk e tudo o que fosse russo para trás. As autoridades soviéticas haviam sido mais que cooperativas ao concordar em deter a partida de todos os navios pelos três dias seguintes à saída do *Bremen*, para assegurar que nenhuma embarcação estrangeira pudesse zarpar rapidamente, depois de dar falta do transatlântico e, conseqüentemente, estar livre para transmitir um relatório à cúpula naval britânica, uma vez fora das águas soviéticas. Dessa forma, se todos os navios fossem mantidos incomunicáveis, a fuga poderia transcorrer sem ser relatada.

A escuridão duraria até as 11 horas do dia seguinte, quando um cintilar prateado iluminaria o céu, mas permaneceria sem a visibilidade solar até aproximadamente as 15 horas, quando novamente a escuridão baixaria, levando o *Bremen* em segurança pela longa noite de inverno. Quando qualquer navio estrangeiro tivesse a chance de transmitir um relato de sua partida, eles já deveriam estar bem longe da costa. Mas Warning não estava inteiramente convencido de que os oficiais soviéticos seriam totalmente eficazes ao conduzir suas intenções. Tinha dúvidas quanto à sua aparente incompetência, mas eles o haviam surpreendido antes e poderiam fazê-lo novamente. Ele torcia pelo melhor.

Warning percebeu que Ahrens perdera peso desde setembro e parecia abatido e nervoso. Ele compreendia a pressão sobre o mestre, principalmente desde que lhe fora dada a responsabilidade por todos os navios alemães em Murmansk, inicialmente totalizando 18, porém, até 10 de dezembro, diminuindo para meia dúzia. Os dois oficiais estavam em silêncio, lado a lado, sob a neve que caía, nenhum dos dois querendo ser o primeiro a sugerir que se recolhessem à casa do leme, para fugir do vento implacável. Finalmente, Ahrens pegou o braço de Warning e deu um passo ao lado, em direção à porta.

— Os deuses do clima foram bons conosco novamente; a visibilidade está quase zero, não há necessidade de permanecer aqui fora e congelar — disse ele, guiando seu primeiro oficial para dentro do calor da cabine de comando. Os vigias se amontoavam nas alas da ponte, no convés, na proa, e no alto do ninho de observação do mastro. Como havia pouco a ser visto, eles teriam de recorrer estritamente a estimativas intuitivas para realizar sua curva a oeste, quando estivessem fora da península Rybachi. Pela segunda vez em quatro meses, Ahrens foi tomado pelo medo ao guiar seu navio pela escuridão e incerteza. Ele expulsou todos os pensamentos de fracasso de sua mente e se concentrou na tarefa que tinha nas mãos. De alguma maneira, tinha certeza de que iam chegar em casa em segurança.

U-38
Mar de Barents e fiorde Kola
10 de dezembro de 1939

O *Korvettenkapitän* (capitão-de-corveta) Liebe se aconchegava em sua jaqueta de pele de carneiro, apoiando-se na grade da ponte cônica da cabine de comando, na torre. Seus dois vigias, em pé, em ambos os lados, se esforçavam para enxergar através da escuridão. Ainda não começara a nevar, embora o ar já tivesse cheiro de neve. O mar estava embolado, com a maré correndo a três pés do oeste, depois virando a nordeste. O vento estava aumentando e continuava vindo do nordeste. O barômetro despencava.

— Contato — gritou um dos vigias. — Luz em posição cinco zero.

Liebe girou suas lentes Zeiss a bombordo. Não viu nada.

— Em que direção?

— Senhor, é um amarelo bem fraco, eu vi rapidamente, depois desapareceu. — Liebe olhava em silêncio. Estava começando a nevar. Ele olhou para seu relógio, que reluzia em verde na escuridão. Passava de meia-noite e ele sabia que o *Bremen* já seguia lentamente rumo ao fiorde. — Está um breu total — murmurou ele. Ele não via nada, em direção alguma.

— Lá está novamente, senhor, incandescência em aproximadamente três zero, agora. Parece um cigarro queimando.

— Estou vendo — respondeu Liebe. Agora estava nevando mais forte, mas a luz foi ficando maior e mais intermitente. — Leme a dez graus à direta, aumentar velocidade para dez nós. — Se fosse um navio britânico à espreita, talvez o *Temple Moat*, ele o cercaria e atacaria na superfície.

— Tripular o convés de artilharia, sem soar alarme; estamos muito próximos. Prontidão para disparar canhões dois e quatro. Número um, solução de artilharia para dois mil metros, dez nós.

Começou a nevar com mais força, embora Liebe pudesse avistar apenas o vulto de um navio, a pouco mais de uma milha de distância. Estranho, pensou ele, só pode estar parado e desligado na água, porque meu sonar não tem qualquer efeito hidrofônico de motor em movimento. Quem quer que fosse, aguardava no escuro, sem rumo adiante, ou seja, parado. A visibilidade piorou.

— Canhões dois e quatro prontos. Tempo para disparar, um minuto. — A voz tensa soou pelo alto-falante da cabine de comando.

— Muito bem, segurar até que eu diga. — Houve uma pausa de vários segundos, então: — Maldição. Não dá para ver droga nenhuma aqui, a visibilidade se foi totalmente. Branco total. — Liebe sabia que um ataque agora era impossível. O vento aumentou e o *U-38* desapareceu no branco total.

— Merda. — Liebe murmurou dentro do tubo de voz. — Abortar o ataque, leme padrão à direita, ingressar a novo curso em zero cinco zero, velocidade oito nós. — Liebe estava realmente desapontado. Ele tinha esperanças de enfiar dois torpedos em quem quer que estivesse espreitando, como uma última homenagem ao transatlântico *Bremen* e seu cortês comodoro. Agora o clima havia assumido o controle, como o anjo da guarda do *Bremen*. Seu submarino era inútil sem visibilidade alguma, e com um sonar passivo. O vento uivava e chicoteava e a maré crescente tornara seu sonar totalmente inútil. — Preparar para mergulhar. Nós vamos ter de passar essa, e precisamos nos prevenir para não colidirmos com alguma coisa no meio dessa bagunça.

Os vigias desceram pela escotilha e a equipe de artilharia desapareceu do convés principal, entrando no calor fedorento do casco.

— Mergulhar, mergulhar! — Liebe gritou e pulou para dentro da escotilha, fechando-a com um puxão. O convés principal lentamente afundou na espuma e o *U-38* submergiu em silêncio às profundezas, para longe do clima e de qualquer que fosse o alvo que eles estiveram mirando.

SS *Bremen*
Fiorde de Murmansk
10 de dezembro de 1939

Foram necessárias três horas para que o navio lisonjeiro deixasse o fiorde. À medida que eles adentraram o mar de Barents, a neve aumentou e envolveu sua ponte altaneira com um redemoinho branco. Eles prosseguiram ao norte, até 45 milhas da costa russa então viraram a oeste, o que os levou para longe das rotas habituais dos navios e regiões pesqueiras. Apesar da pouca visibilidade, o comodoro Ahrens seguiu a rota oeste cuidadosamente, deixando o cabo Norte bem fora de alcance visual da costa, depois virou ao sul. Eles não viram qualquer navio na superfície. Ahrens se perguntava se Heinrich Liebe, em seu *U-38*, teria sido capaz de avistar algo durante a nevasca, enquanto eles saíam do fiorde. Ele não vira qualquer sinal do submarino, embora não esperasse por isso. De qualquer forma, fora uma experiência esplêndida conhecer o comandante de um submarino de operação.

Eles circularam ao redor do cabo Norte a uma velocidade de 27,5 nós e avistaram o Farol Anda, à 1h40, a uma distância de 21 milhas. Ao raiar do dia, estariam fora dos bancos de pesca de Lofotons. Seriam forçados a transcorrer pela área mais forte do bloqueio britânico, entre as ilhas Shetland e a costa norueguesa, no dia seguinte. A neve se transformou numa chuva torrencial, quando os primeiros raios prateados surgiram no horizonte. Eles seguiram sorrateiros ao sul, sem avistar um navio sequer. Ahrens navegou a uma distância de aproximadamente 40 milhas da costa norueguesa, de modo a utilizar os auxiliares de navegação, quando a visibilidade permitisse, mas ainda mantendo-se bem distante, para que observadores enxergassem o casco cinza e a superestrutura.

Quando o *Bremen* chegou a 64 graus norte, bem a oeste de Trondheim, eles começaram a observar, à procura do primeiro dos diversos submarinos posicionados para retransmitir qualquer coisa avistada ao comodoro Ahrens. Essa informação o ajudaria a decidir se partiria rumo ao Báltico ou continuaria ao sul, através do mar do Norte, em direção a Cuxhaven, para então seguir ao sul, pelo estuário Weser.

— Por favor, me informe quando estivermos a 25 milhas de nossa linha de partida, sr. Warning. — Ahrens deixou a ala estibordo da ponte e entrou na sala de mapas, onde estivera por longas horas matutando, em cima dos papéis, agora recobertos com a rota da operação Helene. O plano mostrava a linha de partida que o *Bremen* deveria seguir apenas ao crepúsculo, em 11 de dezembro. Estava encoberto e não havia lua. Novamente, o clima estivera a favor deles: o vento vinha do sudoeste e estava a pouco menos de cinco milhas por hora, a maré era do sudoeste, e as ondas estavam moderadas. Ahrens estudou a posição e previsão do tempo estimadas para o meio-dia. A temperatura do ar era de seis graus centígrados e a temperatura do mar, de apenas dois graus acima de zero. Ele estremeceu com a possibilidade de ter de afundar o navio, caso avistasse uma embarcação britânica de guerra. Lotar os botes com os homens, a uma temperatura congelante, não era um pensamento agradável, principalmente com a maré a quatro pés.

Os vigias avistaram o Farol Andenes posicionado a 136 graus, a quase 27 milhas. Aquilo foi inesperado, porém, bem-vindo, já que o tempo estava fechado, com uma chuva leve caindo. A escuridão profunda possibilitava que o vigia no mastro captasse a luminosidade àquela distância.

O navio passou pela linha de 64 graus apenas uma hora após a escuridão total, às 17 horas. Agora, a tarefa de todos seria tentar avistar a luz âmbar do *U-23*, que deveria estar ao longo do caminho para dar apoio, piscando, caso qualquer contato estivesse à frente. A atmosfera era tensa. O primeiro oficial Warning estava na casa do leme auxiliando os outros oficiais em vigília. Os vigias haviam sido quadruplicados e estavam em pé, ao longo das beiradas do convés, até a altura do convés de banho de sol e a ponte superior. O comodoro dera ordem para que o chefe de equipe servisse chá e chocolate quentes durante a longa noite, na sala de jantar da primeira classe. As provisões a bordo ainda se mantinham, embora já fizesse tempo que haviam se esgotado os legumes frescos, o sorvete e o rum. O único álcool restante a bordo era o de alguns barris de cerveja e garrafas da vodca horrível que eles haviam comprado do vendedor russo, e isso se resumia no único estoque, além do pão preto russo que permaneceu fresco apenas por algumas horas e depois ficou tão duro que poderia ser usado como uma arma.

— Diminuir a luz três pontos a partir da proa a estibordo! — o grito veio de um vigia bem acima da casa do leme. — Abaixo, na água.

Warning se virou e ergueu o binóculo, espiando na chuva e escuridão. Quanto mais tempo ele olhava, mais embaçadas ficavam as lentes. Xingando em silêncio, para si mesmo, ele se abrigou sob a cobertura da ponte, para limpar as lentes.

— Alarme falso! — voltou o grito.

— Diga aos homens para continuarem alertas — gritou Warning, não para repreender o homem pelo alarme falso. Naquele clima, era quase impossível encontrar a luz da torre cônica de um submarino VIIB.

A noite transcorreu lentamente. Ahrens começava a perder as esperanças de qualquer possibilidade de avistar um submarino naquela escuridão chuvosa. Quando ele ia retornar à ponte, o telefone da sala de mapas tocou. Ahrens agarrou o fone, depois hesitou, antes de responder. Deveria ter deixado que o contramestre atendesse, para que não soasse tão tenso. Não era normal que o capitão atendesse o telefone ali, mas ele foi em frente. — Aqui é o Ahrens.

— Senhor, nós temos uma fonte transmitindo uma freqüência designada, posicionada ao sul, com pouca energia. Pode ser o nosso submarino de contato. — Kurt Gerstung estava sem fôlego, como geralmente acontecia, quando ele ficava muito agitado. — O sinal é fraco e intermitente, mas pode ser ele. Está bem em cima do posicionamento e eu calculo que esteja a menos de dez milhas à frente.

— Muito bem, mantenha-me informado. — Ahrens estava novamente orgulhoso de seu radiotelegrafista. Ele se saíra bem em situações tensas anteriores; duas vezes, saindo de Halifax, quando captou os cruzadores *York* e *Berwick*, novamente com o barco da guarda costeira norte-americana, saindo de St. John, Terra Nova, e agora, aqui, onde a menor má interpretação de um contato poderia representar a perda do navio.

Warning entrou na sala de mapas.

— Senhor, eu ouvi que os homens de Gerstung talvez tenham o contato.

— Sim, é o que parece — Ahrens respondeu. — Se for ele, esteja preparado para copiar seu sinal luminoso. O que ele disser pode determinar o nosso destino. Eu espero que não haja contatos; espero que não tenhamos de entrar no Grande Círculo com este clima, com nossa profundidade tão próxima ao mínimo dali. — O *Bremen* agora seguia pouco acima de 30 pés. Não seria possível reduzir mais o peso líquido, pois eles precisavam de todo o combustível, caso tivessem de arrancar em velocidade máxima, e o maquinista-chefe Frederich Müller já havia transferido toda a carga líquida possível. Do contrário, teria sido muito simples deixar o navio mais leve, despejando combustível para maior liberação do Círculo. Este não era um pensamento agradável, sobretudo depois de ter de passar próximo aos campos minados alemães, fincados em seu mapa de Helene. Isso seria relativamente simples se as minas estivessem bem fincadas e não à deriva, na superfície.

— Senhor, sinal luminoso piscando vindo do contato; é o nosso submarino — disse Warning, sorrindo abertamente sob a luz fraca da sala de mapas.

A mensagem foi curta e veio através do piscar da luz âmbar. O sinaleiro a trouxe até a ponte, onde o comodoro Ahrens estava, ao lado do primeiro oficial, e a leu sob o foco da lente vermelha da lanterna:

Para: Mestre do SS *Bremen*
De: U-23
O caminho adiante está livre, condições meteorológicas e pouca visibilidade estão ao seu lado. Nenhum contato.
Boa sorte.

Ahrens olhou acima, para fora das janelas da casa de leme. A chuva estava aumentando e batia nas janelas da frente.

— Muito bem — disse ele. — Envie esta resposta: — Acusamos o recebimento de seu relatório. Obrigado por seus serviços. Tenha uma navegação tranqüila. Ahrens.

O sinaleiro sumiu da casa de leme e foi direto acima, para a ponte de sinalização, de onde a luz tremulante podia ser vista respondendo. Então, após a breve resposta, a noite caiu novamente sobre a luz repentina, e o *Bremen* foi envolvido pelo breu total.

12
O dilema do Salmon — *a fuga do* Bremen

HMS *Salmon*
Mar do Norte
7h30
Terça-feira, 12 de dezembro de 1939

O almirante Forbes ordenara que o submarino *Salmon* permanecesse na área de patrulhamento onde oito dias antes ele afundara o *U-36*, quando este deixava o local. O tenente comandante E. O. Bickford estava feliz por continuar nesta locação. Embora fosse incomodamente próximo à borda norte do campo minado alemão, que protegia as proximidades da baía Helgoland, até o estuário Weser, era também o canal comumente usado pelos submarinos que saíam de Wilhelmshaven, e ele esperava que outros viessem nessa direção. Bickford, homem empolgadíssimo com ação, estivera conduzindo o *Salmon* pela superfície desde cedo, naquela manhã, em seguida à vigília da noite procurando por contatos e, tendo acabado de recarregar as baterias, se preparava para submergir. Ele subiu até a torre cônica, juntando-se ao primeiro-tenente Maurice F. Wykeham-Martin, para ter um último instante de ar fresco e verificar as condições meteorológicas. Percebeu que a visibilidade se restringia a aproximadamente quatro milhas, havia nuvens pesadas e ventos moderados de sudoeste, e a maré vinha ligeiramente do nordeste. Ele gostava do ar do início da manhã e dos raios cinza do amanhecer. Era bom se sentir totalmente revigorado e pronto para o que o dia pudesse trazer. Ele acabara de relaxar e havia começado a pensar no próximo trajeto do patrulhamento, quando seus pensamentos foram interrompidos pelo chamado do vigia:

— Aeronave, senhor, verde três zero, distância de quatro milhas.

Bickford deu a volta e imediatamente viu o contato a partir da proa a estibordo. Era um hidroavião voando baixo, e antes que ele pudesse adivinhar o tipo, o vigia gritou:

— Heinkel 70 alemão, senhor. Seguindo a oeste.

Bickford ordenou que submergissem, mas estava claro que eles não haviam sido descobertos, uma vez que a aeronave continuou seguindo em frente, mantendo nível. Antes de descer ao bojo principal, uma última olhada o fez ver que a aeronave deu a volta e tomou a rota recíproca. Estranho, pensou Bickford, por que uma aeronave alemã estaria patrulhando tão longe, ao norte, ainda tão cedo? Algo estava se passando e ele torcia para que isso resultasse em alguma nova ação. Ele não precisou esperar muito.

Bickford levou seu barco abaixo, a 150 pés, e continuou patrulhando submerso, em padrão "caixote", a quatro nós. As próximas duas horas se provaram tensas, porém sem acontecimentos.

SS *Bremen*
Mar do Norte
9 horas
12 de dezembro de 1939

Os vigias ainda estavam em número dobrado, conforme o *Bremen* se aproximava dos campos minados alemães de defesa, e cada um dos tripulantes a bordo estava literalmente sem fôlego. Eles haviam conseguido atravessar a noite tendo avistado um único contato: as luzes de um provável navio mercante, seguindo ao nordeste, pelo mar do Norte. Era improvável que o navio tivesse visto o transatlântico, já que passou a aproximadamente quatro milhas de distância, sem qualquer alteração em seu curso, ou velocidade. Durante a manhã o clima permaneceu encoberto, com chuvas ocasionais que acabavam se transformando em trombas d'água. O comodoro Adolf Ahrens acabara de voltar à ponte, após seu rápido café-da-manhã na cabine, e saía da ala da ponte quando chegou o relatório telefônico dos vigias do topo do mastro: "Aeronave bem à frente, se aproximando do sul, distância de cinco milhas."

Todos na ponte que ouviram o relato imediatamente se viraram para olhar à frente, com binóculo.

— Sr. Warning, soe o alarme — Ahrens ordenou. — É um avião mesmo, vindo direto em nossa direção.

Warning imediatamente ordenou:

— Direto em frente, contramestre, informar à sala de máquinas para ficar de prontidão para velocidade emergencial, aeronave se aproximando. — Havia uma ligeira tensão em sua voz, sua entonação foi exagerada; era sempre assim quando havia algum extremo. Warning parecia ter mais êxito e deliberação em suas ações quando sentia o perigo por perto. O primeiro oficial encarregado estivera na vigília do convés desde que Ahrens havia descido para o café, e os primeiros oficiais de outras vigílias também estavam presentes na casa do leme, aumentando a sensação de emergência. O pontinho preto começou a crescer no horizonte. O mar parecia ter pertencido ao *Bremen* desde sua partida de Murmansk e, com o passar de cada hora, conforme se aproximavam do objetivo, o tempo parecia congelar. A tensão aumentava. Qualquer contato suspeito, ou real, era automaticamente visto como inimigo, recebendo maldições instantâneas. É estranho como nestas situações o pior é sempre visto como o mais provável, apesar de evidências contrárias. Embora Ahrens e o oficial observador esperassem a escolta aérea, a visão do primeiro objeto voador ainda era interpretada como o inimigo. Assim trabalha a mente humana, quando flui muita adrenalina.

— Comodoro, eu recomendo mantermos esse curso — disse Eric Warning, alto o bastante para que Ahrens ouvisse na ala da ponte. — Ele oferece a menor área de alvo, caso seja inimigo. — As rotações do motor haviam aumentando notoriamente, ampliando a sensação de que o corpo todo do navio estava deslizando, conforme ele subia e descia, com a agitação crescente. A maré seguinte dava a sensação de que o navio estava surfando, com a popa subindo na onda, depois escorregando, com a proa embicada para baixo, erguendo uma parede de espuma em um arco, espirrando para fora da popa, em câmera lenta. Era uma sensação bela e poderosa.

Outro vigia gritou:

— Algo foi arremessado abaixo do avião, parece um torpedo. — Com o nervosismo aumentando, as palavras soaram como um tiro na ponte, e todos os olhos permaneciam vidrados na mancha voadora.

— Não estou muito certo disso — Warning gritou alto. — Pode ser um dos quais Gerstung falou mais cedo, de nossa escolta.

— Vamos encará-lo como o pior — respondeu Ahrens. — Quando ele passar acima, inicie as manobras evasivas; estamos nos aproximando de 30 nós novamente. E...

Ele foi interrompido pelo grito de outro vigia:

— Hidroavião, direto em frente — uma pausa e então: — Parece... — então, outra voz entrou:

— Senhor, é um dos nossos, um hidroavião Heinkel 70 — gritou um dos marujos.

Um grito nervoso irrompeu da casa do leme.

— É nosso. Olhe a cruz preta!

— Silêncio na ponte! — Warning gritou.

O vigia hesitou e então relatou apropriadamente:

— Senhor, o contato parece ser um Heinkel, distância de uma milha, se aproximando.

O telefone da ponte tocou e Ahrens agarrou o fone.

— Ponte, Ahrens.

— Senhor, aqui é o radiotelegrafista Gerstung, nós temos um contato de rádio com a aeronave de escolta — ele parou para recuperar o fôlego. — Eles dizem nos ver. Estão fazendo uma passagem de identificação e depois vão patrulhar adiante, em ambos os lados de nossa rota.

— Ah — respondeu Ahrens. — Muito bem, Gerstung, muito bom trabalho. — Ele estava visivelmente aliviado e recolocou o aparelho volumoso de volta no gancho, com um gesto ruidoso.

— Sr. Warning, é dos nossos. Diminua novamente para 27,5. Parece que estamos nas mãos hábeis da nossa Luftwaffe. — Ahrens entrou na casa do leme e caminhou até a sala de mapas. Ele puxou a cortina, abrindo-a, e viu que três oficiais estavam em pé, junto à mesa de mapas.

— Marquem a distância e o posicionamento do canal de entrada do campo minado — disse Ahrens. — Passem o curso ao contramestre.

O navegador e dois oficiais estavam debruçados sobre o mapa; um era o tenente da equipe naval que trouxera os mapas e detalhes dos campos minados para o *Bremen*, em Murmansk. Houve uma demora de alguns segundos, enquanto os oficiais mediam a distância com uma régua divisora.

— Canal de entrada do campo minado posicionado a um seis cinco, a oito milhas, senhor.

— Muito bem. — Ahrens pensou por um tempo, depois olhou o conta-giros, na antepara. — Isto é logo adiante, mas ainda temos pelo menos três horas, até estarmos seguros.

Quando o navio desacelerou outra vez, a maioria dos tripulantes provavelmente pensou a mesma coisa: tão perto e tão longe. Eles, porém, certamente se sentiam mais fortes, pois com a aeronave tinham um par a mais de olhos, aumentando consideravelmente sua margem de segurança. Ainda assim, a possibilidade de surgir um navio de guerra britânico, saindo no nevoeiro, era um pensamento ameaçador.

Ahrens passou uma das mãos nas sobrancelhas, tirando a água da chuva, depois olhou novamente para a distância sombria. A visibilidade voltava a diminuir, enquanto a chuva aumentara. O céu estava clareando na direção leste, e a manhã transcorria lentamente. A tensão em todo o navio era palpável, à medida que a tripulação prosseguia com suas tarefas, agindo como se nada incomum estivesse acontecendo, ainda que cada um olhasse para o céu de vez em quando, verificando o tempo, o mar, como se tentasse ver um contato, ainda que temesse vê-lo. O transatlântico já estava há quase 12 horas na área de maior probabilidade para encontrar patrulhas britânicas e, até então, não surgira qualquer contato na superfície, desde aquele, sem maiores conseqüências, na escuridão.

**HMS *Salmon*
Mar do Norte
9h30
12 de dezembro de 1939**

O tenente comandante Bickford estava sentado no pequeno alojamento, com uma pilha de papéis caprichosamente alinhados à sua frente, e uma caneca de chá quente ao lado. Durante as ações alocadas, a salinha servia como vestiário, e era seu escritório quando ele tinha trabalho escrito a fazer. Era época dos relatórios anuais de condicionamento físico de seus quatro oficiais subordinados. A maioria dos oficiais de comando detestava a tarefa, que demandava análise cuidadosa e uma escolha criteriosa de palavras, mas Bickford gostava de escrever as avaliações. Seu único problema era encontrar tempo suficiente para sentar, sem ser perturbado, e concluir o registro de seus pensamentos no papel. Ele fora abençoado com um grupo incomum de oficiais extraordinários. Achava-os altamente motivados, entre os melhores com quem já havia servido. Não foi difícil encontrar grandes elogios, quando ele começou a escolher e anotar as palavras.

Eram 9h30 quando Bickford terminou o primeiro relatório brilhante, para seu primeiro-tenente, Maurice F. Wykeham-Martin, quando a cortina verde do corredor se abriu, e o oficial William George Taylor, timoneiro do barco, enfiou a cabeça, com um grande sorriso, dizendo:

— Senhor, o oficial Barron, em ASDIC, relata efeitos hidrofônicos ao norte. Soa como o motor de um alvo de grande porte. Sua presença está sendo solicitada na sala de controle.

— Muito bem — Bickford conteve sua irritação por ter de juntar seus relatórios e sorriu. — Já estarei lá. — Ele colocou os papéis numa pequena bandeja, enfiou-a numa gaveta e trancou. Depois levantou do banco e seguiu ao corredor. Passando pela sala de controle, ele percebeu que havia um silêncio nervoso no espaço estranhamente aglomerado por oito homens, incluindo o primeiro-tenente. Bickford foi até o periscópio e notou o timoneiro Taylor com ar alerta, porém feliz. Eles estavam atentos, esperando ouvir mais do operador ASDIC. Todos conheciam e respeitavam Kenneth Barron como um dos mais capazes operadores ASDIC da frota. Ele estivera em cima do laço durante o último confronto que tiveram, que uma semana antes resultara no afundamento do *U-36*, e agora, sabendo que estavam no centro da área de patrulhamento, eles esperavam mais ação. Continuou um período de silêncio, enquanto o zumbido dos ventiladores soou; o ar era quente e fétido, o cheiro de óleo combustível era acentuado, porém, menos que o normal. O ambiente ainda não mergulhara em obscuridade total, já que eles estavam submersos há apenas algumas horas.

— Senhor, o operador ASDIC finalmente rompeu o silêncio — quatro propulsores, fazendo duzentas rotações por minuto. — Ele parou, depois continuou: — Ou são dois navios à mesma velocidade, ou um grande, com quatro motores. — O homem ouvia atentamente às palavras de Barron.

O capitão tomou seu posto habitual, atrás do timoneiro, e ligeiramente à direita do controlador de estabilidade, próximo ao periscópio dianteiro.

— Muito bem — disse ele, contendo sua empolgação. Antes que pudesse expressar que talvez fosse o grande navio de passageiros que os alertaram a procurar, seu ágil primeiro-tenente disse por ele.

— Pode ser o *Bremen*, senhor. Ele é esperado seguindo ao sul, e tem quatro motores.

— Exatamente o que pensei — disse Bickford, sorrindo. Ele podia contar sempre com seu primeiro-tenente para a primeira avaliação de uma situação; ele valorizava sua presença por esta razão. Era uma espécie de segundo cérebro, pensou Bickford.

— Contato em alta velocidade, senhor, aproximando-se rapidamente, estimado a pelo menos 25 nós, talvez mais. — Os relatórios de Barron da ASDIC foram dramáticos, porque ele possuía uma voz baixa e grave.

— Cercar o contato — disse Bickford, conciso. — Tomar um curso de interceptação a seis nós. Ele pode ter escolta por perto, na superfície.

— O primeiro-tenente tem o comando, leme padrão à direita, tomar curso um três zero. Elevar planadores da proa a dez graus, até 40 pés. A postos para erguer o periscópio.

Bickford observou o manômetro de profundidade girar no sentido anti-horário, conforme o barco subia à superfície. Quando o marcador passou de 60, o periscópio subiu e o primeiro-tenente deu um passo atrás, oferecendo a primeira visão ao capitão. Bickford deu um passo à frente e abriu as alavancas de mão, quando o aparelho terminou de armar. Ele girou as alças e focou as lentes, e subitamente parou.

— À direita, grande navio de passageiros, alta velocidade, curso a sudoeste. — Ele olhava pelas lentes, depois disse devagar: — Duas chaminés, perfil do *Bremen*, mas está coberto de cinza. — Ele parou, deu um passo atrás e passou o periscópio ao primeiro-tenente.

Bickford anunciou calmamente:

— Estações de ação, preparar para emergir, nenhum outro contato, então, em frente, à velocidade máxima! Nós não teremos muito tempo para detê-lo.

Bickford estava totalmente ciente das regras contidas no Tratado Naval Anglo-Germânico de 1935, e no acordo submarino, obrigando um submarino a atuar da mesma forma que um navio de superfície, conseqüentemente, emergindo antes de abordar um alvo. Mas Bickford também sabia da nova ordem alemã, expedida em 4 de setembro, logo após o caso do *Athenia*, que declarava "Por ordem do *Führer*, e até segunda ordem, nenhuma ação hostil será tomada contra transatlânticos de passageiros, mesmo quando a navegação estiver sob escolta."[1] Essa ordem colocou os navios de passageiros numa categoria própria especial, já que, segundo as leis internacionais e os acordos marítimos, navegando sob escolta, eles não poderiam ser atacados. Sob o "Prize Ordinance" (termo alemão para as regras que governavam os assuntos de guerra submarina), um submarino estava autorizado a atacar um navio de transporte ou passageiros, se o último estivesse sob escolta de um navio ou aeronave de guerra. O regulamento afirmava que transportes considerados em serviço ativo com forças armadas poderiam ser classificados como navios de guerra. Portanto, o dilema de Bickford estava em como julgar o *Bremen*. Ele estava camuflado. Por meio dos relatórios da inteligência britânica, baseados em interceptações de comunicação, Bickford também soubera que o *Bremen* agora era diretamente subordinado ao alto-comando naval alemão. Além disso, ele sabia a respeito da ordem do alto escalão da marinha britânica, de 1º de outubro de 1939, para que todos os navios mercantes britânicos que avistassem submarinos inimigos os golpeassem.[2]

O primeiro-tenente rapidamente deu ordem para levar o submarino à superfície, e em dois minutos e meio ele e Bickford estavam na ponte, ainda terminando de vestir suas capas de chuva. O tempo estava muito carregado e chuvoso. O *Bremen* reluzia a aproximadamente quatro milhas, seu rastro remexendo a espuma branca. Os dois oficiais olhavam por entre a chuva.

— É magnífico, não é? — Bickford disse, a esmo.

— Não está em ziguezague, senhor — observou o primeiro-tenente, após observá-lo por um instante. A tripulação do convés do *Salmon* se emaranhava abaixo, no convés externo, e abastecia rapidamente as armas.

— Certo, eles não nos viram — Bickford logo rugiu. — Sinal E, com a luz Aldis, para que pare imediatamente, e repetir até que ele responda. — Bickford percebeu que o imenso navio estava totalmente pintado de cinza, de ponta a ponta, e no alto, sobre suas ex-chaminés amarelas, um contraste radical com seu casco negro anterior, as cores habituais da Norddeutscher Lloyd. De fato, era difícil vê-lo, e teria sido quase impossível se estivesse numa distância maior. O efeito da camuflagem cinza era arrebatador.

Eles olhavam a proa altaneira do navio de passageiros, subitamente começando a balançar na direção deles. O navio imenso parecia estar mirando diretamente o submarino. O sinaleiro enviou sinais "E" repetidos com a luz Aldis, por um minuto inteiro, sem resposta. Estariam os alemães recorrendo à ação recíproca, em resposta à ordem de ataque a navios mercantes britânicos? Bickford se perguntava, enquanto via a distância se encurtar rapidamente. Após alguns segundos eles viram o transatlântico reverter seu leme bruscamente, e começar a se afastar.

— Roger, eles estão nos vendo, e ignorando. — Bickford encarava, pelo binóculo. — Ou ele está desviando para arrancar ou para começar um curso em ziguezague. — Ele parou novamente, apoiando-se com força sobre a grade de ferro lateral da torre cônica, com o barco balançando nas ondas.

— Certo, mande uma redonda pela sua proa — ele gritou abaixo, com a proteção das mãos, para a tripulação. O artilheiro respondeu erguendo o braço, e afagando o topo da cabeça do segundo atirador.

Bickford observava, enquanto a equipe de artilharia girava o canhão para fora, mirando a ponta bem à frente da proa do *Bremen*. Eles só tinham alguns segundos para agir, já que o transatlântico vinha rasgando à toda, chegando a quase 30 nós. Assim que o carregador empurrou a bala redonda para dentro e bateu a tampa traseira, e o artilheiro piscou olhando a mira, o primeiro tenente berrou:

— Aeronave, vermelho, dois zero, duas milhas vindo direto!

SS *Bremen*
Mar do Norte
9h30
terça-feira, 12 de dezembro de 1939

De repente, o oficial radiotelegrafista Kurt Gerstung levou um solavanco que lhe arrancou a concentração. O monitor ligado ao circuito da aeronave de escolta subitamente irrompeu. O alarme do rádio soou e deu alguns estalidos, depois o operador principal começou a copiar a mensagem em código Morse. Gerstung a ouviu junto com o jovem operador, que tinha o registro de bordo, e pulou em pé. O monitor ficou tão atordoado que deixou cair o livro no balcão, depois suspendeu um dos fones de ouvido, mas não era necessário, já que o circuito estava sendo transmitido em um alto-falante, para que Gerstung pudesse acompanhá-lo com ele. Havia sons de crepitações e estática novamente, e depois o sinal das batidas inconfundíveis das teclas do telégrafo, na clareza do texto alemão. Em segundos, um sinaleiro sem ar, com a roupa pingando de chuva, entrou na sala de rádio, com a mesma mensagem rabiscada num pedaço de papel molhado.

— Senhor, nossa aeronave acaba de mandar isso com sinal luminoso intermitente — disse ele, ao entregar o papel ensopado a Gerstung.

— Muito bom — disse o oficial radiotelegrafista. — Nós acabamos de receber a mesma coisa pelo telégrafo.

— Senhor — o telegrafista parou de bater e leu a mensagem ainda no rolo —, aeronave reporta ter avistado submarino! Quatro milhas, quarto à bombordo. Ele está seguindo para verificar.

Os joelhos de Gerstung ficaram fracos repentinamente, mas ele se recuperou. Agarrou o fone e discou para a ponte.

— O capitão, por favor, emergência! — ele gritou para o marujo que atendeu.

Então, após alguns segundos, veio a voz calma do comodoro Ahrens.

— Aqui é o Ahrens.

— Senhor, nossa aeronave de escolta acaba de relatar ter avistado um submarino na superfície, a quatro milhas do rastro de nossa popa. Ele seguiu em busca de identificação.

— Certo, Gerstung, obrigado. — Ahrens bateu o fone junto ao suporte e deu um passo atrás, à frente da casa do leme. — Sr.

Warning, soe o alarme e comece a conduzir em ziguezague, aos dois lados do curso um quatro zero, seguindo à toda. Ahrens caminhava pela casa do leme. — Nossa escolta aérea avistou um submarino. Vamos mostrar a ele a nossa popa. Faça com que todos evacuem o caminho para a trilha dos torpedos.

Ahrens caminhou até a janela, pegou o fone e ligou para o controle da casa de máquinas.

— Aqui é o Ahrens, passe para o chefe Müller.

Houve uma pausa. O maquinista-chefe estava no andar superior da marcha redutora número três, circulando e inspecionando a temperatura das extremidades da haste número três, que estivera funcionando em alta. O maquinista-chefe preferia passar seu tempo perambulando entre seus homens, nas quatro grandes salas de máquinas, surpreendendo-os com visitas e fazendo rondas com cada membro da vigília. O mensageiro o encontrou no corredor da haste principal, atrás da marcha de redução, com uma lanterna iluminando a válvula de segurança da temperatura, junto com um jovem vigia, que segurava uma prancheta.

— Senhor, o capitão está no interfone e deseja lhe falar agora.

— Sim, em um instante estarei lá. — O maquinista pulou como se fosse um homem com metade de seus 50 anos, voando por cima da grade para o corredor, trotando pelo engradado, e galopando escada acima, até a principal área de controle. Ele pegou o fone que o primeiro maquinista vigia segurava.

— Aqui é o Müller.

— Aqui é Ahrens. Nós precisamos de tudo o que você puder dar, chefe. Há um submarino inimigo nas proximidades e nós vamos persegui-lo. O combustível não é mais o problema. Dê-me tudo o que você puder.

— Sim, sr. capitão, estive esperando por isso!

Ahrens sorriu ao colocar o fone de volta. Ele gostava muito de seu maquinista-chefe e sabia que Frederich Müller tiraria o máximo, e da melhor forma, dos motores. Os maquinistas a bordo do *Bremen* sempre foram de alto nível e confiáveis. O tempo em Murmansk havia sido difícil para eles, pela necessidade de conservar o combustível, e manter a prontidão para o uso súbito dos motores, por conta das demandas repentinas de troca de ancoradouro, devido ao tempo e à imprevisibilidade dos dirigentes do porto russo, que exigiam o deslocamento de navios estrangeiros no porto, sem nenhuma razão aparente. Por esse motivo, os maquinistas mantiveram uma prontidão constante, com as turbinas aquecidas e vapor pronto para o acelerador principal, durante quase três meses seguidos, e estavam em frangalhos.

    Ahrens andou até a ala estibordo da ponte e olhou para a traseira, através de seu binóculo. A visibilidade estava tão ruim que ele não podia avistar o avião, mas conseguia ouvir o zumbir de seus motores. O rufar da aceleração das turbinas do *Bremen* podia ser sentido nas solas de seus pés, passando pelo convés, conforme seu rastro revolvia a água, espirrando até a popa. Ahrens deu uma olhada no interior da casa do leme, para a velocidade, viu que estava marcando 29,5 nós, e ainda dava a sensação de que estavam acelerando. Ele olhou para Warning, que parecia pertinaz e sério, como sempre, e sorriu.

    — Já andou rápido assim, sr. Warning?

    Na realidade, eles haviam feito 30 nós ao tentar ultrapassar o destróier russo, antes de navegarem rumo a baía de Kola, três meses antes, quando acharam se tratar dos britânicos.

    O primeiro oficial mal olhou para o marcador de velocidade e balançou os ombros.

    — Não, senhor, eu não estava a bordo durante os testes. — Era uma lenda conhecida entre os tripulantes o fato de que, durante os testes dos maquinistas do *Bremen* ao mar, em 1928, ele supostamente teria ultrapassado 32 nós em torques curtos, numa arrancada em velocidade máxima. Isto havia sido mantido em segredo restrito à equipe de maquinistas da Norddeutscher Lloyd, que reivindicava suas habilidades extremas, bem como as taxas de velocidade máxima, óleo e água, e a verdadeira potência em cavalos era uma questão de segurança nacional e seriam inventadas nas revistas marítimas. À época de guerra, o papel do *Bremen* e do navio irmão *Europa* era definido como transporte de alta velocidade, e eles já tinham o básico para uma rápida conversão a transporte armado. Havia dois anéis de base para suportes de 88 milímetros, já instalados no lugar, entre as chaminés do convés de banho de sol, uma dianteira e outra traseira. Também havia marchas verticais adjacentes em cada locação dos suportes, para a instalação de alavancas de munição, conectando-as a um espaço agora vazio que se tornariam câmaras e rifles de repetição no convés "E". Portanto, o conhecimento preciso de sua velocidade máxima era exclusivo daqueles que haviam servido a bordo durante os testes e testemunharam as arrancadas em alta velocidade. Ainda assim, entre os tripulantes era amplamente sabido que eles haviam superado os 30 nós. Seria uma visão admirável as 52 mil toneladas arrancando pelas ondas, numa velocidade como esta, com aparelhos de jantar, baixelas de prata e copos de vidro vibrando, enquanto os motores giravam numa rotação emocionante.

— Bem, senhor, nós agora precisamos de tudo o que o Müller puder nos dar. — A popa ergueu na crista da onda e depois escorregou, sendo amortecida pela espuma. A sensação do navio estremecendo e pulsando dava a impressão de que eles estavam deslizando, e não navegando.

HMS *Salmon*
Mar do Norte
10 horas
12 de dezembro de 1939

Bickford se virou e viu o volumoso Dornier 18, hidroavião de reconhecimento e caça a submarinos, vindo direto à sua torre cônica, voando baixo. Ele pôde avistar a cruz negra nas asas e a cabine de comando envidraçada, com duas cabeças de capacetes dentro. Ele jamais tivera uma visão tão próxima de uma aeronave alemã, e era uma imagem assustadora. O primeiro contato fora um Heinkel 70. O fato de o *Bremen* ter mais de uma escolta era alarmante.

— Mergulho emergencial — Bickford gritou, agarrando o braço do vigia e o empurrando em direção à escotilha. O primeiro-tenente o seguiu. O capitão deu um passo atrás e esperou até que a tripulação de artilharia deixasse de lado os três abrigos, pulasse para a torre cônica e sumisse pela escotilha abaixo. Antes de seguir, ele parou para olhar mais uma vez a aeronave e depois para o *Bremen*. Mesmo com a tinta de camuflagem grosseira ele estava elegante, rastejando como um felino gigante que se preparava para saltar, conforme ganhava velocidade, sua traseira imensa revolvia a espuma branca ao se balançar, alterando a rota num rápido ziguezague.

O *Salmon* certamente fora descoberto, mas seu vulto fora difícil de ser avistado na luz escassa. Bickford tinha certeza de que a aeronave ainda não abriria fogo, nem soltaria uma bomba, até que tivesse uma identificação positiva. Mesmo assim, talvez eles já soubessem que o *Salmon* não era um dos seus. Ainda era o começo da guerra do Atlântico, mas as notícias de destruição do *U-36* há algumas semanas, não muito longe dali, certamente colocavam os alemães no limite. Eles sabiam que um submarino britânico estava na área. Quão importante seria o transatlântico *Bremen* para esses navios da marinha? Era no que Bickford pensava, ao deslizar cuidadosamente pela escada. O vigia saíra da escada e estava posicionado para fechar a tampa, assim que o capitão passasse por ele. Quando Bickford passou ao lado do jovem vigia, ele sorriu, mas não disse nada. Bickford tinha certeza de que o jovem estava com medo, mas ele também estava.

Esta havia sido a segunda aeronave inimiga avistada na área, durante as três últimas horas, e isso significava que os alemães estavam apostando alto para proteger o imenso transatlântico. Bickford se perguntava se o que ocorrera com o *U-36*, uma semana antes, estivera relacionado à travessia do supertransatlântico.

Bickford levou o *Salmon* cem pés ao fundo, então ordenou:

— A postos para lançar número um e dois. Oficial de torpedos, qual a solução?

Com um alvo grande como aquele seria um tiro fácil, porém, após abrir os tubos, Bickford parou e pensou: eu não posso atirar nele. Aparentemente, ele não está armado, está com escolta aérea, mas, até onde sabemos, continua desarmado e eu não tenho ordens para afundá-lo. Repetiu seus pensamentos em voz alta, e toda a sala de controle olhou para ele. Teriam eles, de fato, visto seu alerta para parar? O sinaleiro repetira a letra "E" por um minuto inteiro, e o transatlântico, apesar de não responder, começara a ziguezaguear. Seria porque a aeronave os teria avistado e relatado, ou pela sinalização do *Salmon* para que parassem?

— Senhor, o contato está a 3,5 quilômetros e abrindo distância. Estará fora de alcance em dois minutos. — O oficial de torpedo repetia a distância, à medida que aumentava. — Distância de quatro, 4,5, senhor, nossa distância máxima de alcance é de 5,5 quilômetros.

Bickford suava intensamente, embora não estivesse tão quente na sala de controle. A pressão era terrível. Ele sabia exatamente o que estava em jogo. Desde que a guerra irrompera em setembro, os britânicos nutriam a esperança de que os alemães ainda não partiriam para a mesma tática da última guerra. Os tratados navais haviam sido traçados para evitar isto e, apesar do afundamento do *Athenia* em 3 de setembro, a liderança naval da Grã-Bretanha tinha esperanças de que o lento processo do desenrolar da guerra, batizado na Alemanha de *Sitzkrieg*, ou guerra falsa, ou do crepúsculo, não fosse se transformar numa guerra de "tudo ou nada, de quem atirar primeiro" ao mar. Bickford sabia que sua decisão nos próximos minutos, talvez segundos, poderia se transformar num ato que abriria precedentes e, quer ele abrisse fogo ou não, suas ações seriam discutidas minuciosamente, durante muito tempo por vir. Era tarde demais para sinalizar pedindo instruções, pois apesar da eficiência do telégrafo, levava horas, às vezes dias, para se conseguir enviar sinal e receber a resposta. Bickford conhecia suas ordens e elas não diziam qualquer coisa a respeito de abrir fogo contra um navio de passageiros. Ele não podia confirmar visualmente se ele estava armado e, apesar da luz do dia, não podia determinar se estava ou não com luzes acesas e, embora estivesse sob escolta aérea, não era necessariamente um navio armado. Ou era? Ele tinha de decidir imediatamente.

Bickford pensou rápido e disse firmemente, olhando para seu primeiro-tenente:

— Vamos deixá-lo ir, número um.

O tenente Wykehman-Martin imediatamente acenou a cabeça.

— Eu concordo, senhor.

— Leve-nos ao fundo, duzentos pés, e diminua para dois nós. — Bickford se sentiu fortalecido pela colaboração de seu número um. — Aquelas aeronaves estão fazendo sua escolta. Quem sabe dizer quantas outras armadas eles podem ter?

Enquanto o *Salmon* se afastava e seguia ao fundo para evitar ser atacado pela aeronave, Bickford rascunhou uma breve mensagem para enviar quando eles pudessem retornar à profundidade de alcance do periscópio. Bickford entregou a sinalização ao timoneiro Taylor:

— Aqui, entregue isto a Sparks. Diga-lhe que envie assim que voltarmos à profundidade de periscópio.

Dentro de sua análise, Bickford fizera a coisa certa; não podia torpedear um navio desarmado de passageiros, com ou sem passageiros a bordo; à exceção das cores do casco, da superestrutura e das chaminés, ele parecia exatamente o mesmo *Bremen* da época em que viajara para Nova York, e de volta a Southampton, seis anos antes. Não dá para esquecer a graça e a beleza de um navio como aquele, pensou Bickford. (No relatório de patrulhamento do tenente comandante Bickford, ele afirmou que havia viajado a bordo do *Bremen* aos Estados Unidos, e de volta a Southampton, enquanto esteve de férias, em 1933.)

O *Salmon* continuou no fundo até as 10h15, quando voltou à profundidade de periscópio e acionou uma antena. Bickford enviou a seguinte mensagem em alta freqüência, ao receptor principal:

> O *Bremen* passou por mim na posição de 57 graus, 00 minuto norte, 5 graus 45 minutos leste, guinando a 130 graus, acompanhado por aeronave. Tempo de origem 0945/11.[3]

Bickford passou alguns instantes de ansiedade após enviar o relatório. Em primeiro lugar, era arriscado transmitir naquelas águas, caso fosse interceptado. Depois, sua decisão de deixar o *Bremen* passar certamente seria julgada por seus superiores. Será que ele deveria ter engolido seus sentimentos e atirado? O alcance estivera no limite, mas ele poderia ter mandado dois torpedos a tempo, antes que ele ultrapassasse a distância máxima de cinco quilômetros. Ele lhe dera vasto alerta; será que deveria ter arriscado seu barco para deter esse símbolo do poder marítimo alemão? Bickford era um oficial experiente. Ele tomara a decisão sob a ameaça de ataque de uma aeronave inimiga, mas ainda permanecia a dúvida inquietante de que talvez devesse ter sido mais impiedoso. Ele havia lido os relatórios da inteligência sobre o afundamento do navio *Athenia*, em setembro. Também vira os relatos da imprensa, e a forma como a mídia britânica deplorou o fato de um submarino alemão aparentemente ter atacado um navio sem aviso, matando passageiros, incluindo mulheres e crianças. Bickford tinha certeza de ter feito o correto. Ele também sabia sobre a ordem alemã, após o afundamento do *Athenia*, reprimindo ataques a navios de passageiros, e a ordem de outubro, anulando esta última, e permitindo que os submarinos alemães atacassem navios após um alerta, caso não exibissem luzes. Ele também tinha ciência da ordem do alto escalão naval para que todos os navios mercantes que avistassem submarinos mandassem sinal SSS, solicitando auxílio armado, e a resposta alemã, de que todos os navios mercantes utilizando o rádio para pedir assistência poderiam ser atacados sem aviso.

Contudo, Bickford passou por muitos momentos de angústia. Três horas mais tarde, ainda em profundidade de periscópio, o radiotelegrafista do *Salmon* interceptou um sinal do almirantado, dizendo ao comandante de seu esquadrão, esquadrão submarino três, a bordo do HMS *Ursula*, que o *Bremen* não era um alvo — ele ficou imensamente aliviado por ter tomado a decisão correta.[4]

SS *Bremen*
Mar do Norte
12 de dezembro de 1939

Após receber o relatório de Gerstung sobre a aeronave, o comodoro Ahrens ficou em pé, parado na ala estibordo da ponte. Apenas alguns tripulantes sabiam o que estava se passando e eles haviam visto a aeronave alemã sobrevoando um local no oceano, onde o navio passara momentos antes. O que delatou que algo estava acontecendo foi o súbito aumento na velocidade e o início do curso em ziguezague. Era impossível não perceber. Até mesmo os maquinistas, nas dependências sem janelas, sentiam que havia algo. Müller, o maquinista-chefe, enviou um mensageiro acima para ver o que estava acontecendo.

Apenas Heinz Slominski, marinheiro da primeira classe, que estivera no convés observando o avião, vira algo que disse ter sido a torre cônica de um submarino, a várias milhas da traseira e avisara ao primeiro oficial Warning. A essa altura, os tripulantes sentiram o navio aumentar a velocidade. O *chef* Hans Künlen ficara irado quando o bolo que estava preparando desabou, após a primeira guinada brusca, ao aumentarem a velocidade. O bolo seria para comemorar o regresso vitorioso. Agora havia sido totalmente perdido e ele precisava começar tudo de novo.

— Navios não são para serem conduzidos de forma tão negligente! — Künlen gritou, seus homens silenciosos em volta, boquiabertos com o chefe irado. Estivera no limite desde a partida de Murmansk e era melhor ser evitado. Ele insistira em ficar a bordo, quando a maioria de seus homens regressara à Alemanha com o primeiro grupo, em setembro. Ele próprio se recusara a ir, alegando que enquanto houvesse algum tripulante para ser alimentado no navio, seu dever era garantir que isto fosse feito apropriadamente. Os que ficaram a bordo haviam sido relegados a comer apenas comidas em conserva, presunto e peixe enlatados, e porco salgado. Mas Künlen se orgulhava muito de seus doces fabulosos, que fazia diariamente, e ainda havia farinha de trigo de sobra em seu estoque. O único problema era o fermento, que acabara há tempos, e ele estava assando pão sem o ingrediente, e fazia panquecas finas à moda russa, chamadas *blini*. De qualquer forma, os tripulantes ficavam felizes em ter assados feitos diariamente, embora ansiassem por legumes frescos e carne. A única bebida restante a bordo eram algumas caixas de vinho do Reno, que a tripulação degustava com a refeição noturna; a cada dia, portanto, eles não tinham muito do que reclamar.

Slominski fora designado às tarefas de vigia no convés de banho de sol, e estava maravilhado com a beleza da cena: as nuvens haviam finalmente se dissipado e o céu azul era visível pela primeira vez, em meses. O mar acalmara e havia uma sensação de que, de alguma forma, eles conseguiriam chegar, após meses de espera. Mas o clima ainda era tenso na ponte.

Após uma hora ziguezagueando em alta velocidade, Gerstung apareceu na ponte novamente, sem fôlego, com outra mensagem telegrafada, enviada pela aeronave, com respaldo do Farol Aldis.

— Senhor — ele bufava —, o submarino desistiu e foi para o fundo. No momento, a ameaça é tida como acabada. A aeronave está esperando mais duas para rendê-lo, antes de partir.

— Muito bem — respondeu Ahrens, sem sentir-se totalmente aliviado com o relato. Quanto ele poderia confiar naqueles aviões? Teriam eles o domínio total da situação? Embora a matemática simples mostrasse que, se o submarino ainda estivesse na superfície, em sua velocidade máxima, digamos, 14 nós, o *Bremen* já estaria bem fora de alcance da artilharia de convés ou de um torpedo. Com a vantagem de velocidade do navio, de pelo menos 16 nós, o submarino ficava mais de quatro milhas para trás, a cada 15 minutos, e não era mais uma ameaça. Mas o que

O DILEMA DO *Salmon* — A FUGA DO *Bremen*

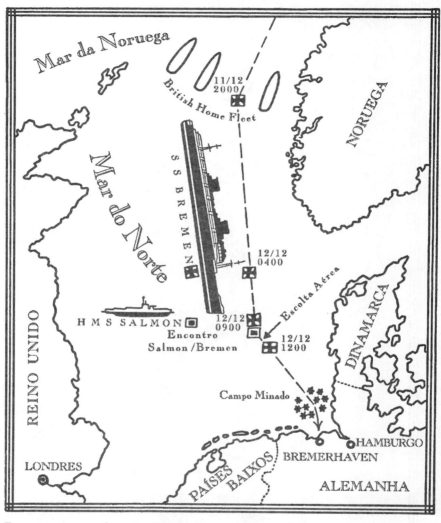

Encontro com o submarino HMS *Salmon*, na arrancada para casa.

estaria adiante? Não havia mais contatos relatados pelos vigias e os localizadores direcionais do rádio de Gerstung estavam silenciosos. O tempo agora começava a limpar e a visibilidade havia melhorado para mais de dez milhas. Se Ahrens fosse contornar e arrancar rumo ao Grande Círculo e Báltico adentro, agora era a

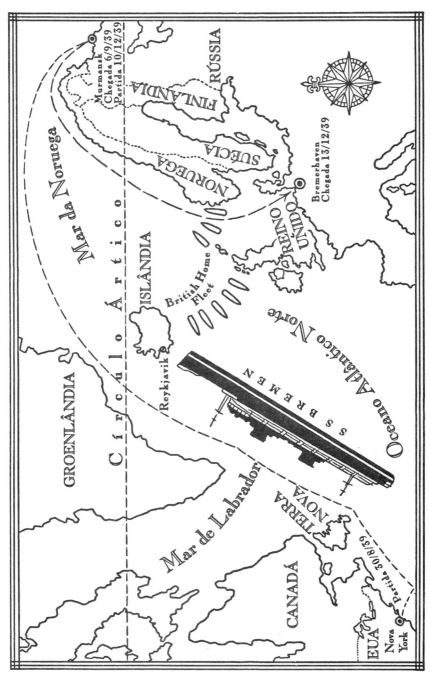

Rota do *Bremen* de Nova York até Bremerhauen.

hora. Entretanto, enquanto seguiam em alta velocidade, não parecia haver razão evidente para fazê-lo. Com outras dez horas de navegação, eles já teriam passado os campos minados alemães, através da baía de Helgolando, chegando às proximidades do estuário do rio Weser. Ahrens, então, manteve a velocidade, mas cessou o curso em ziguezague. Seguindo a 140 graus em frente, agora eles faziam um tempo excelente, principalmente depois que a agitação do mar havia cessado. Os tripulantes começaram a sentir um alívio transbordante.

Subitamente, o vigia gritou:

— Contato, mastros no horizonte, a bombordo da proa!

Warning estava de volta à ponte sinalizadora, lendo o último sinal visual da única aeronave ainda circulando adiante deles. Ao ouvir o grito do vigia, ele deu meia-volta e, incapaz de compreender as palavras ao vento, correu para a casa do leme.

O terceiro marujo repetiu a mensagem e Warning correu para o lado do capitão.

— Por que a aeronave não está avisando se há um contato ali? — ele perguntou, sem dirigir a pergunta particularmente a alguém.

— Talvez ele ainda não tenha visto — respondeu Ahrens, espiando com o binóculo.

— Mas como diabos pode ser? Eu só consigo ver que o topo do mastro tem curso flutuante à esquerda — murmurou Warning.

O vigia da ponte estava em silêncio, como se não houvesse nada acontecendo à frente. Ahrens admirava-se ao ver como seus homens eram austeros, depois de meses de incerteza. Então ficou óbvio que o contato, qualquer que fosse sua identidade, não os cercaria, caso os tivesse realmente avistado. Ou se tratava de um navio mercante seguindo ao Grande Círculo, sem tê-los visto, ou não se importara, e simplesmente seguia seu caminho. O contato abria distância novamente, e Ahrens deu um suspiro de alívio.

Agora eram 15 horas e começava a escurecer. Se conseguissem sobreviver às próximas duas horas, as chances de chegarem em casa eram boas.

A proximidade do campo minado começou a incomodar Ahrens, enquanto o primeiro oficial permanecia mais na sala de mapas, com o navegador e o oficial de coordenação, que trouxera consigo as plantas atualizadas do canal das minas. Eles estavam envolvidos numa conferência, debruçados sobre o mapa e parecendo mais alegres. Pela primeira vez desde a partida de Murmansk, o céu vinha clareando, tornando possível que o navegador tivesse um bom alinhamento do sol ao meio-dia, e eles estavam mantendo a rota, tomando por base a luminosidade dos dois últimos faróis noruegueses. O navio ainda estava a mais de 40 milhas da costa, mas as luzes eram visíveis e tornavam relativamente fácil traçar um posicionamento geral.

Ahrens ficava cada vez mais ansioso, à medida que a luz do dia ia minguando, mas agora começava a perceber que eles iam conseguir, visto que não havia minas à deriva na superfície. Como seria terrível chegar até tão longe e ser atingido por uma de suas próprias minas, depois de toda a navegação que tinham percorrido. Ahrens começou a se dar conta de que agora era quase impossível ser pego por um submarino britânico, a menos que tivesse ultrapassado as divisas do campo minado. Altamente improvável, ele pensou.

13

Aplausos e retribuição

SS *Bremen*
Estuário do rio Weser
quarta-feira, 13 de dezembro de 1939

A escuridão finalmente chegou, com uma grande sensação de alívio. A tripulação do *Bremen* sabia que agora era quase impossível que um navio de guerra britânico estivesse nessas águas controladas pela Alemanha. A vigília da ponte finalmente avistava um vulto se aproximando, e eles estavam certos de que era o barco piloto, com o qual já havia sido feito contato pelo rádio, uma hora mais cedo. Depois de passar tanto tempo fugindo de todos os outros navios, ainda era estranho ver a forma se aproximando. Finalmente, uma luz âmbar intermitente começou a piscar.

O terceiro imediato estava na ponte sinalizadora e leu a mensagem codificada em voz alta:

— É dos nossos — ele sussurrou, enfim, e correu adiante, para informar a ponte. O contato que se aproximava revelou ser um barco alemão de torpedos, parte da Vorpostenkette alemã, ou um barco de triagem, do começo da guerra. Ao chegar à lateral estibordo do transatlântico, os contramestres soltaram uma escada para que o timoneiro subisse. — Estou vendo outro auxiliar alemão enviando suas saudações de boas-vindas para todos nós — relembrou Heinz Slominski.

Quando o timoneiro chegou ao topo da escada, ele apertou a mão de Eric Warning, depois disse em voz alta, para que todos os tripulantes ao redor pudessem ouvir:

— Parabéns, vocês conseguiram chegar! — Aquelas foram palavras de boas-vindas que a tripulação do *Bremen* ouviria repetidas vezes, ao longo dos próximos dias, e até semanas.

Assim que o timoneiro chegou à ponte e encontrou o comodoro Adolf Ahrens, o navio altaneiro começou a se arrastar em direção ao estuário Weser. Após algumas horas de navegação, foi com imenso alívio que eles avistaram as ilhas a oeste de Cuxhaven.

Então, conforme o navio entrou em Wesermünde, o vigia percebeu que as luzes de navegação, que haviam estado apagadas desde o início dos conflitos, em 3 de setembro, foram acesas para seu benefício e orientação. Eles avistaram o conhecido Farol Rotesand a bombordo, e a estibordo, o de Wangerooge — suas primeiras felicitações visíveis do lar.

O primeiro oficial Warning foi o primeiro a ver a bóia marítima da fronteira alemã, e logo soube que eles enfim entravam em suas águas natais. A alegria foi contagiante. Ahrens conduziu o navio a um local ao lado do estuário e desligou todos os motores. Estava escuro, mas as almas dos tripulantes estavam leves como plumas. Eles haviam conseguido!

Na refeição noturna, Hans Künlen trouxe uma caixa extra de vinho que a tripulação não sabia existir. Ele abriu meia dúzia de garrafas na mesa de jantar, depois trouxe seu bolo. Estava ligeiramente torto, pois fora assado durante um período da travessia em ziguezague, mas ninguém reclamou. O capitão desceu e bebeu com a tripulação, após o brinde, enquanto o primeiro oficial Warning ficou na ponte, esperando pelo barco do timoneiro trazer mais gente da Norddeutscher Lloyd, para dar as boas-vindas.

Conforme o navio altivo se aproximava do cais, em Columbus Quay, parecendo um tanto surrado com sua tinta cinza mal aplicada, um grupo de algumas centenas de homens aguardava — eram seus colegas de navio, que os haviam deixado em setembro. Muitos já estavam alistados no exército e não puderam estar ali para saudar o navio em seu regresso. Apesar disso, para os que estavam a bordo, foi emocionante ver tantos deles novamente, depois da despedida, na escuridão do porto de Murmansk.

Logo após o navio ser amarrado, o comodoro Ahrens convocou todo o pessoal ao salão de festas. Depois de todos reunidos, a tripulação ouviu o pronunciamento tocante de Rudolf Firle, diretor da Norddeutscher Lloyd. Ele trouxera consigo a bandeira azul e branca de comodoro da Norddeutscher Lloyd e a entregou a Ahrens, que fez um discurso emocionante. Ao terminar, ele repetiu as palavras de John Schroeder, diretor de passageiros da Norddeutscher Lloyd em Nova York, quando dissera, em 30 de agosto: "Capitão Ahrens, o *Bremen* vai conseguir!"

British Home Fleet
Mar do Norte
Quarta-feira, 13 de dezembro de 1939

Às 10h45 de 13 de dezembro, enquanto o *Bremen* navegava triunfante pelo rio Weser, a tripulação do submarino *Salmon* avistou uma imensa formação de navios de guerra alemães, incluindo os navios de batalha *Scharnhorst*, *Gneisenau* e *Hipper*, com três cruzadores alemães. Esta formação estava tanto em alinhamento de exercício de frota, quanto para tomar unidades da Home Fleet do almirante Holmes. À primeira vista, parecia que os navios passariam a uma distância considerável, quando uma mudança súbita de curso os voltou diretamente à direção do *Salmon*. Bickford lançou uma salva de cinco torpedos, com intervalos de 11 segundos. Naquele momento, o cruzador *Leipzig* estava numa rota de 90 graus, a uma distância de um quilômetro. Exatamente às 10 horas, o navio recebeu dois tiros bem a meia nau. Os dois outros navios, *Nürnberg* e *Köln*, viraram vorazmente na direção da origem do torpedo, mas não rápido o suficiente, já que um dos tiros explodiu grande parte da proa do *Nürnberg*.

Bickford rapidamente seguiu ao fundo, para escapar dos destróieres enviados ao ataque e ganhou grande distância em profundidade, sem qualquer dano. Assim, Bickford e a tripulação de seu *Salmon* teriam justificado sua falha em deter o *Bremen* como prêmio, causando danos enormes a dois navios. O *Leipzig* sofreu um estrago tão grande que seu uso se limitou a ser como navio de treinamento, pelo resto de sua vida. Alguns dias mais tarde, o *Daily Mirror*, de Londres, exibia a manchete: "ELE VIU O *BREMEN*, AFUNDOU UM NAVIO E UM SUBMARINO." O *The New York Times* dizia: "SUBMARINO BRITÂNICO QUE POUPOU O *BREMEN* ALEGA TER ACERTADO DUAS VEZES."

Ao regressar à base, três dos oficiais do HMS *Salmon*, o primeiro-tenente Maurice F. Wykehman-Martin, o oficial de torpedo tenente R. H. M. Hancock e o engenheiro de segurança O. F. Lancaster foram honrados com a Cruz de Distinção de Serviços Prestados. Sete outros marujos do *Salmon* receberam medalhas de Distinção de Serviços Prestados e o oficial comandante E. O. Bickford foi promovido ao posto de comandante pleno, e honrado com a Ordem de Distinção de Serviços Prestados. Após as condecorações pelo afundamento do *U-36*, por ver e desafiar o *Bremen*, e danificar severamente dois navios alemães, o *Salmon* regressou ao mar e promoveu diversas outras patrulhas em combate. Ele foi perdido com todos a bordo, próximo à costa da Noruega, suspeito de vítima de uma mina.

Em respaldo do relatório de patrulha escrito em dezembro, pelo tenente comandante Bickford, seu comandante superior da terceira flotilha de submarinos escreveu:

> Esta patrulha certamente deve ser única nos anais da divisão submarina. No curto período de dez dias, o *Salmon* destruiu um submarino inimigo, atacou a frota alemã com sucesso, possivelmente destruindo um de seus dois transatlânticos, e, por último, porém não menos importante, poupou o *Bremen*, um feito mais que valioso como propaganda.[1]

Bremen, Alemanha
Terça-feira, 14 de dezembro de 1939

No dia seguinte à chegada do *Bremen*, o dr. Julius Dorpmüller, ministro dos Transportes da Alemanha, foi o anfitrião de uma recepção no enfeitado quartel-general da Norddeutscher Lloyd, em homenagem ao comodoro Ahrens e sua tripulação. A imprensa alemã e diversos jornalistas norte-americanos escolhidos estavam presentes.[2] Alguns dias depois, o capitão Ahrens foi amplamente citado em jornais britânicos, norte-americanos e alemães, que davam conta da viagem de Nova York e a fuga através do bloqueio britânico:

> O *Bremen* já estava ziguezagueando. O imenso navio balançava a bombordo e estibordo. Os sinais de alarme soavam pela embarcação e chamavam todos aos botes salva-vidas. Somente os homens da casa de máquinas permaneciam lá embaixo. Nesse ínterim, nós procurávamos de binóculo pelo periscópio do submarino, que fora avistado pouco antes, acima d'água. Em velocidade máxima, um dos membros da escolta aérea alemã mergulhou de encontro ao submarino. Nós, a bordo, passamos

diversos momentos sob a mais alta tensão. Porém, mesmo antes que o avião pudesse atacar, o submarino já havia submergido. Ficou evidente que o comandante britânico deu ordem para mergulhar, assim que viu o avião se aproximando.

O periscópio desapareceu embaixo d'água, e o submarino sumiu nas profundezas. O comandante britânico não conseguira concluir seu plano elaborado para atacar o *Bremen*. Ele fora [forçado] ao fundo por conta da aeronave alemã.

O completo estado de alarme foi mantido a bordo, por algum tempo. O avião alemão continuou circulando o ponto onde o submarino havia desaparecido. Finalmente, o piloto mandou uma mensagem: "Não há mais necessidade de temer um ataque."

E a ordem veio da ponte: "Todos os homens, regressarem aos seus postos." Nossos maquinistas diminuíram para a velocidade normal. O perigo havia passado, o ataque britânico fora repelido.[3]

Nesta primeira confirmação concreta da fuga do *Bremen*, para ter a aprovação dos críticos alemães, o Ministério de Comunicações desdenhou a afirmação britânica de que o comandante do *Salmon* corretamente se abstivera de atirar no transatlântico, em deferência aos tratados navais que proibiam ataques a navios mercantes sem aviso.

Almirantado britânico
Londres
Dezembro de 1939

Os oficiais do almirantado britânico estudaram detalhadamente as considerações de Ahrens quanto ao confronto com o submarino britânico HMS *Salmon*. Ahrens confirmara que o *Bremen* tinha a escolta armada de um Luftwaffe durante sua arrancada final, através do estreito entre as ilhas Shetland e Faroe, e que sua viagem de Murmansk fizera parte de um plano militar elaborado e amplamente apoiado pelo governo soviético. Entretanto, oficiais em Londres voltaram a questionar se a Marinha Real não estaria correta em atacar o *Bremen*, desde que ele estava sob escolta militar aérea e poderia ter sido interpretado como integrante de um comboio militar, desta forma isentando-o de proteção do Tratado Naval de Londres.

A questão permanecia: se o tenente comandante Bickford tivesse lançado um, ou mais tiros de alerta, e o *Bremen* os tivesse ignorado, teria o comandante do submarino sido justificado em atirar para deter e afundá-lo? Essa questão rendeu discussões pelo fato de que, quando o *Salmon* submergira, após ser avistado pela aeronave alemã, era questionável se seria fisicamente possível para ele lançar um torpedo, dada a vantagem de velocidade do transatlântico. O pico máximo de velocidade do *Salmon* se limitava a curtas arrancadas de aproximadamente dez nós. Os registros mostram que, à época, o *Bremen* ainda estava navegando em manobras de ziguezague, a aproximadamente 30 nós. No relatório de patrulha de Bickford fica claro que ele decidira não afundar o navio, após ser forçado a submergir, e que o sinal subseqüente que ele recebera de seu comandante confirmava que o *Bremen* não era um alvo.

Imprensa mundial
Berlim, Londres e Nova York
15 de dezembro de 1939

O furor da imprensa mundial continuou inabalável, ao surgirem as notícias do contínuo sucesso de Bickford a bordo do *Salmon*, após seu encontro com o transatlântico. O *Bremen* roubou as manchetes nos jornais alemães: "ONDE ESTÃO OS CAVALHEIROS INGLESES DO MAR?"; "PERSEGUIDOR BRITÂNICO FOGE"; e "O REGRESSO DO BREMEN — UMA SENSAÇÃO MUNDIAL."

As manchetes da imprensa britânica exibiam: "ELE FUGIU NOVAMENTE"; "O BREMEN CHEGA À ALEMANHA POR PIEDADE DO SUBMARINO BRITÂNICO"; e "BREMEN AVISTADO EM VIAGEM, DENTRO DE ALCANCE DE TORPEDO."

O *New York Times* anunciou: "O BREMEN ENGANA O INIMIGO COM ESPERTEZA PARA CHEGAR EM CASA"; "AVIÃO SALVA O NAVIO, ESCOLTA OBRIGA UM SUBMARINO A MERGULHAR"; "LONDRES CITA AS REGRAS DE GUERRA"; e "COMANDANTES NAVAIS SOB ORDENS NÃO AFUNDAM NAVIOS MERCANTES SEM AVISO."

De forma bastante previsível, o Ministério da Propaganda de Joseph Goebbels tratou a versão britânica como um fracasso em deter o transatlântico a contento, ao dizer que o êxito da arremetida do *Bremen* pelo bloqueio era simplesmente uma prova de que as alegações britânicas de superioridade marítima eram falsas.

Atlântico Norte
20 de dezembro de 1939

Após o *Bremen* regressar à Alemanha e ser festejado por seu porto de origem e pelo Ministério das Comunicações, o mundo foi abalado pela perda de um grande combatente naval alemão, de grande sucesso na superfície. O retorno do transatlântico logo foi ofuscado pelas notícias de afundamento do navio de batalha alemão *Graf Spee*, em 17 de dezembro, na saída do porto de Montevidéu. Uma batalha com os navios britânicos *Exeter*, *Ajax* e *Achilles*, no rio da Prata, terminou com a decisão do capitão Hans Langsdorff de abandonar e afundar o navio de batalha, encurralado do lado de fora do porto neutro, desta forma obrigando a marinha da

Alemanha a solicitar uma moratória de vários meses nas ações de todos os combatentes de superfície. Três dias depois, o transatlântico alemão SS *Columbus* foi perdido. A tripulação do *Bremen* foi profundamente afetada por essas notícias, pois eles haviam chegado em casa a um fiapo de encontrar o mesmo destino.

Ironicamente, no mesmo dia em que o comodoro Ahrens foi citado sobre o incidente com o HMS *Salmon*, foi relatado que o *Columbus* teria obtido liberação para partir do porto de Veracruz, e esperava-se que fosse fazer sua arrancada à liberdade ainda no vácuo da extraordinária história de sucesso da fuga do *Bremen*. Assim como o *Europa*, o *Bremen*, outros navios alemães haviam se preparado para seu próprio afundamento, caso encontrassem combatentes britânicos, e o *Columbus*, terceiro transatlântico expresso da Norddeutscher Lloyd, também o fizera.

Em 20 de dezembro, enquanto a tripulação do *Bremen* ainda gozava de seu regresso vitorioso, chegaram as notícias do destino de seus colegas de bordo do *Columbus*, após uma complexa odisséia. Ele chegara a Nova York em 18 de agosto, vindo das Índias Ocidentais, e zarpou no dia seguinte, com 727 passageiros, primeiro para a Jamaica, depois para o Haiti e Porto Rico.

Seu mestre, o capitão Wilhelm Daehne, recebera a transmissão da mensagem QWA7, que dizia que todos os navios alemães regressassem à Alemanha, ou buscassem um porto neutro; ele seguiu, então, para St. Georges, Grenada, que era de posse britânica, e em 26 de agosto alcançou Curaçao para abastecer. No domingo, 27 de agosto, ele recebeu ordem para "desembarcar os passageiros, seguir a Haugesund, Noruega, e adentrar um porto dos Estados Unidos apenas em situação extrema". O capitão Daehne deu a volta e navegou para Aruba, em 28 de agosto, dia em que o *Bremen* entrou em Nova York. Enquanto estava em Aruba, recebeu ordem para regressar e desembarcar os passageiros em Nova York; então, em 31 de agosto, foi ordenado a ele que cancelasse

Nova York e, em vez disso, deixasse os passageiros em Havana. O navio seguiu para Cuba, onde os passageiros foram desembarcados e levados de volta à Flórida, a bordo do navio *Florida*. Então, o *Columbus* seguiu para Veracruz e, por maior segurança, em seguida mudou de ancoradouro, para Antonio Lizardo, 14 milhas ao sul de Veracruz. Ali, ele recebeu 25 mil barris de combustível e foi pintado de camuflagem cinza. A Norddeutscher Lloyd tentou silenciosamente vender o navio a cidadãos alemães na América do Sul, de forma a obter registro estrangeiro e assim evitar sua captura em alto-mar. O capitão Daehne protestou com Berlim, por intermédio do consulado alemão em Veracruz, e a embaixada da Alemanha no México, alegando que qualquer tentativa de passar seria em vão. Apesar disso, talvez por conta do sucesso do *Bremen*, Berlim ordenou que ele tentasse escapar.

    Na quarta-feira, 20 de dezembro, o *Columbus*, de 35 mil toneladas, saiu sorrateiramente do porto de Veracruz, sob a escuridão. Com destino declarado a Oslo, Noruega, ele estava completamente abastecido de combustível e provisões, para uma viagem de 50 dias. Sua tripulação colocara material inflamável no convés de lazer, pronto a ser ateado em chamas. Neste caso, entretanto, o *Columbus* não teve sorte, pois foi avistado e perseguido pelo navio USS *Tuscaloosa*, baseado em Norfolk. Ele foi visto por dois destróieres britânicos que assumiram a perseguição. O *Tuscaloosa* entrou na briga quando o *Columbus* parou, e a tripulação abandonou o navio depois de atear-lhe fogo. O *Columbus* queimou e afundou bem na saída das águas neutras do Cabo Hatteras. Toda a tripulação foi levada a bordo do navio norte-americano para *Norfolk*, onde permaneceu detida até o fim da guerra.

Epílogo

Após voltar para Bremerhaven, os navios *Bremen* e *Europa* foram utilizados como transporte de tropas. Ambos foram rapidamente reaparelhados em Hamburgo, com artilharia antiaérea, modificados para transportar tanques e pintados com camuflagem preta, branca e cinza. Grandes portas para abastecimento foram cortadas nas laterais, para lidar com a carga militar de 15 mil soldados. Os navios foram preparados para a operação Leão do Mar, de invasão à Inglaterra, que nunca aconteceu. Também houve alguns relatos de um plano para utilizar os dois grandes transatlânticos numa simulação de alta velocidade em direção à Noruega, dispersando navios britânicos, enquanto as principais forças terrestres alemãs chegariam à costa leste anglicana da Inglaterra. Os alemães também tinham planos contingentes de despir os navios, deixando apenas o convés principal com seus excelentes sistemas de máquinas, e convertê-los em porta-aviões, o que também nunca aconteceu.

Numa tarde tranqüila de domingo, 16 de março de 1941, o *Bremen* estava ancorado no porto de Columbus, em Bremerhaven, e um incêndio irrompeu no salão Hunting, no convés "A". O mestre do navio, os bombeiros e a maior parte da tripulação estavam em terra. O navio queimou de forma implacável, e depois de lutarem por horas os bombeiros olhavam estarrecidos, quando o transatlântico esplêndido emborcou pesadamente a estibordo, por fim desabando contra o cais, como um exausto caçador de prêmios. Sua morte foi lenta, e os restos do aço de seu casco queimado aos poucos alimentaram as famintas fábricas Ruhr, como território de guerra, até seu fim agonizante. Até o dia de hoje, o esqueleto enferrujado de seu convés inferior pode ser visto na maré baixa, nas águas tristes e rasas do estuário Weser, próximo a Bremerhaven, em um lugar chamado Blexen Reede (Rude).

Meses após o incêndio, um ex-marujo do *Bremen* chamado Gustav Schmidt, companheiro de longa data da equipe de convés de Heinz Slominski, foi detido enquanto servia em um navio mercante no mar Negro, no porto de Constanta. Ouviram-no se gabando por ter ateado o fogo que destruíra o *Bremen*. O marinheiro foi preso e, após um intenso interrogatório feito pela Gestapo, confessou ter acendido o fogo apenas para ver quão rápido seus colegas de navio conseguiam correr. Embora testemunhas tivessem alegado que dois estrangeiros haviam sido vistos dando a Schmidt mais de 300 mil marcos para fazer o trabalho, o julgamento obscuro da Gestapo nunca chegou realmente a provar que o suposto acusado fosse culpado. Apesar disso, ele foi sumariamente executado.

A marinha dos EUA levou o *Europa* após a guerra e o utilizou para conduzir as tropas de volta para casa, como o transportador USS *Europa*, até transferi-lo para a França, como uma compensação pela perda desastrosa do transatlântico *Normandie*, em Nova York, em fevereiro de 1942, em um incêndio causado por um soldador negligente, enquanto a marinha o convertia em transportador. O *Europa* foi então rebatizado pelos franceses de *Liberté*, e serviu em missão no Atlântico, sobrevivendo a duas colisões infames e um afundamento. Ele foi recuperado e remodelado em 1950, e continuou a servir na frota pós-guerra francesa, como navio de passageiros, até ser vendido a uma empresa de ferro-velho italiana, em La Spezia, em dezembro de 1962.[1]

EPÍLOGO

O comodoro Ahrens se aposentou do serviço naval devido a problemas médicos, logo após o vitorioso regresso do *Bremen* a Bremerhaven, em dezembro de 1939. A longa carreira de vigílias no convés havia tido seu preço sobre suas pernas. Ele foi condecorado com a Medalha de Ouro por sua dedicação à cidade de Bremen, e após a guerra foi eleito ao Bundestag (Parlamento alemão) no oeste da Alemanha, como representante de Bremen.

O primeiro oficial encarregado Eric Warning reverteu à patente de *Kapitänleutnant* (tenente júnior)(S) da marinha alemã, e serviu como oficial a bordo do combatente comercial *Pinguin*, e foi perdido no mar quando o navio foi afundado pelo transatlântico britânico *Cornwall*, em maio de 1941.

O garçom Ernst Henningsen serviu num rebocador naval alemão no Mediterrâneo, e foi capturado por tropas Aliadas durante a libertação de Nápoles. Em seguida foi mandado para a Geórgia como prisioneiro de guerra, onde serviu durante dois anos colhendo algodão, depois regressou para trabalhar no Clube de Oficiais norte-americanos, na então ocupada Bremerhaven.

O aprendiz de marujo Wilhelm Bohling serviu no exército alemão, concluindo sua carreira de guerra na 325ª divisão de pára-quedistas alemães, na França. Em 1944, durante a oposição aos desembarques de Aliados da Normandia, ele foi ferido em ação e sobreviveu para voltar aos navios da Norddeutscher Lloyd.

O marinheiro de primeira classe Heinz Slominski serviu na marinha alemã como membro da equipe de um rebocador em Hamburgo, foi preso pela Gestapo ao final da guerra, como contrabandista, e sobreviveu para trabalhar para os norte-americanos em Bremerhaven, durante a ocupação.

Depois de acompanhar essa história, ao ouvir e ler as palavras pungentes dos tripulantes do *Bremen*, para resumir é justo dizer que este grandioso navio teve um papel muito importante em suas vidas. Os cidadãos alemães daquela época, ainda emergindo da devastação pela perda da guerra, lidando com a humilhação do tratado que veio a seguir, resistindo à imensa depressão econômica e encarando o fracasso da experiência democrática de Weimar, tiveram no *Bremen* um representante da esperança renascente, não apenas no mundo marítimo, mas também como o otimismo pela própria nova Alemanha. A grande amargura e dor de ver seu orgulho e alegria virar fumaça, apenas 18 meses após sua arrancada triunfante atravessando o bloqueio da marinha mais poderosa do mundo, foi sintomática dos sentimentos de tantos que viam as esperanças de uma nova Alemanha sendo seqüestradas por um ditador que disseminou uma ideologia tão horrenda, e ainda permanece um tabu ao redor das histórias de sucesso da Alemanha na época nazista.

Até recentemente, era considerado repugnante registrar ou publicar ocorrências dos eventos mais notáveis envolvendo cidadãos alemães e a forma como tantos sofreram com a miséria e a tristeza, sob a mesma tirania, apenas porque eles estiveram sob a mesma bandeira de seus perpetradores. Seu sofrimento foi ofuscado pela sombra maior daqueles outros milhões de outros menos afortunados. Ademais, houve os afundamentos de 1945 pelos submarinos soviéticos no Báltico dos navios *Wilhelm Gustloff*, com a perda de mais de sete mil civis refugiados; *Steuben*, com a perda de pelo menos 3.500 refugiados e soldados alemães feridos; e o *Goya*, com a perda de cinco mil refugiados. Somente as histórias realmente terríveis, como as que se passaram em Auschwitz, Dachau e outros lugares de morte e sofrimento, foram considerados assuntos de guerra que valessem a pena relacionar.

Mas quem pode negar que já passa da hora de ser contado o restante das histórias de perdas e agonias sofridas pelos alemães? Suas histórias também são devastadoras. Ainda não se sabe, por exemplo, quantos alemães foram perdidos nas tragédias marítimas no Báltico, nos últimos meses de guerra, durante o êxodo de refugiados vindos do *front* oriental, ou durante as invasões a bomba, que finalmente causaram o término da guerra. A perda do supertransatlântico *Bremen*, embora tola quando comparada à perda devastadora de vidas em outras tragédias da guerra, talvez seja mais uma metáfora pelas esperanças fracassadas dos alemães que seu verdadeiro sofrimento na carne.

Enquanto estive pesquisando esta história, encontrei em Bremen e seus arredores, e no porto de Bremerhaven, um orgulho que ainda resiste pela grandeza do famoso transatlântico, suas conquistas, sua arrancada para a segurança e eventual perda ignóbil, mais uma perda trágica do símbolo que do sangue. Isso foi mantido pelo fato de que dois companheiros do *Bremen*, Leopold Ziegenbein e Adolf Ahrens, permaneceram antinazistas declarados e pela persistência de ambos, que jamais sucumbiram aos ideais no famoso Partido Nazista. Também é notável que tanto Ziegenbein quanto Ahrens navegaram com a antiga bandeira alemã tricolor por toda a guerra, impunemente, devido ao respeito que impunham e que, mais tarde, Ahrens levou a ser eleito no novo Bundestag do leste alemão.

Há quem retrate o povo alemão das décadas de 1930 e 1940 como desafortunados seguidores equivocados de um líder genioso, mas não quero ser incluído neste grupo. Eu acho que os alemães ainda têm total responsabilidade por elegerem e seguirem Adolf Hitler, e compartilham da culpa coletiva por atrocidades cometidas sob seu regime. Mas as suas histórias também precisam ser contadas.

NOTAS

INTRODUÇÃO

1. John Malcolm Brinin, *The Sway of the Grand Salon*. Nova York: Delacorte Press, 1971.
2. Thomas Siemon, *Ausbüxen, Vorwärtskommen, Pflicht erfüllen: Bremen Seeleute am Ende der Weimarer Republik und im Nationalsolzialismus*, 1930-1939. Bremen: Staatsarchiv Bremen, 2002, pp. 163-165.
3. Ibid., pp. 202-203.
4. Ibid., p. 209.
5. *The New York Times*, 17 de setembro de 1935, p. 14.

1. TRAVESSIA INCERTA

1. O esforço não era tão centralizado no líder do pessoal das SA a bordo, mas nos oficiais nazistas que viajavam como passageiros e tentavam difundir as idéias de seu partido a outros viajantes.
2. A DEBEG foi uma organização fundada nos anos 1920, chamada Deutsche Betriebgesellschaft fur drahtlose Telegraphie m.b.H. Berlin. Ela foi colocada a bordo de todos os navios alemães de passageiros, tanques, cargueiros e outros navios com missões especiais. A DEBEG também dispunha de telegrafistas a bordo de aeronaves, como o *Graf Zeppelin* e o *Hindenburg*.
3. Vide Jochen Brennecke, *Die Deutschen Hilfskreuzer im Zweiten Weltkrieg*. Herford, Alemanha: Koehlers Verlagsgesellschaft, 1958, p. 107-115.
4. Memorando de FDR (Franklyn D. Roosevelt) ao secretário do Tesouro em exercício, 25 de agosto de 1939, FDR Library (Biblioteca Franklyn D. Roosevelt), Hyde Park, Nova York.

5. A conversão de navios mercantes em navios corsários auxiliares — NID 24/ T165/45, Center for Naval History (Centro de História Naval), Navy Yard, Washington, D.C., 1945.
6. Departamento de Tesouro, memorando para o secretário assistente Herbert Gaston, 28 de agosto de 1939, FDR Library (Biblioteca Franklyn D. Roosevelt), Hyde Park, Nova York.
7. Departamento de Tesouro, memorando da guarda costeira dos Estados Unidos, ao secretário assistente Herbert Gaston, em 28 de agosto de 1939, FDR Library (Biblioteca Franklyn D. Roosevelt), Hyde Park, Nova York. Este relatório sobre um fundo falso na piscina foi, sem dúvida, um logro antinazista.

2. A NEUTRALIDADE DE ROOSEVELT

1. David Kahn, *Hitler's Spies: German Military Intelligence in World War II*. Nova York: Macmillan, 1979, p. 328. Herman Lang trabalhava de dia como maquinista, desenhista e inspetor de montagem na Carl Norden, em Manhattan, e à noite fazia seu trabalho como espião de cópias, sob o codinome Paul. Lang contrabandeou cópias de plantas da bomba Norden para a Luftwaffe, a bordo de navios como o *Bremen* e o *Reliance*. Ele recebeu o pagamento de três mil dólares do governo alemão. Acabou sendo traído por um agente duplo, preso pelo FBI, julgado e condenado como um dos "dezenove nazistas", no sensacional escândalo de espionagem, recebendo uma pena de 18 anos.
2. William Breuer, *Hitler's Undercover War: The Nazi Espionage Invasion of the USA*. Nova York: St. Martin's Press, 1989, pp. 28-29.
3. Carta de Edwin Drechsel, filho de William Drechsel, ao autor, em 2 de julho de 2003.
4. Ibid.

3. COMPLICAÇÃO E DEMORA

1. O texto foi literalmente extraído dos transcritos da conversa telefônica entre oficiais do departamento de Tesouro, a Casa Branca, o Departamento de Estado e o Escritório Alfandegário, em Nova York. Da FDR Library (Biblioteca Franklyn D. Roosevelt), Hyde Park, Nova York.

4. CAINDO NO ESQUECIMENTO

1. O texto completo do discurso do capitão Ahrens figurou nos jornais da Alemanha e foi reimpresso no *The New York Times*, em 18 de setembro de 1935, p. 17.

5. CORRENDO PARA O NORTE

1. Memorando do Departamento de Tesouro, enviado pelo secretário em exercício John W. Hanes, em 1º de setembro de 1939, ao presidente Roosevelt. Da FDR Library (Biblioteca Franklyn D. Roosevelt), Hyde Park, Nova York.
2. De uma carta de John S. Conaghan, de 18 de outubro de 1981, mencionada no *Nautical Research Journal* 31, número 4 (dezembro de 1985), 176.

7. BUSCANDO REFÚGIO

1. Clay Blair, *Hitler's U-Boat War: The Hunters, 1939-1942*. Londres: Modern Library, 2000, pp. 67-79.
2. Cometendo um gigantesco erro diplomático, um grupo combatente de superfície, incluindo o couraçado de bolso *Deutschland* (mais tarde renomeado *Lützow*) e um submarino, capturou o *City of Flint* e fez a tripulação apreendida levá-lo a Murmansk. Mais tarde, quando tentava fugir para a Alemanha através das águas da Noruega, o *City of Flint* foi capturado pelos noruegueses e voltou à sua tripulação norte-americana.
3. O almirante Karl Dönitz testemunhou durante julgamento militar internacional, em Nurembergue, e descreveu, em suas memórias, as condições sob as quais os comandantes de submarinos alemães tinham permissão para atacar navios mercantes. Vide Karl Dönitz, *Memoirs: Ten Years and Twenty Days*. Nova York: Leisure, 1959, pp. 8-10.
4. Política alemã de "afundamento ao avistar", seção 24-5/C-100 NID 24/T7/45, 7 de fevereiro de 1945, arquivos da Segunda Guerra Mundial, Center for Naval History (Centro de História Naval), Navy Yard, Washington, D.C.
5. Clay Blair, *Hitler's U-Boat War: The Hunters, 1939-1942*. Londres: Modern Library, 2000, p. 96.
6. Ibid. pp. 700-702.

8. APOIO SOVIÉTICO

1. George F. Kennan, *The Marquis de Custine and His Russia in 1839*. Princeton, NJ: Princeton University Press, 1971, p. 55.
2. Adolf Ahrens, *Die Bremen: Geschichte eines Schiffes*. Essen: Verlag von Reimar, 1956, p. 136.
3. Edwin Drechsel, *Norddeutscher Lloyd Bremen, 1857-1970*. Vol. 1, *History, Fleet, Ship Mails*. Vancouver, CB: Cordillera, 1995, p. 420.

4. William Shirer, *Berlin Diary*. Nova York: Book of the Month Club, 1940, p. 254.
5. Elbert Post, um marujo alemão que serviu a bordo do *Bremen* como cozinheiro, escreveu, depois de voltar para casa em outubro, um relato sobre a fuga do *Bremen*, de Nova York a Murmansk. O artigo foi impresso no jornal de Amsterdã *Het Volk* e reimpresso no *The New York Times*, em 15 de outubro de 1939, p. 2.
6. Agora é sabido que dos 619 passageiros que regressaram à Bélgica, França e Holanda, o número estimado de 260 morreram em campos de extermínio.

9. Planejando a fuga

1. O artigo do *Het Volk* foi parcialmente reproduzido no *The New York Times*, em 15 de outubro de 1939.
2. Extraído da carta de Adolf Ahrens, de 2 de novembro de 1939, para o alto-comando naval alemão. Bundesarchiv-Militärarchiv, Freiburg, Alemanha, RM 7, arquivo 843.

10. O *Salmon* acerta um submarino

1. Do alto-comando naval, Berlim, ordem de operação NR 364/39, de 21 de novembro de 1939.
2. Lawrence Patterson, *Second U-Boat Flotilla*. Barnsley: Leo Cooper, 2003, p. 28.
3. Esta referência é baseada no relatório detalhado, intitulado *Patrol Report of HMS Salmon, de 3 a 16 de dezembro de 1939*, datado de 17 de dezembro de 1939, registrado com número 0808, obtido do Submarine Museum and Archives Gosport, Hampshire.
4. Vide Brennecke, *Die Deutschen Hilfskreuzer im Zweiten Welktieg*, pp. 107-115.

11. Correndo para casa

1. Do diário de guerra do alto-comando naval alemão, KTB, Kriegstagebuchs Microfilm Publication T1022. Compilação de registros relacionados às políticas submarinas de guerra, de 1939 a 1945, escrito pelo dr. Timothy P. Mulligan, que conduz aos registros em microfilme da marinha alemã, NARA, Washington, D.C., 1985.

12. O DILEMA DO SALMON — A FUGA DO BREMEN

1. Dönitz, *Memoirs*, p. 10.
2. Ibid., p. 11.
3. Relatório de patrulha do *Salmon*, 17 de dezembro de 1939.
4. Ibid.

13. APLAUSOS E RETRIBUIÇÃO

1. Do endosso (capitão S), número 0848/1, ao relatório de patrulha escrito pelo oficial de comando do HMS *Salmon*, tenente comandante E. O. Bickford, datado de 17 de dezembro de 1939, do British Submarine Museum, Gosport, Hampshire.
2. Em seu livro *Berlin Diary*, p. 257, William Shirer reclama amargamente de que o ministério de Comunicações e Propaganda alemão teria incitado Jordan Max, da NBC, Shirer, pela CBS, e o autor norte-americano Lothrop Stoddard, favorito dos nazistas, a veicular a entrevista com o comodoro Ahrens, finalmente escolhendo Stoddard. O processo o enfureceu profundamente, pois, segundo Shirer, sendo forçado a lutar pelos direitos de transmissão que estavam nas mãos dos nazistas, ele rejeitou a proposta antecipadamente, desta forma, tirando a chance da CBS.
3. Resumido e traduzido a partir do artigo "Ich Komme durch", *Nordwestdeutsche Zeitung, Bremerhavener Zeitung, Wesermünder Tageblatt, Unterweser Zeitung*, 15 de dezembro de 1939, p. 1.

EPÍLOGO

1. Da carta de Edwin Drechsel ao autor, datada de 4 de novembro de 2004. (Edwin é filho do falecido capitão William Dreschel.)

BIBLIOGRAFIA

Principais fontes

Entrevistas

Bohling, Wilhelm. Ex-comissário do *Bremen*. Entrevista com o autor em Bremerhaven, em 4 de junho e 11 de novembro de 2003.

Drechsel, Edwin. Filho de William Drechsel, ex-superintendente marítimo de Nova York. Carta do autor, em 2 de julho de 2003.

Ebeling, Maris (nascida Maris Warning). Filha do primeiro oficial encarregado Eric Warning. Entrevista com Imke Schwarzrock, em Bremen, em 23 de janeiro de 2004.

Harms, Horst. Diplomata engenheiro, genro de Julius Hundt, engenheiro-chefe durante a construção do *Bremen*, até julho de 1939. Entrevista via *e-mail*, em 6 de agosto de 2003.

Henningsen, Ernst. Ex-garçom do salão de jantar da primeira classe do *Bremen*. Entrevista com o autor em Bremerhaven, em 5 de junho de 2003.

Slominski, Heinz. Ex-marujo de convés a bordo do *Bremen*, de abril a setembro de 1939. Entrevista com o autor em Bremerhaven, em 11 de novembro de 2003.

Wilm, Renata (nascida Renata Ahrens). Filha de Adolf Ahrens. Entrevista com Imke Schwarzrock, em Bremen, em 23 de janeiro de 2004.

Documentos

Admiralty Files (arquivos do almirantado) 53/107740 e 107741. Diário de bordo do HMS *Berwick*, de 30 de agosto a 6 de setembro de 1939. National Archives, Kew, Richmond, Surrey TW9 4DU.

Admiralty Files (arquivos do almirantado) 53/111293. Diário de bordo do HMS *York*, de 30 de agosto a 6 de setembro de 1939. National Archives, Kew, Richmond, Surrey TW9 4DU.

Admiralty Files (arquivos do almirantado) 173/16506. Diário de bordo do HMS *Salmon*, de 1º a 31 de dezembro de 1939, Arquivo de História Naval, ministério da Defesa, sala 303, 3-5 Old Scotland Yard, Londres, SW1A HW.

Ahrens, Adolf. Relatório (secreto) enviado ao alto-comando naval alemão, em 2 de novembro de 1939, discutindo os requisitos de reforço da tripulação para a viagem de Murmansk a Bremerhaven. Bundesarchiv-Militärarchiv, Freiburg, Alemanha, RM7, arquivo 843.

———. Relatório (secreto) enviado ao alto-comando naval alemão, em 14 de dezembro de 1939. Bundesarchiv-Militärarchiv, Freiburg, Alemanha, RM7, arquivo 228.

ALUSNA (American Legation U.S. Naval Attaché / Missão Diplomática Naval norte-americana) Diário de guerra de Berlim, 15 de novembro de 1939, relatando que pescadores dinamarqueses haviam avistado o *Bremen* com tinta camuflada, ao sul da costa da Jutlândia.

ALUSNA Diário de guerra de Berlim, EF30/A12-1, de 6 de dezembro de 1939, relatando a chegada do *Bremen* a Murmansk, após falsa alegação de sua captura próximo a Lisboa, em 3 de setembro de 1939.

ALUSNA Diário de guerra de Berlim, de 18 de dezembro de 1939, relatando que o HMS *Salmon* afundara um submarino e torpedeara o *Leipzig*, além de outro mais leve, modelo Blücher, na entrada de Elba, em 14 de dezembro.

ALUSNA Diário de guerra de Berlim, de 20 de dezembro de 1939, relatando que o *Bremen* chegara em segurança a Bremerhaven, em 13 de dezembro, conforme transmissões alemãs de rádio, e gabação britânica alegando que seu submarino deixara o *Bremen* passar por ter errado o tiro, ou ter sido forçado a submergir pelas aeronaves alemãs.

ALUSNA Relatório londrino número 799, de 30 de agosto de 1938. Escritório da Inteligência Naval, departamento Naval, Naval Historical Center (Centro de História Naval), Navy Yard, Washington, D.C., 1947.

Baumbach, Norbert von, Adido naval, embaixada da Alemanha em Moscou. Carta (secreta) a Adolf Ahrens, datada de 8 de novembro de 1939, discutindo detalhes da travessia pendente de Murmansk a Bremerhaven. Bundesarchiv-Militärarchiv, Freiburg, Alemanha, RM7, arquivo 843.

Bickford, E. O., tenente comandante. Relatório de patrulha de 17 de dezembro de 1939. Submarine Museum, Gosport, Hampshire, PO12/2AS.

Bremen. Diário da última viagem. Deutsches Schiffahrtsmuseum, Bremerhaven, Han-Scharoun-Platz 1, D-27568.

Cairns, Huntington. Transcrição da conversa telefônica com John W. Hanes, em 29 de agosto de 1939, às 4 horas, sobre os 30 homens do *Bremen*, dizendo que o Estado e a Imigração alegaram estar por conta do Comércio e perguntando se os oficiais do FBI estão satisfeitos com a partida dos 30.

Durning, Harry, fiscal alfandegário de Nova York. Transcrição da conversa telefônica com John W. Hanes, em 29 de agosto de 1939, falando sobre o impedimento dos rebocadores e a prontidão de um barco da guarda costeira para subir o rio e bloquear a passagem do *Bremen*, caso este tentasse partir sem liberação, e aparentar tratamento igual ao navio francês *Normandie* e o *Transylvania*.

——. Transcrição da conversa telefônica com John W. Hanes, em 29 de agosto de 1939, de 16h50 às 16h57, sobre a dificuldade de manter conversações sobre o *Bremen* e o grupo de 30 técnicos e médicos no cais, já que eles não eram passageiros, e fazer com que o FBI os investigue.

——. Transcrição da conversa telefônica com John W. Hanes, em 29 de agosto de 1939, às 16h09, dizendo que a alfândega está no limite e já não tem como continuar segurando o *Bremen*, e que irá liberá-lo naquele dia, às 17 horas.

Feis, Herbert, consultor do departamento de Estado, sobre assuntos internacionais. Memorando ao secretário de Estado Cordell Hull, em 29 de agosto de 1939. FDR Library.

——. Transcrição da conversa telefônica com John W. Hanes, em 29 de agosto de 1939, sobre continuar a atrasar a saída do *Bremen*, demonstrando habilmente estar confuso (refere-se à nota britânica na imprensa).

——. Transcrição da conversa telefônica com John W. Hanes, em 29 de agosto de 1939, de 15h24 às 15h28, discutindo a remoção de 17 homens do *Bremen*, para levá-los a Ellis Island.

——. Transcrição da conversa telefônica de John W. Hanes, em 29 de agosto de 1939, de 15h16 às 15h20, descrevendo a acolhida do *Bremen* aos 30 homens como tripulantes e discutindo implicações legais. Descreve a descoberta local para montagem de arma de três polegadas e suporte, mas nenhuma arma, ou munição.

Feldkamp, Ursula. "Tintoretta und der Reisenden-Sonderdienst des Norddeutschen Lloyd 1931-1939". *Deutsches Schiffahrtsarchiv* (1995).

Führer — Conferências sobre como lidar com a marinha alemã em 1939. Naval Historical Center (Centro de História Naval), Navy Yard, Washington, D.C. Correspondência do ministro alemão de Relações Exteriores, série D.

Hanes, John W., secretário assistente de Tesouro. Memorando ao presidente Franklin D. Roosevelt, em 24 de agosto de 1939, relatando o alerta ao departamento de Comércio em Nova York, quanto a irregularidades na liberação e partida de navios estrangeiros, apontando para imediata detenção, interceptação e custódia de embarcações propensas à guerra, que estiveram em águas territoriais.

——. Transcrição de uma conversa telefônica com Harry Durning, inspetor alfandegário, em Nova Iorque, em 25 de agosto de 1939, na qual relata a esperada chegada do *Bremen* e do *Europa*.

——. Transcrição de conversa telefônica com Frank Murphy, em 25 de agosto de 1939, sobre a legalidade em manter os navios alemães detidos nos portos.

——. Transcrição de conversa telefônica com Herbert Feis, em 29 de agosto de 1939, às 10h45.

——. Anotações de 29 de agosto de 1939, informando a chegada do *Bremen*, seu descarregamento e solicitação para partida imediata, e negação de liberação. Também relata sobre os 30 médicos e técnicos que haviam sido registrados como tripulantes. FDR Library.

——. Memorando dos arquivos de negociações com o general Edward Watson, em 30 de agosto de 1939, de 11h20 às 11h23, relatando ao presidente o status do *Bremen* em Nova York. FDR Library.

——. Memorando de 1º de setembro de 1939, referindo-se à quantidade de combustível que o *Bremen* recebeu em Nova York.

Hull, Cordell, secretário de Estado. Memorando de conversa com dr. Han Thomsen, encarregado de assuntos alemães, e Adolf Berle, em 30 de agosto de 1939, sobre a detenção do *Bremen*.

Kriegstagebuchs, KTB, diários de guerra da marinha alemã, publicações em microfilmes T1022, NARA, College Park, Maryland.

Mulligan, dr. Timothy P. Compilação de registros relativos à política de guerra de submarinos, entre 1939 e 1945. Conduz aos registros da marinha alemã, Washington, D.C., NARA, 1985.

Murphy, Frank, procurador público dos EUA. Carta ao presidente Franklin D. Roosevelt, em 28 de agosto de 1939, aprovando a legalidade de tomar navios alemães e italianos em águas territoriais, após a declaração de guerra. FDR Library.

——. Memorando ao departamento de Tesouro, em 26 de agosto de 1939, autorizando a guarda costeira a utilizar toda a força necessária dentro das águas territoriais para obrigar o cumprimento da lei marítima. FDR Library.

Navy High Command (alto-comando naval), Berlim. Ordem de operação (secreta, apenas por oficial) número 364/39 Gkdos. Chefes, de 21 de novembro de 1939, detalhando as medidas para trazer o navio *Helene* (código utilizado para o transatlântico *Bremen*). Bundesarchiv-Militärarchiv, Freiburg, Alemanha, RM7, arquivo 843.

——. Ordem de operação (secreta) número 461/39, Gkdos. Chefes, de 7 de dezembro de 1939, detalhando as medidas para trazer o navio *Helene*. Bundesarchiv-Militärarchiv, Freiburg, Alemanha, RM7, arquivo 843.

——. Ordem de operação (secreta, entregue apenas por oficial) do Marine-Grupenkommando Ost, B número 323/39 Gkdos. Chefes, de 9 de dezembro de 1939, para Befehlshaber der Sicherung der Ostsee (comando da segurança do leste báltico) Berlim, Befehlshaber des Marine-Gruppenkommandos West (comando naval do grupo oeste) Wilhelmshaven e Befehlshaber der Unterseeboote (comando das forças submarinas) Wilhelmshaven. Assunto: *Weisung Gruppe Ost fur die Einbringung des Dampfers Helene* (Diretrizes para trazer o navio *Helene*). Bundesarchiv-Militärarchiv, Freiburg, Alemanha, RM7, arquivo 843.

Nixon, Irving F., Comissário de serviços setoriais e mão-de-obra. Transcrição de conversas telefônicas com John W. Hanes, em 29 de agosto de 1939, de 15h30 às 15h32, discutindo o status dos 30 homens registrados como membros da tripulação, já que o *Bremen* não podia transportar passageiros. Todos são cidadãos norte-americanos. Ninguém do interesse do FBI.

Rohwers, J., e G. Hummelchen. *Chronology of the War at Sea 1939-1945*. Traduzido do alemão por Derek Masters, Vol. I: 1939-1942. Londres: Ian Allan, 1973.

Roosevelt, Franklin D. Memorando a John W. Hanes, em 25 de agosto de 1939, ordenando a detenção dos papéis de liberação de todos os navios suspeitos de transportar armamento, até que uma busca completa constate não haver armamento a bordo.

——. Transcrição telefônica de conversa com John W. Hanes, em 28 de agosto de 1939, relatando a chegada do *Bremen* a Sandy Hook, rumo ao porto de Nova York, também dizendo a Hanes para fazer a inspeção lentamente, e segurar o *Bremen* até quarta-feira. (Roosevelt refere-se ao *Bremen* como "um navio perigoso para se deixar à solta".)

——. Memorando a John W. Hanes, em 25 de agosto de 1939, apontando a detenção dos papéis de liberação de todos os navios suspeitos de transportar armamento. Afirma que tem motivos para acreditar na possibilidade de navios mercantes estarem transportando armamento para serem equipados ao mar, e serem convertidos em combatentes. FDR Library.

Ruck-Keene, P., comandante da terceira flotilha submarina HMS *Cyclops*. Endosso ao relatório de patrulhamento do HMS *Salmon*, de 17 de dezembro de 1939. Submarine Museum, Gosport, Hampshire, PO12/2AS.

Rückkehr des Schnelldampfers Bremen (Regresso do navio transatlântico *Bremen*). Relatório (secreto) dos resumos do oficial em comando por Fregatten Kapitan Stange, alto-comando naval alemão, de 20 de dezembro de 1939, Bundesarchiv-Militärarchiv, Freiburg, Alemanha, RM7, arquivo 228.

Secretário assistente de Comércio. Cable, 21 de agosto de 1939, alertando Nova York para reforçar os procedimentos de liberação.

Siemon, Thomas. *Ausbüxen, Vorwärtskommen, Pflicht erfüllen: Bremen Seeleute am Ende der Weimarer Republik und im Nationalsolzialismus, 1930-1939*. Bremen: Staatsarchiv Bremen, 2002.

Treasury (Tesouro) Memorando baseado no encontro de gabinete, de 25 de agosto de 1939, de todos os fiscais alfandegários, para enfatizar certas regras contra navios estrangeiros propensos à guerra, em águas territoriais.

Tschira, Hanns, fotógrafo do *Bremen*. Caderno pessoal, 1941. Deutsches Schiffahrtsmuseum, Bremerhaven.

U.S. Guard Coast (guarda costeira dos EUA). Memorando ao secretário assistente Herbert Gaston, em 28 de agosto de 1939, informando que o *Bremen* estava programado para chegar a Nova York em 29 de agosto de 1939, e sobre a partida do navio alemão *New York*.

———. Memorando de 28 de agosto de 1939, relatando a interceptação de comunicações alemãs do DEBEG (Berlim), a um navio desconhecido, para remover o equipamento telegráfico, quando o navio fosse transformado em embarcação de guerra.

———. Memorando ao secretário assistente Herbert Gaston, em 30 de agosto de 1939, discutindo um relatório do quartel general da guarda costeira norte-americana em São Francisco, quanto a um fundo falso na piscina do *Bremen* destinado a suprimentos de guerra e a expectativa de seu encontro com um submarino para o aparelhamento especial.

———. Diário do barco da guarda costeira George W. Campbell, de 30 de agosto a 3 de setembro de 1939. National Archives, 11E4/22/07/04 caixa 458, em dois volumes.

Wachtel, primeiro oficial do *Bremen*. Relatório (secreto) de 16 de dezembro de 1939, da viagem do *Bremen* de Murmansk a Bremerhaven, e endosso. Anlage (1) a Nebernstelle Bremen Abwehr I/Marine B. número G. 12370/39/Ima5,v.16.12.1939. Bundesarchiv-Militterarchiv, Freiburg, Alemanha, RM7, arquivo 228.

Watson, E. M. Memorando da conversa telefônica com John W. Hanes, sobre a manutenção do *Bremen* por 48 horas, como indicado em instruções.

———. Memorando ao presidente Franklin D. Roosevelt de 29 de agosto de 1939, informando que o *Bremen* solicitara liberação no fim do dia 28, mas esta fora recusada, e o navio partiria sem ela, mas os rebocadores estavam retidos, como prevenção à sua partida.

Memórias

Ahrens, Adolf. *Die "Bremen" Schlägt sich durch: Die Heimkehr des grössten deutschen Handelsschiffes*. Berlim: Steiniger, 1940.

———. *Die Bremen*: Geschichte eines Schiffes. Essen: Verlag von Reimar, 1956.

———. *Die Siegesfahrt der "Bremen"*. Berlim: Steiniger, 1940.

Ferber, Gertrude. *Acht Glas*. Berlim: Steiniger, 1940.

Post, Elbert. Relato impresso no jornal de Amsterdã *Het Volk*, e reimpresso no *The New York Times*, em 15 de outubro de 1939. Post era um marujo holandês que serviu a bordo do *Bremen* como cozinheiro.

Renneberg, Walter. "Ich war dabai" (Eu estava lá). Erinnerungsbericht an die letzte Fahrt der *Bremen* am (Lembranças da última viagem do *Bremen*), 22 de agosto de 1939.

———. "Twenty Nine and One Half Knots through the English Blockade" (Atravessando o bloqueio inglês a 21 nós). Um relato pessoal escrito pelo ex-tripulante do *Bremen* Walter Renneberg, sobre a viagem do *Bremen* a Murmansk, em agosto e setembro de 1939, e o regresso dos tripulantes de Murmansk a Bremerhaven, pela ferrovia soviética e traslado alemão no *Sierra Cordoba*, passando por Leningrado. Dos arquivos do Deutsches Schiffahrtsmuseum, Bremerhaven.

Ricklefs, Hermann. "Die Letzte *Bremen* Fahrt miterlebt". *Niederdeutsches Heimatblatt*, número 207 (março de 1967). Ricklefs foi o primeiro oficial durante a última viagem do *Bremen*.

Ritter, Nikolaus (nome de disfarce, dr. Rantzau). *Die Aufzeichnungen des Nikolaus Ritter, Offizier im Geheimen Nachtrichtendienst*. Hamburgo: Hoffman and Campe, 1972.

Tschira, Hanns. *Die Bremen Kehrt Heim: Deutscher Seemanngeist und Deutsche Kameradschaft retten ein Schiff*. Berlim: Verlag Hermann Hilger K.G., 1940.

Fontes adicionais:

Bartlett, Ruhl. *Policy and Power: Two Centuries of American Foreign Relations*. Nova York: Hill and Wang, 1963.

Bishop, Beatrice, e Travis Beal Jacobs. *From the Papers of Adolf A. Berle*. Nova York: Harcourt Brace Jovanovich, 1973.

Blair, Clay. *Hitler's U-Boat War: The Hunters, 1939-1942*. Londres: Modern Library, 2000.

Blum, John Morton. *From the Morgenthau Diaries*. Vol. 3, *Years of Urgency*, 1938-1941. Boston: Houghton Mifflin, 1965.

——. *Roosevelt and Morgenthau*. Boston: Houghton Mifflin. 1970.

Braynard, Frank D., e William H. Miller. *Fifty Famous Liners*. Nova York: Norton, 1985.

——. *Lives of the Liners*. Nova York: Cornell Maritime Press, 1947.

Brennecke, Jochen. *Die Deutschen Hilskreuzer im Zweiten Weltkrieg*. Herford, Alemanha: Koehler, 1958.

——. *Ghost Cruiser HK33*. Londres: Kimber, 1954.

——. *Luxusliner Bremen Brennt!: Letze Fahrt Bremen — New York*. Herford, Alemanha: Koehler, 1973.

Breuer, William. *Hitler's Undercover War: The Nazi Espionage Invasion of the USA*. Nova York: St. Martin's Press, 1989.

Brinin, John Malcolm. *The Sway of the Grand Salon*. Nova York: Delacorte Press, 1971.

Burns, James MacGregor. *Roosevelt, the Soldier of Freedom*. Nova York: Harcourt Brace, 1970.

Churchill, Winston S. *The Gathering Storm*. Cambridge, Mass.: Houghton Mifflin, 1948.

Cole, Wayne S. *Charles A. Lindbergh and the Battle against American Intervention in World War II*. Nova York: Harcourt Brace, 1974.

Coleman, Terry. *The Liners: A History of the North Atlantic Crossing*. Nova York: Putnam, 1985.

Costello, John. *Days of Infamy*. Nova York: Pocket, 1994.

Daily Mirror (Londres) "Another Liner Safely Home", 14 de dezembro de 1939.

Dallek, Robert. *Franklin D. Roosevelt and American Foreign Policy, 1932-1945*. Nova York: Oxford University Press, 1979.

Davis, Kenneth S. *Franklin D. Roosevelt into the Storm, 1937-1940: A History*. Nova York: Random House, 1993.

Drechsel, Edwin. *Norddeutscher Lloyd Bremen, 1857-1970*. Vol. 1, *History Fleet, Ship Mails*. Vancouver, CB: Cordillera, 1995.

Farago, Ladislas. *The Game of the Foxes*. Nova York: Bantam, 1971.

Feis, Herbert. *The Road to Pearl Harbor*. Nova York: Princeton University Press, 1950.

Ferris, Theodore E., arquiteto e engenheiro naval. Entrevista em "Express Liners". *Marine Engineering and Shipping Age* (julho de 1930): 350-355.

Freidel, Frank. *Franklin D. Roosevelt: A Rendezvous with Destiny*. Boston: Little Brown, 1990.

Hinsley, Francis H., et al. *British Intelligence in the Second World War*. 3 Vols. Nova York: Cambridge University Press, 1979-1983.

Hughes, Tom. *The Blue Riband of the Atlantic*. Nova York: Scribners, 1974.

Ickes, Harold L., *The Secret Diary of Harold L. Ickes*. Vol. 3, *The Lowering Clouds*, 1939-1941. Nova York: Da Capo, 1974.

Kahn, David. *The Codebreakers*. Nova York: Macmillan, 1967.

——. *Hitler's Spies: German Military Intelligence in World War II*. Nova York: Macmillan, 1979.

Kennan, George F. *The Marquis de Custine and His Russia in 1839*. Pinceton, NJ: Princeton University Press, 1971.

Kimball, Warren F. *Churchill and Roosevelt: The Complete Correspondence*. Princeton, NJ: Princeton University Press, 1984.

Kludas, Arnold. *Das Blaue Band des Nordatlantiks. Die Geschichte eines internationalen Wettbewerbs*. Hamburgo: Koehler, 1999.

——. *Die Geschichte der deutschen Passagierschiffahrt, 1850-1990*, cinco volumes. Hamburgo: Ernst Kabel, 1986.

——. *Die Schnelldampfer Bremen und Europa. Höhe-punkt und Ausklang einer Epoche*. Hereford: Koehler, 1993.

Lash, Joseph P. *Roosevelt and Churchill, 1931-1941: The Partnership That Saved the West*. Nova York: Norton, 1976.

Marine Engineering and Shipping Age. "The Bremen". Julho de 1930.

Marine Engineering and Shipping Age. "Express Liners: An Interview with Theodore E. Ferris". Julho de 1930.

Maxtone-Graham, John. *The Only Way to Cross*. Nova York: Collier, 1978.

Miller, William H. "Memories of Long Ago Southampton". *Marine News* 6 (1985): 331.

Napier, Rob. "The North German Lloyd and *Bremen*" (IV) 1929. *Nautical Research Journal* 31, número 4 (dezembro de 1985).

Nixon, Edgar B. *Franklin D. Roosevelt and Foreign Affairs*. Cambridge, Mass.: Harvard University Press, 1969.

Persico, Joseph E. *Roosevelt's Secret War: FDR and World War II Espionage*. Nova York: Random House, 2001.

Randall, J. G. e David Donald. *The Civil War and Reconstruction*. Boston: Heath, 1961.

Rauch, Basil. *Roosevelt from Munich to Pearl Harbor*. Nova York: Creative Age, 1950.

Reynolds, David. *The Creation of the Anglo-American Alliance, 1937-1941*. Londres: Europa, 1981.

Rohwer, J. e G. Hummelchen. *Chronology of the War at Sea, 1939-1940*. Vol. 1, 1939-1942. Londres: Ian Allan, 1954.

Roskill, S. W. *The War at Sea, 1939-1945*, Vol. 1, *The Defensive*. Londres: Her Majesty's Stationary Office, 1954.

Salewski, Michael. *Die Deutsche Seekriegsleitung 1935-1945*. 2 vols. Frankfurt e Main: Bernard & Graefe, 1970.
Sherwood, Robert E. *Roosevelt and Hopkins*. Nova York: Harper, 1948.
Shirer, William. *Berlin Diary*. Nova York: Book of the Month Club, 1940.
——. *The Rise and Fall of the Third Reich: A History of Nazi Germany*. Nova York: Simon and Schuster, 1960.
Tansill, Charles C. *Back Door to War*. Chicago: Henry Regency, 1952.
The Shipbuilder. "The Atlantic Liner *Bremen*". Periódico: outubro, novembro e dezembro de 1930.
Tschira, Hanns. "Die Kühne Heimfahrt unserer *Bremen*". *Das leben im Bild* (Berlim), número 4, 1940.
——. "Ich war auf der *Bremen*", Der Angriff (Berlim), n° 305, 306, 307, de 20 de dezembro.
——. "Ich war auf der *Bremen*", *Westfällischer Kurier*.
——. "Ich war auf der *Bremen*", Der kühne Durchbruch unseres schönsten Schiffes". *Hessische Landeszeitung* (Darmstadt), n° 56, 24 de fevereiro de 1940.
——. "Wie die *Bremen* es schafft". *Das Illustrirte Blatt*.
——. "Wie die *Bremen* sich durchschlug". *Berliner Illustrirtte Zeitung*. N° 51, 1939.
Völkischer Beobachter. "Die *Bremen* wieder in der Heimat". (Berlim) N° 348, 14 de dezembro de 1939.
Von der Porten, Edward. *The German Navy in World War II*. Nova York: Galahad, 1969.
Witthoft, Hans-Jurgen, e Ludwig Dinklage. *Die deutsche Handelsflotte, 1939-1945*. 2 vols. Hamburgo: Nikol Verlag, 1992.
——. *Norddeutscher Lloyd: Bremen*. Hamburgo: Seehafen Verlag, 1984.

ÍNDICE

Abwehr
   fotografia, 99-100, 171, 182
   Gerstung, Kurt, 43
Achilles (navio britânico), 284
Ahrens, Adolf, 12, 18, 26, 28-29, 43
   aposentadoria de, 289
   Athenia (transatlântico), interceptação do pedido de emergência, 150-151
   bandeira suástica, 97
   Bremen, ancoradouro da cidade de Nova York, (28-29 de agosto de 1939), 57-58, 60-63, 68-72, 77-81, 87-91
   Bremen, partida da cidade de Nova York (30 de agosto de 1939), 95-97, 99-103, 121
   Bremen, relato da fuga por, 281-284
   carreira de, 42
   chegada ao estuário do rio Weser, 277, 279
   chegada em Bremerhaven, 279
   Drechsel, William, e, 61
   Durning, Harry, e, 62-63
   elaboração do plano de fuga de Murmansk, 195-199, 203-206, 218-228, 236
   encontro com os passageiros, 51-54
   Gerstung, Kurt, e, 111
   Griebl-Lonkowski, rede, 72, 75-77
   Halifax, Nova Escócia, a passagem, 123-128, 137-141
   Medo de *Iceberg*, 158-159
   Murmansk, ancoradouro (setembro a dezembro de 1939), 167-170, 175, 180, 182, 192-195
   Nantucket, ilha de passagem por, 103-119
   Nova York, cidade de, 93-94
   operação "Base Norte", 158
   pacto de não-agressão, 114
   partida de Murmansk, 239-242, 244-249
   personalidade de, 42
   pintura de camuflagem, 146
   política de, 98, 140, 291
   promoção a comodoro, 175
   resposta à Berlim (segunda-feira, 28 de agosto de 1939), 54
   telegramas para, 42-44, 51, 55, 63, 115, 172-174
   travessia do mar do Norte, 252-256, 263-264, 271-275

Warning, Erick, e, 48, 69, 126, 182, 221, 224
água, 126-127
Ajax (navio inglês), 284
Alabama (navio confederado de guerra), 33
Albert Ballin (transatlântico alemão), 97
Alemanha
   ataques a navios mercantes, 151-156
   invasão da Polônia pela, 136, 139
   pacto soviético de não-agressão, 37, 114, 199, 206
   Polônia, 37-38, 42, 44
   preparativos de guerra, 123
   submarinos de guerra, 148-155, 211-215, 259-260
ancoradouro em Murmansk (setembro a dezembro de 1939), 171, 176, 179, 182-183, 195, 236, 237-238, 241
Annamite (destróier francês), 155
Anti-semitismo, empresas de navegação, 24
apoio aéreo,
   a fuga de Murmansk, 207, 227, 252-256
   Bremen e a travessia do mar do Norte, 252-256, 261-263, 265, 271-272, 282-283
Aquitania (transatlântico britânico de luxo), 86
área de controle do motor, Bremer, 127-128
Argo (transatlântico alemão de luxo), 24
Ark Royal (aeronave porta-aviões britânica), 157

Athenia (transatlântico britânico), 148-154, 155, 156, 259, 268, 270
Atlântico Norte, bloqueio, 157
Aurora (navio britânico), 235

Bar Harbor, Maine, 63-65
Barron, Kenneth, 210, 213, 258, 259
Bauer, Wilhelm, 109, 124
Baumbach, Norbert von, 198, 201, 205, 216, 218, 220, 223, 235, 241
Beck, C. J., 176
Behrens, Heinrich, 41
Berle, Adolf A., 104
Berlim, ministério de Comunicações e Propaganda de, 39
Berlim, Olimpíadas de, 31
Berlin (navio cargueiro alemão da KdF), 33
Bernstein, Arnold, 26
Berwick (cruzador britânico), 79, 247
   Bar Harbor, Maine, 63-65
   Bremen intercepta mensagem de rádio do, 111-112, 125
   condições a bordo, 131-132
   fuga de, 138, 139, 140-141
   Halifax, Nova Escócia, 103
   ordens da frota nacional, 63-65
   patrulhamento feito por, 143-144
Bickford, E. O., 209, 210, 212-215, 234, 251-252, 256-261, 266-270, 279-281, 283
Blohm and Voss (estaleiros navais), 18
bloqueio
   Atlântico Norte, 157
   mar do Norte, 205
Blue Riband, prêmio, 16, 18, 32
Boehnke, Wilhelm, 73
Bohling, Wilhelm, 35, 36, 38, 40, 96, 101, 146, 187, 191, 289

ÍNDICE 311

Borchers, Hans, 68
Bremen (destróier soviético), 162-166, 167
Bremen (submarino alemão), 58
Bremen (Transatlântico alemão de luxo), 16, 56, 158
  águas soviéticas, 162-166
  ancoradouro em Murmansk (setembro a dezembro de 1939), 167-184, 191-195
  ancoradouro em Nova York (28 e 29 de agosto de 1939), 57-58, 60-63, 65-72, 77-81, 83-85, 87-91
  apoio aéreo alemão, 252-256, 261-263, 265, 271-272, 282-283
  área de controle, 127-128
  bandeira suástica, 97
  casa do leme, 44-46
  chegada a Bremerhaven, 279
  cidade de Nova York, 22, 30
  cobertura da mídia acerca da fuga, 283-284
  corrida ao Atlântico Norte, 145-147, 150-152, 158-166
  descida em terra firme em Murmansk, 228-231
  desenho do, 20-21, 128-129, 264-265
  elaboração do plano de fuga de Murmansk, 191, 195-199, 201, 203-208, 215-231, 233, 234-240
  especulação da mídia sobre o paradeiro, 119-120
  espionagem, 28
  estreito da Dinamarca, 158-166
  estuário do rio Weser, chegada ao, 278
  fogo a bordo, 287-289
  fotografias do, 17

George W. Campbell (barco da guarda costeira), 141
  Griebl-Lonkowski, rede de, 30, 72, 73, 74-75
  Halifax, Nova Escócia, travessia, 123-128, 140
  impotância do, 13
  mar de Barents, 160
  motores, 17, 20, 264, 265
  Nantucket, ilha de, a passagem em, 107-119
  partida da cidade de Nova York (30 de agosto de 1939), 94-97, 99-103
  partida de Murmansk, 239-242, 244-249
  partida de Nova York, 11-12, 34
  Partido Nazista e, 23-24, 26, 42, 43
  passageiros do, 40
  pintura de camuflagem, 146, 147
  planta do convés, 19
  preparativos para o afundamento, 116-117, 157, 158, 161, 236-237
  recorde de velocidade, 18
  reforço de tripulação, 195-196, 201, 217, 219, 227-228, 236, 237
  reparos do, 267
  sala de caldeiras do, 130
  sala de mapas, 46-47
  Salmon (submarino britânico), encontro com, 258-261, 265-270, 271-272, 280, 282
  serviços de passageiros, 23, 24
  símbolo do, 289-291
  testes ao mar, 264-265
  travessia do mar do Norte, 252 256, 261-265, 271-275

tripulação evacuada para a Alemanha, 181-182, 185-191
viagem de Bremerhaven a Nova York (agosto de 1939), 26-48, 51-55
Bremen III (transatlântico alemão de luxo), 59
Bremen, 130
Bremerhaven, Alemanha, 13
Büttner, Wolfram, 118
Button, John, 145

Cairns, Huntington, 83
Caledon (navio de guerra britânico), 234
Caledonia (navio britânico de batalha), 157
Calumet (barco da guarda costeira dos EUA), 99
Calypso (navio britânico de batalha), 157
Cap Nord (navio alemão de passageiros), 66
Cape Breton, Nova Escócia, 137
Cappellini (submarino italiano), 155
Cardiff (navio de guerra britânico), 157, 234
casa do leme, *Bremen*, 44-46
censura da Gestapo, 25
Chamberlain, Neville, 41, 105
Cherbourg, França, 75
Churchill, Winston, 193, 209
cidadãos alemães, buscando o *Bremen* para voltar para casa, 62-63, 78-79, 83-84, 89
City of Flint (navio mercante americano), 150
City of Lyons (navio mercante), 141
Collins, William, 135

Colombo (navio britânico), 234
Columbus (transatlântico alemão de luxo), 17, 26, 27, 34, 42, 58, 74, 94, 104, 197, 284-286
comunicações
  Lloyd Post (jornal), 37
  progresso nas, 20-21
Conte di Savoia (transatlântico italiano de luxo), 32
Convenção Hague, 152
Cook, James, 148, 151
Cordillera (navio alemão), 178, 195
Cornwall (navio de guerra britânico), 289
Count von Luckner, 33
Cuba, 67, 88, 178
Current History (revista), 25
Custine, Marquis de, 167

Cyclops (submarino britânico auxiliar), 209

Daehne, Wilhelm, 286
Daily Express (jornal), 177
Daily Mirror (jornal), 280
Danielson, Christian F., 74
demonstrações antinazistas em Nova York, 31, 59-60
Der Deutsche (navio alemão de cargas), 33
Derfflinger (navio alemão de guerra), 194
Deutschland (submarino alemão mercante), 58
Devonshire (navio de guerra britânico), 200, 235
Diomede (navio de guerra britânico), 157
Dönitz, Karl, 152, 155, 206

ÍNDICE 313

Dornier, Claudius, Jr., 40
Dragon (navio britânico de batalha), 157
Drechsel, William, 23, 53, 62
   Ahrens, Adolf, e, 60, 63, 89, 91
   carreira de, 58
   Cidade de Nova York e, 59, 99
   Griebl-Lonkowski, rede, 75, 76
   partida do *Bremen* de Nova York (30 de agosto de 1939), 102
   Política, 27
   término da equipe de, 176
Dorpmüller, Julius, 205, 208, 281
Dumont-d'Urville (destróier francês), 155
Dundee (navio britânico de batalha), 157
Dunedin (navio britânico) 234
Durning, Harry, 60-63, 65-69, 77, 83-84, 86-87, 88, 89

Eckert, Anna, 118
Edinburgh (navio de guerra britânico), 234
Effingham (navio de guerra britânico), 157
Eight Glass (Tintoretta, Gertrude Ferber), 23
Eiteil, Karl, 74, 76
Electro (destróier britânico), 150
Erna Olldendorff (navio alemão), 66
Emerald (navio britânico de batalha), 157
Epenstein-Mauternburg, Elisabeth von, 40
Escort (destróier britânico), 150
espionagem
   fotografias, 99-100
   Griebl-Lonkowski, rede, 30, 72-75, 90
   inteligência anglo-americana, 33
   serviço alemão de inteligência, 27-28
Estados Unidos, embaixada (em Berlim), navios mercantes armados, 50
Estados Unidos, Escritório Alfandegário dos, 62-63, 66-69, 77, 88
Estados Unidos, Grã-Bretanha e, 69-70
Estados Unidos, guarda costeira dos, 68, 80, 98, 105, 178, 247
Estados Unidos, marinha dos, 22
estreito da Dinamarca, 158-159
Europa (transatlântico alemão de luxo), 16-19, 22, 28, 29, 34, 35, 38, 57-58, 64, 73, 128, 285, 287-288
Exeter (navio de guerra britânico), 284

Federal Bureau of Investigation (FBI)-(Departamento de Investigação Federal), 74-76, 83, 91
Feis, Herbert, 68, 85-87
Ferber, Gertrude, 23, 28-29, 52, 139
Filipinas, 67
Finlândia e União Soviética, conflitos, 217
Firle, Rudolf, 279
Forbes, Charles, 132, 157, 199, 234, 251
Ford, Henry, 21
fotografia
   Abwehr, 99
   ancoradouro de Murmansk (setembro a dezembro de 1939), 171, 181-182
   Tschira leva para a Alemanha, 186
Fox, Donna, 40
Friedrich Breme (navio-tanque alemão), 180

Friedrich der Grosse (navio alemão de guerra), 194
Friends of the New Germany, 27
Frölich, Wilhelm, 208, 211
Fundy (rebocador oceânico canadense), 103-111, 124

Ganz, Maria, 73
George W. Campbell (embarcação da guarda costeira norte-americana), 105, 145
   condições a bordo, 132-137
   interceptação via rádio do *Bremen*, 137-138
   proximidade de conflito, 140-141
German-American Bund (organização nazista germano-americana), 27
German-American Friendship Guild (associação dos amigos germano-americanos), 27
Germano-americanos
   Bremen e os, 37, 101
   Partido Nazista, 27
Gerstung, Kurt, 51, 52, 98, 159
   Ahrens, Adolf, 43-44, 54, 63, 71, 80-81
   ancoradouro em Murmansk (setembro a dezembro de 1939), 171-174, 175, 179
   Athenia (transatlântico), interceptação SOS, 150
   caso Griebl-Lonkowski, 72, 76, 77
   fuga do *Bremen*, 204, 221-223, 236, 237, 247-248
   Halifax, travessia de Nova Escócia, 123-128, 137-139
   interceptações de, 105-106, 106-117
   travessia do mar do Norte, 261-262, 273
   treinamento da Abwehr, 43

Gestapo, 25, 31, 73, 288, 289
Glasgow (cruzador britânico), 158, 200, 234
Gneisenau (navio alemão de batalha), 234, 279
Goebbels, Joseph, 73, 98, 152, 284
Goya (navio alemão), 156, 190
Grã-Bretanha
   EUA e, 69
   tratado polonês de assistência mútua, 55
Graf Spee (navio alemão de batalha), 284
Greenspun, Joseph, 133, 145
Grieble, Ignatz, 29, 72-76
Griebl-Lonkowski, rede de espionagem, 30, 72075, 90
Groenlândia, 88
Guerra Civil
   dos EUA, 33
   espanhola, 30, 59, 115
Guilherme II (imperador da Alemanha), 17

Halifax, Nova Escócia, 64, 103, 110, 111, 123-128, 137-141
Hamburg-Amerika linha, 21, 59
Hancock, R. H. M., 280
Hanes, John W., 49, 56, 68, 83-87
Hannah Böge (cargueiro alemão), 158
Hans Leonhardt (transatlântico alemão), 178
Hapag-Lloyd North Atlantic Union, 22, 59, 62
Harper's (revista), 25
Hartenstein, Werner, 155
Hartman, Werner, 152
Havana, Cuba, 67
Haydn, Joseph, 101

ÍNDICE

Hearst, William Randolph, 21
Heinkel, avião planador, 20-21
Het Volk (jornal), 193
Helene (cargueiro alemão), 179, 203, 237
Henningsen, Ernst, 38, 88, 107, 185, 191, 289
Hesse, Hermann, 118
Hilfskreuzer (navios alemães armados de suporte naval), 33
Hindenburg (dirigível alemão), 18
Hipper (navio alemão de batalha), 279
Hitler, Adolf, 23, 27, 31, 60, 73, 87, 291
    ataques a navios mercantes, 152
    bandeira suástica, 97
    Chamberlain, Neville e, 105
    pacto de não-agressão, 37, 115
    planejamento da fuga de Murmansk, 205
    submarinos de guerra, 153
Högel, George, 149
Hohenlohe-Langenburg, Egon zu, 40
Hohenlohe-Langenburg, Elisabeth zu, 40
Hohenlohe-Langenburg, Maria Franciscaes, 40
Hood (navio britânico de batalha), 157
Hundt, Julius, 127
Hunt, J. P., 131-132

Icarus (barco da guarda costeira norte-americana), 99
icebergs, o temor de 158-159
Ile de France (transatlântico francês de luxo), 16
Iller (navio alemão a motor), 178, 198
imigração e naturalização, serviço de, (INS), 62-63

judeus
    cidade de Nova York, 60
    empregados em empresas navais, 24-25
    equipe do *Bremen*, 23
    escândalo do *St. Louis*, 67
Junghans, Hans, 116, 128, 138
Jutlândia, batalha de, 113, 194

Kaiser (navio alemão de guerra), 194
Kaiser Wilhelm der Grosse (transatlântico alemão de luxo), 17, 33
Kennedy, Joseph P., 67
Knute Nelson (navio norueguês a motor), 150
Kola, baía de. *Ver* Murmansk, União Soviética,
Köln (navio alemão), 234, 280
König (navio alemão de guerra), 194
Krause, Wilhelm, 118
Kronprinzessin Cecilie (transatlântico alemão de luxo), 16
Künlen, Hans, 38, 88, 128, 177, 181, 188, 271-272, 278

Laconia (navio de guerra britânico), 154-155
Lahn (navio alemão), 66
Lancaster, O. F., 280
Lang, Herman, 74
Langsdorff, Hans, 284
Leipzig (transatlântico alemão), 234, 280
Lemp, Fritz-Julius, 148-150, 151, 152, 156
Liberté (transatlântico francês), 288
Liebe, Heinrich, 199, 207, 218-220, 224, 235
Life (revista), 25

Lisboa, Portugal, 66
Lloyd Post (jornal), 37, 45
Lonkowski, William, 30, 75, 76
Lützow (navio alemão de batalha), 113

Manila, Filipinas, 66
mar Báltico, planejamento da fuga de Murmansk, 205
mar de Barents, 160
mar do Norte, bloqueio, 204-205
mar do Norte, travessia do *Bremen*, 252-256, 261-265, 271-275
Marinesko, A. I., 156
Marinha Real. *Ver também navios específicos da Marinha Real*
  Bremen, 13
  rede de inteligência anglo americana, 33
Mauretania (transatlântico britânico de luxo), 18
Maxtone-Graham, John, 19
Melbourne, Austrália, 66
Meyer, Henry, 133-135
Miami, Flórida, 67, 178
Mídia. *Ver também os jornais específicos*
  cobertura da fuga do *Bremen*, 283-284
  especulação sobre o destino do *Bremen*, 120
Miller, Herbert, 89, 99, 100, 101, 121
Molotov, Vyacheslav, 216
Moltke (navio alemão de guerra), 194
Moore, Rick, 133
Morgenthau, Henry, Jr., 49, 105, 133, 136, 137, 145
Müller, Frederick (Fritz), 52, 61, 116, 117, 126-130, 162, 168, 175, 179, 229, 230, 248, 265

Murmansk, União Soviética. 13, 14 *Ver também* União Soviética
  Bremen chega a, 166
  Bremen no ancoradouro (setembro, 1939), 167-184, 191-195
  evacuação da equipe do *Bremen*, 181-182, 185-191
  navios alemães desviados para, 115-116, 158, 179

Nada de novo no front (Reimanque), 25
não-agressão, pacto de (Alemanha e União Soviética), 37, 114, 199, 206-207
Navios auxiliares armados (*Hilfskreuzer*), 33
Navios mercantes armados
  Embaixada dos EUA (Berlim), 50
  Roosevelt, Franklin D., 49
navios mercantes, ataques alemães a, 151-156
Nelson (navio britânico de batalha), 157, 200, 235
neutralidade norte-americana, 32, 33
neutralidade, ato de, 104
New York (transatlântico alemão de luxo), 28, 74, 178
New York Herald (jornal), 177
New York Sun (jornal), 84
Newcastle (navio de guerra britânico), 200
Noite dos Cristais (1938), 31
Norddeutscher Lloyd, 16, 18, 21, 22, 25, 31, 32, 38, 42, 51, 58, 67, 75, 76, 91, 98, 100, 147, 176, 191, 195-196, 201, 279, 286
Norden, planta da bomba, 30, 74

Norfolk (navio de guerra britânico), 200
Normandie (transatlântico francês de luxo), 32, 37, 57, 61, 84, 86, 95-96, 288
Nova York
    Bremen (transatlântico de luxo), 22, 30
    manifestações antinazistas em, 31, 59-60
    marinheiros alemães em, 98-99
Nürnberg (navio alemão), 234, 280

Obermeier, Fritz, 24
Oceana (cargueiro alemão KdF), 190, 191
Odin (submarino britânico), 212
Olimpíadas
    Berlim, 31
    Fox, Donna, 40
operação "Base Norte", 115, 158
operação Helene, 206-207, 216, 234
Ostersen, Ingo, 165

Pabst, H. E., 40
Palime (navio alemão), 178
Panamá, canal do, 29
Panamanian (navio-tanque dos EUA), 121
Paris (transatlântico francês de luxo), 16
Partido Nazista
    bandeira suástica, 97-98
    Bremen, 23-24, 26, 28, 37-38, 42, 43, 75
    companhia de navegação, 25, 42
    espionagem, 28
    germano-americanos, 27-28
    Griebl-Lonkowski, rede, 73
    Guerra Civil espanhola, 30
    manifestações em Nova York contra, 31, 59-60
Norddeutscher Lloyd, 26
regras cambiais, 39-40
passageiros
    Ahrens encontra com, 51-54
    Bremen (transatlântico de luxo), 40
passageiros, serviços de,
    Bremen (transatlântico de luxo), 22
    cancelamento do serviço telegráfico, 44, 55
passeio em terra da tripulação do *Bremen*, em Murmansk, 228-231
Pernambuco, porto de, Brasil, 66
Pinguin (navio alemão de combate), 216, 289
    ancoradouro de Murmansk (setembro a dezembro, de 1939), 171, 173, 181
    bandeira suástica, 97-98
    carreira de, 48, 289
    encontrando passageiros, 51-53
    evacuação de, 182
    Griebl-Lonkowski, rede, 75-76
    Halifax, Nova Escócia, travessia de, 137-139
    mar do Norte, travessia do, 253-255, 263, 275
    partida de Musmansk, 240-242, 246-24
    planejamento da fuga de Murmansk, 191, 198, 201, 206, 215-216, 224-228, 240
    resposta a Berlim (segunda-feira, 28 de agosto de 1939), 54
    SA Bordsturm, 106
    Weser, chegada ao estuário do rio, 278

pintura de camuflagem, 51, 112, 146, 147, 158
planadores
  Bremen, 20-21
  Walrus, 132
Polônia
  invasão alemã da, 136, 139
  pacto de não-agressão germano-soviético, 37
  tratado britânico de assistência mútua, 55
Portal, Raymond, 63-65, 132
Post, Elbert, 177, 193
Prien, Günter, 194
Priest, George, 55
Primeira Guerra Mundial, 16, 27, 33, 37, 59, 153, 183, 194

Queen Elizabeth II (transatlântico britânico de luxo), 29
Queen Mary (transatlântico britânico de luxo), 32, 144

Rádio, equipamento do Bremen de, 108
Raeder, Erich, 152
Ramillies (navio britânico de batalha), 157
Rawalpindi (navio britânico combatente), 154, 200
Raymond and Whitcomb (companhia de turismo), 32
Red Star Line, 26
rede de inteligência anglo-americana, 32, 33
regulamento cambial, Partido Nazista, 39
Rehling, Wilhelm "Willi", 97
Reliance (transatlântico alemão de luxo), 28, 73, 74

Remarque, Erich, 25
Renée Rickmers (navio alemão à vela), 42
Renneberg, Walter, 38-39, 118, 129, 181, 182, 185-186, 188, 193
Repulse (navio britânico de batalha), 157
Rex (transatlântico italiano de luxo), 32
Rieter, Wolfram, 172
Rio de Janeiro (navio alemão a vapor), 66
Robinson, Desmond, 64, 65
Rockefeller, John D., 21
Rodney (navio britânico de batalha), 157, 200, 235
Rohde, Julius, 69, 229
Romolo (navio italiano), 66
Roosevelt, Franklin D., 32, 33, 66
  atraso do Bremen, 85
  escândalo do St. Louis, 178
  memorandos dos navios mercantes armados, 49
  ordem de ataque a navios inimigos, 54, 60, 104
  resumos sobre a situação do Bremen, 120
Roosevelt, Franklin D., 56
Royal Oak (navio de batalha britânico), 157, 194
Royal Sovereign (navio de batalha britânico), 157
Rybachi, península de, 166

S-13 (submarino soviético), 156
SA Bordsturm, 24-29, 37-38, 41, 43, 76, 106, 108, 169, 179
sala de mapas do Bremen, 47
Salmon (submarino britânico), 209-210, 212-215, 235, 251-252, 256-261, 266-270, 280, 282, 283, 284

Sauer, Ernst, 106
Scapa Flow, 194
Scharanhorst (navio alemão de batalha), 154, 200, 234, 279
Scharanhorst (transatlântico alemão), 66
Schmidt, Gustav, 130, 161, 181, 288
Schön, Baron von, 52
Schulenburg, Baron von, 216
Schultz, Wolfgang, 222
Schulwitz, Erwin, 28-29, 52, 106, 168, 175
Seeadler (navio alemão auxiliar armado), 23
serviço alemão de inteligência
  espionagem, 27
  Griebl-Lonkowski, rede, 30
serviço de telegrama, cancelamento, 44, 55
Seydlitz (navio alemão de guerra), 194
Shirer, William, 177
Schroeder, John, 58, 60, 279
Sierra Córdoba (cargueiro alemão KdF), 33, 190, 191
Sierra Morena (cargueiro alemão KdF), 33
Slominski, Heinz, 38, 79, 96, 161, 181, 239, 271, 278, 288, 289
Somali (destróier britânico), 158
Southampton (navio de guerra britânico), 158, 234
Southern Cross (iate Sueco), 150
St. John, Terra Nova, *Ver também* Partido Nazista, 132-134, 137
St. Louis (transatlântico alemão de luxo), 27, 33, 60, 67, 74, 109, 178
Stalin, Joseph, pacto de não-agressão, 37, 114
Stephenson, William, 32

Steuben (navio alemão), 156, 290
Steuben Society, 28
Strassfurt (transatlântico alemão), 66
Sturgeon (submarino britânico), 235
Stuttgart (cargueiro alemão da KdF), 33, 97
suástica, bandeira, 97-98
  apresentação da, 97
  cidade de Nova York, 31, 59
submarinos de guerra
  Alemanha, 148-156, 211-215, 259-260
  Grã-Bretanha, 200, 209-215, 259-260
  planejamento da fuga de Murmansk, 199, 206-208, 218-221, 233, 236, 240
  regra dos, 13
  União Soviética, 156, 290
Suffolk (navio britânico), 200

Taylor, William George, 212, 214, 257, 269
Temple Moat (navio da inteligência britânica), 235, 240, 243
Teutonic (transatlântico britânico de luxo), 16
The New York Times (jornal), 67, 75, 284
Thomsen, Hans, 104
Thistle (submarino britânico), 235
Tibbits, David, 132
transatlânticos de luxo,
  mística dos, 15-16
  Primeira Guerra Mundial, 16
  serviço expresso, 18
Tratado anglo-germânico de 1935, 151
tratado naval e 1930, 151
Triad (submarino britânico), 235

Tschira, Hanns, 100, 171, 182, 186
Tuscaloosa (navio norte-americano), 286

U-Boats (submarinos alemães)
  U-13, 233
  U-20, 233
  U-23, 206, 233, 249
  U-30, 149-150, 156
  U-36, 206, 208, 211, 215, 251, 286
  U-38, 199, 206, 207, 224, 233, 235, 239, 242-244
  U-47, 194
  U-57, 233
  U-61, 233
  U-112, 156
  U-156, 154
  U-507, 155
União Soviética. Ver também Murmansk, União Soviética
  Bremen entra nas águas da, 162-166
  conflitos com a Finlândia, 217
  pacto de não-agressão alemão, 37, 114, 199, 206-207
  submarinos de guerra, 156, 290
United States (transatlântico de luxo), 22-23
Ursula (navio britânico de batalha), 270
Utlandshörn (navio alemão), 216

Vaterland (transatlântico alemão de luxo), 16
Versalhes, tratado de, 18, 27
Viagem aérea, transatlântica, 18, 29
Viner, James, 105
Vitória (rainha da Inglaterra), 16
Von der Tann (navio alemão de guerra), 194

Walrus, hidroaviões, 132
Walter, dr. von, 180
Warning, Eric, 28-29, 41, 44, 51, 60, 63, 160, 162, 165, 231, 236
  Ahrens, Adolf e, 69, 90, 126, 221, 224
  Athenia (transatlântico), interceptação SOS do, 150
  Bremen no ancoradouro de Nova York (agosto de 1939), 77-81, 86-89
  partida do Bremen do ancoradouro de Nova York (30 de agosto de 1939), 100-101, 103
Weimar, República de, 31
Weser, A. G., 18
Weser, rio, chegada do Bremen ao estuário de, 277-279
Wilhelm A. Riedemann (cargueiro alemão de combustível), 180
Wilhelm, Gustloff (cargueiro alemão KdF), 33, 156, 290
Wykeham-Martin, Maurice, F., 209, 251, 257, 268, 280

Yamamoto, Keizo, 40
York (navio britânico), 65, 248
  Bremen intercepta mensagem de rádio do, 124
  condições a bordo, 131-132
  fuga do, 138-141
  Halifax, Nova Escócia, 103
  ordens da frota nacional ref. ao, 64
  patrulhamento do, 143-144

Ziegenbein, Leopold, 21, 22, 25, 26, 42, 72, 91, 97, 291

Este livro foi composto na tipologia
ClassGaramond, em corpo 11,5/16, e impresso em
papel off-set 75g/m², no Sistema Cameron da
Divisão Gráfica da Distribuidora Record.

Seja um Leitor Preferencial Record
e receba informações sobre nossos lançamentos.
Escreva para
RP Record
Caixa Postal 23.052
Rio de Janeiro, RJ – CEP 20922-970
dando seu nome e endereço
e tenha acesso a nossas ofertas especiais.

Válido somente no Brasil.

Ou visite a nossa *home page*:
http://www.record.com.br